상실과 노스탤지어

근대 일본이라는 역사 경험의 근원을 찾아서

喪失 と ノスタルジア

현대의 지성 158

상실과 노스탤지어

이소마에 준이치 지음 · 심희찬 옮김

문학과지성사
2014

현대의 지성 158
상실과 노스탤지어
—근대 일본이라는 역사 경험의 근원을 찾아서

제1판 제1쇄   2014년 11월 7일

지은이   이소마에 준이치
옮긴이   심희찬
펴낸이   주일우
펴낸곳   ㈜문학과지성사
등록번호   제1993-000098호
주소   121-840 서울 마포구 잔다리로 7길 18(서교동 377-20)
전화   02)338-7224
팩스   02)323-4180(편집) 02)338-7221(영업)
전자우편   moonji@moonji.com
홈페이지   www.moonji.com

ISBN 978-89-320-2667-1

타비스톡 광장을 추모하며

For the memory of Tavistock square

일러두기

* 지은이 주는 미주로, 옮긴이 주는 본문 하단에 각주로 달아 구분했다.
* 단행본, 정기간행물 등은『 』로, 논문, 노래, 시 등은「 」로 표시했다.
* 인용문이 국내에 번역 소개된 경우에는 몇몇 예외를 제외하고는 국내 번역판의 제목
  및 내용을 따랐다.

'여백'을 생각한다―한국의 독자들에게

 이 책의 주제는 '여백'입니다. 국민국가에도 개인에게도 여백은 존재합니다. 순수하고 완전한 일본인이나 한국인이 되는 것에 헤살을 놓는 여백. 자신이 그리는 자신의 모습을 어그러뜨리는 여백. 그러한 여백은 정체성이라 불리는 자기동일성의 환상에 장애를 가져옵니다. 그래서 사람들은 스스로를 스스로답게 만드는 것을 방해하는 여백을 자신의 외부에 투영하여, 이웃 나라를 미워하거나 같은 나라 안의 소수자를 업신여기고 회사나 가족 내부에 부적응자를 만들어냅니다. 그들에게 여백을 전가하고는 자신이 속한 조직이나 자신은 한 점 구름도 없는 순수함과 조화로 가득 찬 존재라고 믿습니다.

 지금 동아시아 각국은 독도나 댜오위다오를 두고 벌어진 영토 문제로

서로를 비판하며 견제하고 있습니다. 그렇지만 '영토'라는 개념이 근대 국민국가와 함께 성립했다는 점은 누구도 문제 삼지 않습니다. 이와 같은 영토 문제는 내셔널리즘을 격화시키려는 정치가들에게 이용되어서는 안 되며, 오히려 '일본인' 또는 '한국인'이라는 자신의 정체성(자기동일성)을 의문에 부치는 절호의 기회로 삼아야 하는데도 말입니다.

이러한 내셔널리즘에 대한 비판은 한국에서는 이미 김철, 임지현, 윤해동 등이 진행해왔으며, 일본에서도 1990년대 이후 사카이 나오키酒井直樹나 니시카와 나가오西川長夫 등에 의해 전개되어왔습니다. 그 과정에서 이 책이 시도하는 정체성―그것이 국가건 회사건 개인이건―안에서 여백을 발견하려는 작업도 호미 바바나 에드워드 사이드의 탈식민주의 비평의 영향 아래 조금씩 등장했습니다. 이 책에서 저는 이 여백을 혼성성hybridity이나 어중간한 상태in-between, 혹은 이질성heterogeniety이나 과잉excess으로 표현합니다. 독자 여러분께서는 균질하고 동질화된 정체성에 회수되지 않는 어떤 노이즈 같은 것을 생각해주시기 바랍니다.

과도하게 순수화된 균질적 상태에 익숙해지면, 사람들은 자기 안에 그와 같은 노이즈가 존재함을 본능적으로 거부하려 합니다. 그리고 앞서 말씀드린 것처럼 이웃 나라에 혐오감을 품거나 자신이 속한 조직 내부에서 이단자를 찾아내고는, 그러한 노이즈를 모두 그들 탓으로 돌립니다. '비非국민'이라는 단어는 이와 같은 태도의 전형적인 예가 아닐까요? 한국에서는 어떨지 잘 모르겠습니다만, 일본에서 "너는 협조성이 없어"라는 말은 사회를 살아가는 데 치명적인 결함이 됩니다. 이렇게 배제된 자들을 이탈리아의 미학자 조르조 아감벤을 따라 '벌거벗은 삶'이라 부르면 어떨까요? 아감벤은 유대인에게 가해진 홀로코스트의 예를 들면서, 사회적 권리가 박탈당한 상태로 전락하고 말 위험성이 현대사회의 곳곳에서 나타난다고 지적합니다.

물론 자신이 그러한 폭력적인 사회 안에서 위험에 노출된 채로 살아가고 있음을 인정하기란 쉽지 않은 일입니다. 지옥에 사는 자는 그곳이 지옥이라는 것을 깨닫기 전에는 마음 편히 살아간다고 합니다. 나를 둘러싼 담론에 무감각해지면 그곳이 어디든지 별다른 위화감 없이 살 수 있습니다. 그렇기 때문에 그곳이 사실은 지옥이라는 점을 지적하는 자를 이단자 또는 협조성이 없는 인간이라며 배제하고는, 자신들은 안전하고 평등한 사회에 살고 있다고 믿으려 하지요. 결국 자신이 속한 일상 공간에서 여백 — 이질성이나 결여lacking — 을 찾으려는 자는 국민국가나 사회조직의 경계선을 뛰어넘는 '코즈모폴리턴'이 될 수도 있지만, 보수화된 주권자들에게 압살당하는 '벌거벗은 삶'으로 굴러 떨어질 수도 있는 양가적인 존재가 됩니다. 사람들은 그처럼 '경계에서 부유하는 삶'을 피하기 위해 비록 불평등하고 폭력적인 사회라도 자신을 그 일원으로서 동화시켜갑니다.

이런 상황에서는 사회에 이의를 제기할 기회 자체가 극단적으로 감소합니다. 누가 시키지 않아도 국민 스스로가 이의 제기를 억제하기 때문입니다. 한 대학의 회의에서 젊은 교수가 현재 대학의 모습을 비판하는 발언을 했다고 합니다. 그러자 회의가 끝나고 나이 많은 교수가 그를 찾아옵니다. 그 교수는 "자네를 위해서 하는 말인데, 자네의 발언은 대학 경영자들의 기분을 언짢게 하는 것이니까 승진하고 싶으면 지금부터는 비판적 의견을 삼가도록 하게. 그게 윗선의 의향이니까"라며 주의를 주었다고 합니다. 이 일화에서 흥미로운 것은 자네를 위한다는 '호의적인 주의'가 발언이 기록되는 회의 시간이 아니라 그 바깥에서 비공식적으로 이루어졌다는 점입니다. 즉 연장자의 주의는 기록상으로는 어디에도 남지 않으며, 따라서 누가 그런 주의를 주었는지도 마지막까지 알 수 없게 됩니다.

그리하여 회의 자체는 누구에게나, 어떤 발언에 대해서도 열려 있는 민주주의적 형식을 여전히 지킬 수 있습니다. 실제로 그 후 젊은 교수는 모든 발언을 삼가게 되었지만, 이와 같은 비공식적 검열을 눈치챈 사람은 거의 없고 대부분은 자신이 다니는 직장이 민주적인 절차 위에 성립해 있다는 순진한 믿음을 그대로 가지고 있다고 합니다. 그들은 아마그 자리를 어지럽히는 발언을 하지 않도록 무의식중에 자기 검열을 행하고 있을 겁니다. 외부 사람의 눈에는 이것 자체가 굉장히 무섭고 폭력적인 공간으로 비치겠지요.

이런 의사擬似민주주의를 적극적으로 지지하는 연구자는 거의 없을 겁니다. 그러나 이것이 도리어 우리를 더욱 오싹하게 합니다. 그들이 사상이나 이념에 입각해서 회의에 참가하는 것이 아니라, 이단자로 배제되지 않도록 전체와의 협조성을 지키는 가운데 스스로 앙상해져가는 모습을 생각해보세요. 유대인 정치학자인 한나 아렌트가 죄의식을 조금도 가지지 않은 채 유대인을 차례로 가스실에 집어넣던 독일인에게서 '악의 평범성'을 본 것과 동일한 사태가 벌어지고 있는 것은 아닐까요? 그들은 자신이 살아남기 위해서라면 사람을 죽이는 일도 서슴지 않을 겁니다. 얄궂지만 여기서 탈식민주의가 제시해온 사상, 그러니까 아무리 힘들더라도 어쨌든 '살아남고자 하는' 소수자와 피식민지인의 사상이 좀더 좋은 조건을 원하는 다수자의 구실로 횡령되고 마는 비극적인 상황을 볼 수 있습니다.

게다가 그들은 고학력을 지녔음에도 불구하고 자신이 다수자가 아닌 소수자 집단에 속한다고 생각합니다. 자신은 연구자로서 능력이 모자라므로 대학의 보호를 받아야 하며 그에 걸맞은 연구직을 얻어야 한다는 것은 정말 기묘한 논리입니다만, 실제로 일본의 젊은 연구자들이 종종 입에 담는 발언입니다. 이를 통해 적어도 의식 수준에서는 다수자와 소수자의 경계선이 굉장히 애매해지며, 많은 사람이 "나야말로 사회적 약자야. 그러니까 아무것도 하지 않아도 괜찮아"라는 자의식을 가지게 됩니다. 학위 신청 논문이 질이 떨어지더라도 지금까지 대학원에 비싼 등록금을 지불해온 만큼 박사학위가 당연한 권리처럼 수여되는 것이 현실입니다. 심사 과정에서 탈락하는 경우는 절대로 없다고 장담할 수 있습니다. 이에 비해 한국에서는 어떤 과정을 통해 박사학위가 수여되는지 저는 매우 큰 관심을 가지고 있습니다.

그들은 학문의 진리를 추구하기보다는 직장을 얻기 위해 무슨 짓이라도 한다는 점에서 이미 지식인으로서의 역할을 포기했다고 할 수 있습니다. 일본의 한 젊은 연구자로부터 "나를 연구자로 인정만 해준다면 어디든 기쁘게 갈 겁니다"라는 말을 들은 적이 있습니다. 그는 아시아 태평양전쟁을 지지한 교토학파나 불교든지 천황제 내셔널리즘의 부활을 꿈꾸는 신도 단체든지 간에, 어디든 그 사상적 배경에 관해서는 전혀 개의치 않는 걸까요? 나에게 다정하게 대해주는 사람이라면 제삼자에게 어떤 의미를 가진 존재든지 상관없는 걸까요? 이는 오늘날 대학에서 "직장 회의에서는 학문의 이념을 논하지 말도록"이라는 말을 공공연히 입에 담는 사람이 늘고 있는 추세와 결코 무관하지 않을 것입니다. 동질화된 사고와 정체성에 '여백'을 삽입하려는 포스트모더니즘과 탈식민주의 비평이 완전히 퇴색하고 만 것은, 일본의 대학과 출판계의 이처럼 황폐한 상황을 생각해보면 지극히 당연한 결과이기도 합니다. 이는 물론 일본만의 문제는 아닐 것입니다. 정도의 차이는 있겠습니다만, 아마 한국도 포함하여 자본주의의 세계화가 학문을 침식하고 있는 곳에서는 어디든지 존재하는 문제일 겁니다.

2011년 동일본대지진을 통해 일본 사회는 제2차 세계대전 후에 널리 퍼진 가치관의 재검토에 직면하게 되었습니다. "원자력을 전제로 한 경제성장은 정말로 사회에 풍요함을 가져다줄까?" "그건 후쿠시마 같은 경제적으로 가난한 지역에 희생을 강요한 결과에 불과한 것은 아닐까?" "경제성장이 평등한 민주주의와 양립 가능하다고 생각했던 것은 완벽한 착각이었어." 사람들은 이런 의문을 품기 시작했습니다. 당시 민주당 정부의 계속된 실책, 오키나와 기지의 외부 이전 실패, 원자력발전 정지 선언에 대한 경제계의 맹렬한 비난, 한국과 중국 사이에 벌어진 영토 문제에서 보여준 무능력함. 이는 민주당 정부의 문제라기보다는 일본이 여전히 미국에 대해 평등한 발언권을 가지지 못한 점령지에 지나지 않다는 점, 세계화된 자본주의가 지역 주민의 생활권을 유린하고 있다는 점, 국민국가라는 제도가 이제 한계에 다다르고 있다는 점을 보여주는 사례일 것입니다.

그런데도 일본에 사는 많은 사람들은 이와 같은 현실을 직시하기보다는 허약해 빠진 민주당 정부를 뭇매질하고, 전후 경제성장을 이끌어온 자민당을 집권 여당으로, 그것도 그 가운데 가장 우익적인 입장을 고수하는 사람을 총리대신으로 다시 한 번 선택했습니다. 그는 전후 미일안전보장조약 개정안을 체결한 전 총리대신이자 친미파 민족주의자이며 전범 용의자인 기시 노부스케岸信介의 외손자입니다. 그가 환태평양 경제동반자협정TPP의 체결에 적극적이고 원자력발전을 계속해서 추진하는 동시에 경찰 권력의 강화에 힘을 쏟는 것은 우연이 아닙니다. 그러나 그를 선택한 것은 일본 국민입니다. 그는 일본 국민이 지닌 자기의

식의 추악한 부분을 반영합니다.

　일본 국민은 전후적 가치관이 붕괴하는 위기 속에서 가족이나 국민의 '유대'를 공고히 하고, 여백을 도려낸 균질한 정체성의 재구축을 원하고 있습니다. 재난 지역을 방문한 천황은 칭찬의 대상이 되었고, 총리대신은 극심한 비난을 받았습니다. 다시금 천황제를 국민 통합에 이용하려는 움직임이 강화되고 있으며, 배외적인 내셔널리즘의 대두와 보조를 맞춰 국가야말로 국민을 지켜준다는 분위기가 고양되고 있습니다. 국민의 일체감 상실과 이를 회복하려는 노스탤지어가 전체주의 아래에 모여들고 있는 것입니다.

　그러한 와중에 2013년 가을, 국민국가를 일관되게 비판해온 사상가 니시카와 나가오가 세상을 떠났습니다. 그는 아시아 태평양전쟁 중에 한반도에서 태어났는데, 군인 아버지를 따라 만주로 옮겨갔다가 거기서 패전을 맞이했습니다. 그 후 생사의 경계를 넘나들며 건너온 일본에서 그가 본 광경이란 미국의 점령을 점령으로 자각하지 못하는 일본인의 모습이었습니다. 우리의 자기 인식이란 이토록 현실의 사태를 배반하는 것일지 모릅니다. 니시카와의 학문적 비평은 바로 여기에서 시작되었다고 해도 좋을 겁니다. 국민국가의 비판자로서 니시카와에 비견할 수 있는 사카이 나오키 역시 1968년 학생운동의 영향 아래 일본을 떠납니다. 시카고대학에서 학위를 취득한 이후 코넬대학에서 교편을 잡은 그는 일본과 미국을 포함하여 국민국가에 대한 비판을 전개하기 시작합니다.

　이 두 사람은 일본의 구舊 제국대학에서 공부하면서도 이를 상대화할 수 있는 해외 경험을 가진 디아스포라, 그러니까 자기 안에 여백을 끌어안은 사람들이었습니다. 지금까지 말씀드렸듯이 일본 사회에는 ──그리고 아마 다른 사회에서도—여백을 보고 만 자가 간단히 벌거벗은 삶 속으로 떨어질 위험성이 있습니다. 많은 연구자들이 지식인임을 그만두고 단순한 협조자의 위치에 만족하고 있으며, 젊은 연구자들은 스스로를 약자로서 정당화하고 있습니다. 여백을 내 안에 품기란 이렇게 어려운 일입니다. 누가 강자이고 약자인지 그 경계선이 지워진 사회 속에서 여백을 자신의 내부에 품고, 단지 자신이 살아남기 위해서가 아니라 타자에게 봉사하기 위한 학문에 정진하려는 강한 의지를 지닌 사람. 그러한 사람을 일본만이 아니라 동아시아가, 나아가 세계 전체가 원하고 있을 터입니다. 그리고 물론 한국에서도 그렇겠지요.

만약 제2차 세계대전 후의 일본, 그리고 동아시아의 가치관—제국 일본이 와해된 이후에 등장한 국민국가의 가치관—을 정말로 문제 삼으려면, 일본 및 한국과 미국의 포합embracing 관계는 물론이고 국민국가가 평등하고 조화로운 민주주의 사회라는 환상을 철저하게 따져보아야 할 것입니다. 이 환상은 자신들이 평등하다고 믿고 싶기 때문에 생겨난 부산물입니다. 국민의 사고와 의식을 동질화하는 것에 불과한 평등의 허망함을 근본적으로 비판하고, 그러한 동질화와는 다른 불균등한 것들의 평등, 그러니까 불평등함의 평등을 논의의 전제로 삼을 때 비로소 새로운 민주주의가 등장할 수 있지 않을까요?

생각건대 자본주의의 세계화라는 오늘날의 상황 속에서는, 국적을 불문하고 대학 제도나 출판계를 통해서는 더 이상 유효한 비평을 행할 수 없다고 봅니다. 저는 다행히도 이러한 문제의 심각성을 한국의 좋은 친구들인 윤해동, 김철, 장석만 씨 등이 벌이는 투쟁을 지켜보며 배울 수가 있었습니다. 기성 학문처럼 감정을 경시하면, 그 감정에 쉽게 빙의되고 말 것입니다. 학문 제도나 국민국가와 같은 기존의 경계를 횡단하고 그 내부와 외부에서 여백을 발견하지 못하는 한, 새로운 지식이 태어날 토양의 네트워크 또한 만들어지지 못할 겁니다. 이 책이 그러한 '여백'의 존재를 생각하기 위한 첫걸음이 되기를 희망합니다. 저의 젊은 친구인 심희찬 씨의 번역을 통해 한국의 독자들과 소통할 수 있게 된 점을 진심으로 기쁘게 여기며, 이 책이 한국 사회의 역사와 현실을 생각하는 데도 도움이 되길 바랍니다.

차례

이 방 밖의 저 창문 너머로 거대한 검은 새가 날고 있을지도 모른다. 검은 밤 그 자체와 같은 거대한 새. 〔……〕 그 검은 새는 너무나 거대하기 때문에 부리에 뚫린 구멍이 창문 너머 저쪽에서는 마치 동굴처럼 보일 것이다. 그래서 그 전체를 볼 수는 없는 것이리라. 〔……〕 새를 죽이지 않으면 안 돼. 새를 죽이지 않으면 나는 나 자신을 이해 못하게 되는 거야. 〔……〕 새를 죽이지 않으면 내가 죽는다고. 같이 새를 죽여줘 릴리. ── 무라카미 류, 『한없이 투명에 가까운 블루』

어디에도 없는 당신께

—역사와 종교가 태어나는 곳

어디에도 친숙해지지 않으며 누구에게도 받아들여지지 않는 고향 상실자야말로 전 세계를 자신의 집으로 삼을 수 있다. 당신의 집은 어디에도 없다. 하지만 세계 전체가 당신이 사는 곳이다. —R·C

만나 뵙지 못한 지 꽤 시간이 흘렀네요. 건강히 지내고 계신가요? 인간에게 말이란 빼놓을 수 없는 것이기에, 아무리 마음이 이어져 있어도 감정의 물결 속에서 사소한 말에 상처를 받거나 마음에도 없는 말이 입밖으로 튀어나오기도 하지요. 시간을 함께한다는 건 대체 어떤 걸까요? 마음을 하나로 합하는 건 어떻게 가능할까요? 둘 사이의 관계가 깊으면 깊을수록 언젠가 찾아올 이별은 받아들이기 힘든 괴로움이 될 테지요. 두 번 다시 공유하지 못할 시간을 각자의 기억 속에 어떻게 새겨 넣으면 좋을까요? 사람과 사람이 시간을 공유하고 이별하는 것, 그리고 시간이 과거로서 닫혀가는 것. 또는 시간과 공동성에 관한 생각. 그것은 역사와 종교에 대한 사고로 우리를 안내할 겁니다.

지금 생각해보면 저는 이런 문제를 심각하게 여겨본 적이 거의 없었어요. 그렇기 때문에라도 지금 여기서 저와 당신의 인연에 관한 문제로서, 나 자신의 문제로서, 역사와 종교에 대해 고민해보고 싶습니다. 제가 일본인이건 오키나와 사람이건 재일조선인이건 혹은 지식인이건 서민이건 간에 그러한 입장이나 상황과는 상관없이, 국민과 민족이라는 대문자의 역사나 억압받는 소수자의 역사가 아닌 누구나 겪고 있는 역사적 감각이라 할 만한 일상적이고 일반적인 관계의 장소에서, 개개인에게 절실한 문제로서 역사를 생각해보고 싶은 겁니다.

이는 깊은 관계에 찾아오는 이별 속에서 우리는 어째서 외톨이가 되어가면서까지 살아야 하는가라는 공동성에 이르는 물음을, 개개인이 서 있는 곳에서 가능한 한 보편적으로 사고할 수 있게 해줄 겁니다. 그것은 인간이 부재한다고 이야기되는 역사학의 역사와도, 종교학이 그리는 현실의 모순을 빠뜨린 이념적 종교와도 다르겠지요. 기존의 역사학이 리얼리티를 결여하고 있음에 대해 이미 이시모다 쇼石母田正는 다음과 같은 자기비판을 행한 적이 있어요.

학문이라는 전통적인 세계에서 자란 저는 과거 일본의 역사나 과거의 일본인과 마주할 때마다, 현재의 일본인 한 사람 한 사람이 필사적으로 살아가고 있다는 것에 대한 동정과 공감을 잃어버리고 맙니다. 한 사람 한 사람의 평범한 인간이 지닌 넓은 세계, 이 세계가 수천만이 모여 형성된 일본이라는 세계, 그 깊이와 가능성이 무한하다고 해도 좋을 세계입니다만, 저는 그러한 감각과 눈으로 역사를 본 적이 없었던 듯해요. 저는 일본의 낡은 역사학의 이론과 방법으로부터 해방되어 있는 듯이 잘난 체했지만, 이렇듯 학문이라는 것의 지워내기 어려운 강한 영향 속에 있는 한 이론과 방법만으로는 아무것도 할 수 없다는 걸 깨닫게 되었습니다.
(이시모다 쇼, 『역사와 민족의 발견歷史と民族の発見』)

역사라는 담론이 근대의 내셔널리즘과 공범 관계를 이루며 형성되었다는 점은 오늘날에는 공통된 인식이 된 것으로 보입니다. 그렇지만 역사의 연속성이라는 관념 자체를 의심하기란 아직까지도 쉽지 않아요. 사실 연구자들은 '만들어진 전통'을 말하면서도 '역사'라는 확고한 시간의 존재를 믿어 의심치 않습니다. 지배자들의 강압적인 내셔널 히스토리와는 다르겠지만 역시 연면한 시간이 계속된다고 믿고 있죠. 개인의 생명이 다할지라도 중단되지 않는 역사라는 시간의 다발이 무수한 개인의 죽음을 감싸듯이 도도하게 흐르고 있다고, 마치 피부로 감각하듯 자명하게 여기지요.

그런데 실제로는 역사라는 연속체의 존재를 뒷받침할 만한 증거는 어디에서도 발견되지 않습니다. '역사' 그 자체는 담론이며 우리의 관념에서 상기됨으로써 처음으로 존재하게 되는 것에 불과하기 때문입니다. 이러한 담론의 피막 아래에서 우리는 순간적인 시간이 비연속적으로 포개지는 곳에 살고 있으며, 나아가 '우리'라는 균질한 이해 또한 결코 선험적인 것은 아닙니다. 사르트르Jean-Paul Sartre는 소설 『구토』의 결말부에서 주인공인 역사학자에게 "역사에 관한 논문은 써보았지만—이건 아무 의미가 없어"라는 대사를 토로하게 합니다. 그는 어떤 인물의 전기를 쓰려고 하지만 어느 날 마로니에 나무를 보고는 구역질을 일으키고 말죠.

마로니에 뿌리는 바로 내가 앉은 의자 밑에서 땅에 뿌리를 박고 있었다. 그것이 뿌리였다는 것이 이미 기억에서 사라졌다. 어휘가 사라지자 그것과 함께 사물의 의의며, 그것들의 사용법이며, 또 그 사물들 표면에 사람이 그려놓은 가냘픈 기호가 사라졌다. 〔……〕 또는 차라리 뿌리며, 공원의 울타리며, 의자며, 드문 잔디밭의 잔디며, 모든 것들이 사라졌다. 사물의 다양성, 그것들의 개성은 하나의 외관, 하나의 칠에 불과했다. 그 칠이 녹은 것이다. 괴상하고 연한 무질서한 덩어리—헐벗은, 무섭고 추잡한 나체만이 남아 있었다. (장-폴 사르트르, 『구토』)

이 구역질은 담론으로 정돈되기 이전의 사물의 모습을 느낌으로써 자신이 알고 있던 세계의 명증성이 붕괴된 것에 대한 불안과 다름없습니다. 사람들은 여기에서 눈을 돌린 채, 자신이 역사의 이름 아래 타인이나 신과 융합되어 있는 시간 또는 공동성에 속해 있다고 믿으려 하지요. 어쩌면 역사나 종교라는 상상력의 공간이 발생하는 것의 비밀이 여기에 있는 게 아닌가 하고 저는 생각하고 있어요. 사실 시간의 비연속성은 누구나 느끼고 있지만, 다만 이를 솔직히 인정할 용기가 없는 것은 아닌가라는 생각도 계속 들어요.

이와 같은 세계의 리얼리티를 다루기란 불가능하다며 주인공이 오랜 시간 종사해왔던 역사 연구를 포기하는 것으로 사르트르의 소설은 끝맺어집니다. 저 역시도 당신과의 이별을 경험하고 거기서 솟구쳐 나온 감정에 당황하던 와중에 학문을 통해 만들어왔던 확실함이 무너져갔지요. 학문이라는 담론을 비판하면서도, 그 비판 행위 — 이 또한 학문이지 않을 수 없지만요 — 를 통해 자그마한 자기를 만들고 그 안에서 의기양양하게 있던 자신이 얼마나 보잘것없었는지를 자각하게 되었습니다. 저는 담론 비판을 행하면서도 결국은 담론이 가져오는 우위성을 믿기 위해 언어를 붙들고 늘어졌던 겁니다. 무엇보다도 그렇게도 믿고 있던 언어가 당신과의 이별이 찾아왔을 때에는 아무런 의미도 없었습니다. 눈앞의 세계가 의미를 잃어가고 있는데도 그저 수수방관할 뿐이었죠.

언어의 빈약함을 알게 된 제가 이 글을 학문적 객관성으로 치장된 문체가 아니라 나 자신의 말로 자아내야만 하는 이유가 여기에 있습니다.

❧ ❧

당신으로부터 '내면'이란 얼마나 개인적인 감정 기복에 좌우되는지, 타인에게는 이해되기 힘든 고립된 고유의 역사를 간직하고 있는지를 배웠어요. 그건 내면이라는 말로 간단히 정리할 수 없는 복잡한 것이었지요. 저와 당신 사이에 가로놓인 넘을 수 없는 벽. 거기에는 서로 양보할 수 없는 어떤 것이 숨어 있었습니다. 그러한 약분 불가능한 개인의 체험에서 태어나는 것이 바로 내면의 고유성이겠지요.

호퍼*의 그림은 관람자를 끌어들이며 소외시킨다. 그리고 우리는 몇 번이나 확인당한다. 모든 인간이 어김없이 세계로부터 소외되어 있다는 점을. (에쿠니 가오리江國香織, 『햇살이 비치는 하얀 벽日のあたる白い壁』)

에쿠니 가오리라는 소설가는 우리 안에 유령처럼 자리 잡은 과거가

---

* 에드워드 호퍼Edward Hopper는 미국의 사실주의 화가로, 정적이고 희미한 음영을 이용하여 양차 대전 사이 미국인의 고독감과 절망감을 표현한 작품을 주로 그렸다.

타인과 새로운 관계를 구축할 힘을 시들게 하는 모습을, 체념과 닮은 감정을 담아 그려냅니다. 마음의 풍경은 오직 그 사람만이 짊어질 수 있습니다. 제아무리 서로에 대한 신뢰가 깊다고 해도 상대방이 겪어온 과거를 고스란히 공유하기란 불가능합니다. 누구도 들어올 수 없는 자신의 내면에 가로막혀 매우 밀접한 관계일지언정, 설령 연인 사이라 할지라도 거리가 생겨나고 말지요. 언뜻 보기엔 무심히 흘러가는 일상생활 속에서 우리는 얼마나 많이 과거의 추억에 잠겨 사는 걸까요? 아무리 친한 사이라도 고립된 내적 세계를 부수지는 못합니다. 타인과 사회에 온전히 몰입할 수 없는 소외의 감정을 환기시키고, 지금 여기에 있는 시간과 자신의 내면을 가로지르는 과거로부터의 시간 사이의 그 어긋남을 드러내 나가야 해요. 저 메우기 힘든 어긋남을 가져오는 것은 각각의 인간이 지니고 있는 타인과 완전히 합치할 수 없는 시간의 축적, 기억일 테지요.

나는 돌아간다는 것이 어떤 의미인지 모른다. 돌아갈 장소. 줄곧 그런 장소를 찾고 있는 듯한 기분도 들지만, 한 번도 없었다. 〔……〕 보고 싶었다. 기묘한 열정으로, 그냥 그렇게 생각한다. 만났다고 해서 뭐가 어떻게 되지 않는다는 것은 잘 알고 있다. 예전처럼 사랑이 가능할 거라고는 생각지 않는다. 도쿄는 내가 돌아갈 장소가 아닌 것 같다. 다만 〔……〕 얘기하고 싶었다. (에쿠니 가오리, 『냉정과 열정 사이』)

과거는 결코 돌아오지 않겠죠. 그건 알고 있어요. 그래도 마음은 과거에 이끌려갑니다. 이미 존재하지 않는 과거. 말 그대로 지나쳐버린 것. 하지만 그럼에도 우리는 과거를 떠돌며 현재에서 유리됩니다. 과거는 숨어서 기다리다가 갑자기 우리를 덮쳐오죠. 지금도 내가 당신을 생각하듯이. 자기 안에 흐르는 시간조차 다루지 못하는 제게 대문자의 역사를 말할 자격이나 비판할 권리가 있을 리가 없어요. 에쿠니의 작품은 이런 불안이나 균열이 소수자나 외국인에 대해서만이 아니라 자기 안의 여기저기에도 내재하고 있음을, 그리고 본질적으로 인간은 고독한 존재라는 것을 우리에게 다시금 깨우치게 합니다. 또한 우리의 '지금'은 찰나적인 것에 불과하며 누구나가 모두 소외된 존재일 터, 그렇기 때문에라도 그녀는 한순간 한순간 속에서 확실한 관계를 만들려고 합니다.

> 그런데 요즘은 립스틱이라도 바르고 있다. [……] 인생이란 어디서 어떻게 변할지 알 수가 없다. 언제 헤어지게 되더라도, 헤어진 후에 남편의 기억에 남아 있는 풍경 속의 내가 다소나마 좋은 인상이기를, 하고 생각한 것이다. (에쿠니 가오리, 『당신의 주말은 몇 개입니까』)

상대방을 이해하고 싶고 상대방에게 이해받고 싶은 욕구는 항상 어긋나버리고, 그래서 관계에는 엇갈림이 생겨나며, 상대방을 원해 마지않는 동일화의 지향과 일체가 되어 반복됩니다. 그리고 일체화될 수 없는 불안 속에서 시간을 겹쳐 함께 사는 것. 그러한 것으로서만 인간관계는 존재할 테지요. 이 문제는 고독이란 무엇인가, 과거란 무엇인가를 우리에게 거듭하여 물어올 것입니다. 과거에 사로잡힌 감각, 과거에 갇힌 감각. 우리가 살아가는 현실의 공동성이란 이렇듯 서로 용해될 수 없는 과거를 간직한 인간이 공존하는 장소일 테지요.

결코 동질해지지 않는 장소에서 이미 과거로 돌아갈 수도 없게 된 우리는, 과거와 현재 사이에서 사람과 사람의 틈새를 방황하면서 이 어둠

을 함께 들여다보고 같은 말을 나눌 상대방을 찾습니다. 그렇다면 당신
이 종종 말했던 '어디에도 속하지 못하는 꺼림칙한 기분' 역시 자기혐오
감으로 치부할 것이 아니라, 사람과 사람을 잇는 인연으로 받아들여야
합니다. 그러나 비록 고독이 괴로울지언정 아무나 상대로 삼아도 좋은
것은 아닙니다. 저는 '더할 나위 없이 소중한 당신'에게만 저 자신을 열
어 보이고 싶은 거예요. 무라카미 하루키村上春樹는『노르웨이의 숲』에
서 그러한 해후의 순간을 그리고 있습니다.

　　하쓰미라는 여자에게는 뭔지 모르게 마음을 강하게 뒤흔드는 데가 있
　　었다. 〔……〕 그녀가 내뿜는 힘은 아주 사소했으나 그것이 상대 마음에
　　진동을 일으키는 것이다. 택시가 시부야에 도착할 때까지 나는 끊임없이
　　그녀를 바라보고, 그녀가 내 마음속에 불러일으키는 감정의 떨림이 대
　　체 무엇인지를 생각했다. 〔……〕 그것은 충족되지 못한, 앞으로도 영원
　　히 충족될 수 없는 소년 시절의 동경 같은 것이었다. 〔……〕 하쓰미 씨는
　　내 속에 오랫동안 잠들었던 '나의 일부'를 뒤흔들어 깨워놓았던 것이다.
　　(무라카미 하루키,『노르웨이의 숲』)

　　마음의 떨림을 가져오는 그리움. 종교학자 미르체아 엘리아데Mircea
Eliade는 이를 '노스텔지어'라 부릅니다. 저 특별한 존재를 대할 때만 우
리는 자신이 체험했던 과거를, 자신의 전부를 드러내고자 하는 기분에
빠져들죠. 이때 인간은 놀랄 만큼 무방비하게 마음을 열어놓습니다. 갓
난아기처럼 상대방을 순진하게 믿어버립니다. 자신을 상대방이 이해해
주길 바랍니다. 상대방을 샅샅이 이해하려는 기분이 넘쳐흘러요. 이것
이 현실의 인간관계에서는 결코 이루어지지 못하리라는 것을 머리로는

알면서도 말입니다.

　이건 여행자의 그리움이야. 여행자의 그리움이란 불안과 소외감을 전
제로 하는 그리움, 대상으로부터 거절당하는 그리움이지. 창문 안이 보
이지 않는 집, 밝게 빛나는 등불, 집의 등불이 가지는 잠재적인 안심감
은 소외된 자에게는 오히려 고독을 두드러지게 해서 저 불온한 그리움을
낳는 것이 아닐까, 하고 생각해. (에쿠니 가오리, 『당신의 주말은 몇 개입니
까』)

에쿠니가 말하는 것처럼 노스탤지어는 자신이 그곳에서 소외되어 있
기 때문에 유발되는 역설적인 감각이라는 점을 놓쳐서는 안 됩니다. "절
망은 영원의 상태로 단지 거기에 있었어. 처음부터"라고 말하는 그녀에
게 자기 자신의 동일성이란 본래 명백한 것이 아닙니다. 그리고 그런 불
안과 거리는 결코 스스로나 타인에 의해서 메워질 수 있는 것이 아니에
요. 이런 점에서 친밀함에 대한 쥘리아 크리스테바Julia Kristeva의 설명은
매우 시사적이라 할 만합니다.

　친밀한 것에 내재하는 알지 못하는 존재. 이는 "두려운 낯섦이란 예전
부터 익숙했던 것으로 환원되는 특수한 공포다"라는 정신분석학의 가설
을 어원적으로 증명한다. 〔……〕 최초의 한 걸음이 공포의 외부로 몰아
낸 두려운 낯섦을 내부로 돌려보내기 위해. 더 이상 친밀함이 고유하지
도 안정적이지도 않은 내부로 돌려보내기 위해. 돌려보낸다는 것은 이전
과 같은 친밀함의 내부를 의미하지 않는다. 〔……〕 타자, 그것은 나("자
신")의 무의식이다. (쥘리아 크리스테바, 『외국인: 우리의 내부』)

확실히 우리는 생각만큼 명확한 존재가 아니며, 인정하고 싶지 않은 추악함과 더러움을 내부에 간직한 존재입니다. 그렇지만 타인으로부터 느끼는 마음의 떨림은 바로 이러한 어긋남에 당황하는 인간들이 서로 공명함으로써 발생하는 감정이겠지요. 그렇다면 나쓰메 소세키夏目漱石가 『마음』에서 말한 "나는 죽기 전까지 이 세상에 단 한 명이라도 좋으니 마음 놓고 흉금을 터놓을 사람이 있었으면 좋겠어. 자네가 그 한 사람이 될 수 있겠는가? 되어줄 수 있겠는가?"라는 구절은 타인에게 어리광을 피워서 고독에서 벗어나려는 것이 아니라, 인간은 결국 혼자라는 사실을 공유하고 서로를 받아들일 수 있는 상대방을 구하고자 하는 아슬아슬한 한계점에서 발화된 말로 이해해야 하지 않을까요? 얼마 전 고립사孤立死가 자주 세간의 화제가 되곤 했습니다만, 자신의 죽음을 지켜보는 사람이 곁에 있는 것과 그렇지 않은 무참함은 역시 결정적으로 다를 겁니다. 문예비평가 가라타니 고진柄谷行人은 소세키의 심중을 다음과 같이 헤아립니다.

생각건대 소세키는 인간의 심리가 너무 잘 보여서 곤란한 자의식을 가지고 있었는데, 그로 인해 보이지 않는 무언가가 두려워진 인간이었다. 소세키는 어떤 일이 일어날지 알 수 없다고 누차 쓰고 있다. 소세키가 보고 있는 것은 심리나 의식을 넘어선 현실이지, 과학적으로 대상화할 수 있는 '현실'이 아니다. 그는 대상으로서 알 수 있는 인간의 '심리'가 아니라, 인간이 관계 맺어진 상호성으로 존재할 때 발견되는 '심리를 넘어선 것'을 보고 있다. 〔……〕 인간은 어떤 현실적 계기에 의해 강제될 때는 태양을 응시하는 것도 가능하다. 가능하다는 것의 무서움을 소세키는 '오싹해지는' 고독을 통해 알게 된 것이다. (가라타니 고진, 『증보 소세키론 집성增補 漱石論集成』)

소세키가 거기서 본 광경은 인간의 나약함에 대한 절망이었으리라 생각됩니다. 제아무리 자신은 도덕적이라고 굳게 믿더라도, 간단히 사람을 배신하는 이기심이나 변덕스러운 기분이 거기에 있지요. "나는 죽기 전까지 이 세상에 단 한 명이라도 좋으니 마음 놓고 흉금을 터놓을 사람이 있었으면 좋겠어. 자네가 그 한 사람이 될 수 있겠는가? 되어줄 수 있겠는가?"라고 소세키가 말하듯, 무엇보다 중요한 자기 자신이 정체를 알 수 없는 존재니까요.

나는 단지 인간의 죄라는 걸 통감했어. [……] 나는 그 느낌에 사로잡혀 길 가는 옆 사람이 날 짓밟아주었으면 하고 바란 적도 있네. 이런 과정을 하나하나 밟아오는 동안에 타인에게 짓밟히기보다 내가 나 자신을 짓밟아야겠다고 생각하게 됐네. 아니. 내가 나를 학대하기보다 아예 나 자신을 죽여버리는 게 낫겠다는 생각이 들었지. (나쓰메 소세키, 『마음』)

자기와의 부정합에서 생겨나는 감정을 통해 우리는 생각만큼 자기통제가 가능하지 않은 존재이며, 자신의 내부나 타인과의 관계에서 여백을 내포하지 않을 수 없는 존재라는 점을 뼈저리게 느끼게 됩니다. 말이란 그저 내용을 매끈하게 표상하는 것이 아니라 그 자체에 감정의 덩어리를 포함하는 것이며, 입에 담는 자에게 감정의 파도를 일으키는 것입니다. 노스탤지어, 그것과 표리일체를 이루는 나만의 고독한 감각, 우리에겐 그런 감정의 파문에 몸을 던지고 자신에게 일어나는 일을 기어이

응시해내려는 인내가 부족했던 건지도 몰라요. 우리는 더더욱 깊이 자신의 어둠 속으로 내려가야만 했던 겁니다.

❧ ❧

꿈을 꾸었어요. 증오로 사람을 괴롭히는 꿈이었죠. 이만큼이나 사람을 미워할 수 있는 마음이 제 안에 숨어 있음에 겁이 났습니다. 그 정도로 강한 감정을 머금은 꿈이었어요. 지금까지 저는 그런 것도 모르고 연구자의 입장에서 속 편한 마음으로 종교나 죄에 대해서 이야기해왔다는 걸 새삼스레 절감했어요. 마음의 어둠은 정말 깊어서 짐작조차 못합니다. 꿈은 소세키의 『몽십야』에 나오는 그것 같았어요.

"네놈이 나를 죽인 것은 지금으로부터 꼭 백 년 전이었지."
나는 이 말을 듣자마자 지금으로부터 백 년 전, 분카 5년 어두운 밤의 기억이 떠올랐다. 이곳 삼나무 뿌리 근처에서 장님 한 사람을 살해했던 기억이 추억과도 같이 떠올랐다. 나는 살인자였구나! 나는 처음으로 내가 살인자였다는 사실을 깨달았다. 등 뒤의 아이가 돌부처럼 무겁게 느껴졌다. (나쓰메 소세키, 『몽십야』)

이런 죄악감이나 증오는 타인과 나누기에는 그 짐이 너무 무겁습니다. 숨김없는 이야기를 들은 사람은 자신이 개입할 만한 상황이 아니라는 점을 깨닫고는 싫든 좋든 그 자리를 떠날 겁니다. 결국은 혼자서 그러한 감정을 견디며 살아가야 한다는 것은 알고 있어요. 하지만 그래도 역시 스스로 목숨을 끊지 못하는 이상, 이 증오와 죄의 감정을 끌어안은 채로 살아야만 한다는 사실이 저를 두렵고 오싹하게 해요.

　　나는 아이가 내 자식이면서도 갑자기 무서운 생각이 들었다. 이런 녀석을 업은 나 자신의 미래는 과연 어떻게 될까? 어딘가에 이 녀석을 버릴 곳이 없을까? 두리번거리며 건너편을 바라보고 있는데 어둠 속에 큰 숲이 눈에 들어왔다. (나쓰메 소세키, 『몽십야』)

　　저는 이제 무거워서 더 이상 걸을 수 없게 되었어요. 그 순간 일전에 당신이 괴로운 듯이 내뱉었던 "누구도 내 마음은 알 수 없고 들어오는 것도 불가능해"라는 말을 떠올렸습니다. 그때 저는 아무것도 몰랐어요. 진정한 절망이란 평생 도망칠 수 없는 공유 불가능한 감각이라는 것을. 저의 멍청함이 너무 원망스럽습니다. 한 번 엿보고 만 황량한 광경이 기억에서 사라지지 않아요. 그러하기에 절망에 사로잡힌 인간을 구하기 위해서는, 이를 받아들일 수 있을 정도로 같은 어둠의 밑바닥에서 발버둥치고 있는 인간이 필요한 겁니다.

　　나는 몇 천만 명이나 되는 우리나라 사람들 가운데 유일하게 자네한테만 내 과거를 이야기하고 싶네. 자넨 진실한 사람이니까. 자넨 진정 인생 그 자체에서 생겨난 교훈을 얻고 싶다고 말한 사람이니까. 나는 어두운 인간 세상이 낳은 그림자를 자네의 머리 위로 쏟아내겠네. 그러니 두려워하지 말고 어둠을 정면으로 바라보면서 그 안에서 자네에게 도움이 될 만한 것을 붙잡게. (나쓰메 소세키, 『마음』)

　　기독교 신자인 지인에 따르면 십자가라는 속죄에 의해 전 인류는 영원히 구원받았으니 더 이상 우리는 고통스러워할 필요가 없다고 합니다. 그러나 저는 개개의 인간 또한 예수가 체험한 것과 같은 깊은 고독과 고뇌를 겪지 않고서는 타인과 맺어질 길을 발견하지 못하리라 생각해요. 움츠러들지 않고 서로의 깊은 어둠을 바라보는 것이 삶의 지주가 되는 것은 아닐까요? 절망을 피하기보다 응시하며 함께 슬퍼할 수 있는 인간. 그러한 상대가 바로 '더할 나위 없이 소중한 당신'입니다. 그래서 저는 다른 누구도 아닌 당신을 통해 구원받고 싶었던 겁니다. 거기에는 결국은 거짓말이었을지언정 당신이 속삭였던 "저는 어디에도 가지 않아요. 여기에 있어요"라는 말이 희망이 되었어요. 그런데 당연한 말입니다만 눈앞에 있는 상대방이 현실의 인간이며 신이 아니라는 점을 명심하지 않으면 안 되었던 겁니다. 각자가 지닌 불안과 절망이 자아내는 말은 결단코 시험해서는 안 될 만큼 연약하고 소중한 것이었으니까요.

우리는 함께 어둠을 들여다보고 같은 말로 대화하려 했어요. 그렇지만 긴 시간에 걸쳐 내려갔어야 할 바로 그 길의 입구에서 발이 걸린 겁니다. 오롯이 파악할 수 없는 이별이라는 사건이 우리를 덮치고 둘러싸버렸어요. 우리에게 무슨 일이 벌어진 건지 저는 지금도 알지 못한 채 망설이고 있어요. 사람의 만남이란 『성서』에서 말하는 계시와 같은 건지도 모릅니다. 계시, 그것은 나타날 리가 없는 신이 현세에 드러나는 순간의 교차점입니다. 이는 우리의 예측을 넘어선, 자크 데리다Jacques Derrida가 논했던 "불가능성의 경험"이기에 그 광경을 엿보고 만 자는 후유증에 시달리게 됩니다. 이제 더 이상 예전의 자신으로 돌아가기란 불가능해요. 이런 경험을 트라우마라 부를 수도 있겠지요.

트라우마에 사로잡힌 사람들은 자신의 내부에 말로 표현할 수 없는 역사를 품으며, 스스로도 완전히 소유할 수 없는 역사를 가지는 형태로 증상을 나타내게 된다. (캐시 캐루스, 『트라우마에 대한 탐구』)

우리가 할 수 있는 일은 그것을 과거의 사건으로서 미화하는 것이 아니라 아직껏 완결되지 못한 사건으로서 받아들이는 것입니다. 그리고 정도 차이는 있겠지만 우리 모두는 트라우마에 사로잡힌 인간입니다. 타인과 약분 불가능한 시간의 흐름을 겹겹으로 자기 안에 끌어안으며 살아가야만 하는 것이죠. 아무리 괴로워도 내 안에서 흘러나오는 감정과 말을 차분하게 기다리는 용기를 가지는 것. 그것이 당신에게서 배운 것입니다. 개인을 기점으로 역사와 종교를 생각한다는 것은 자신의 감각에는 흔들림이 없다고 믿는 것이 아니라, 자신 안에 과거라는 어둠이 스며들어 내가 해체될 정도로 위험한 상황에 몸을 내던지는 것이라 생각해요. 옛 전장이었던 노몬한*을 방문한 무라카미 하루키는 한밤중에 격심한 땅의 울림을 느끼고는 눈을 뜨게 됩니다.

잠시 후 나는 문득 깨달았다. '흔들리고 있었던 건 방도 세계도 아니었고 나 자신이었다'는 것을. 그런 생각을 하니 몸속까지 얼어붙어 왔다. 〔……〕 그렇게 깊고 불가해한 공포를 맛본 것은 난생 처음이었다. 그렇게 어두운 암흑을 본 것도 처음이었다. (무라카미 하루키, 『변경, 근경辺境·近境』)**

---

* 노몬한Nomonhan은 중국 동북구 외몽골과의 국경에 가까운 할하 강변을 일컫는데, 이곳에서 1939년에 일본군과 몽골·소련군의 대규모 충돌이 있었다.
** 무라카미 하루키, 『하루키의 여행법』, 김진욱 옮김, 문학사상사, 1999, p. 173.

견딜 수 없는 불안. 홀로 있음의 불안. 말에 의한 과장된 설명으로 외면하기에 앞서 언어 이전의 것과 맞서야만 한다고 굳게 믿고 있어요. 이렇게 끊임없이 밀어닥치는 감정과 감각의 파도에 침식되는 찰나야말로 타인에게 깊이 다가갈 수 있는 언어의 의미가 소생하는 순간이라고 저는 믿고 싶습니다.

                           ❧ ❧

표현 행위는 그러한 한계 지점에서 금방이라도 암운에 삼켜질 것 같은 인간이 의탁하는 극히 미약한 희망이겠지요. 자신을 둘러싼 상황이 가혹할수록 타인에 대한 호소는 리얼리티를 지니게 됩니다. 더욱이 눈앞의 상대방을 잃어서 '더할 나위 없이 소중한 당신'에게 말을 건넬 가능성이 소멸하면 사람은 '어디에도 없는 당신'을 향해 표현을 하지 않을 수가 없게 됩니다. 비록 혼자가 되었어도 내 안에 간직하고 있는 고독이 존재하는 한, 수신인을 잃어버린 슬픔은 허공을 향해서라도 드러내야 하니까요. 사카구치 안고坂口安吾는 인간이 표현이라는 행위로 향하는 근원적 충동에 대해 다음과 같이 논합니다.

생존의 고독이라든지 우리의 고향이라는 건 이렇게도 잔혹하고 어찌할 바가 없는 것인가요. 저는 그야말로 그처럼 잔혹하고 어찌할 바가 없는 것이라고 생각합니다. [……] 잔혹한 것, 어찌할 바가 없는 것, 이것만이 유일한 구원입니다. 저는 문학의 고향, 혹은 인간의 고향을 여기에서 발견합니다. [……] 문학의 도덕이나 그 사회성도, 여기 고향에서 자란 것 이외에는 저는 절대로 믿지 않습니다. (사카구치 안고, 「문학의 고향文

저는 여기에 역사나 종교, 또는 문학이라는 표현 행위가 발생한 비밀이 있다는 생각이 듭니다. 무릇 신이란 눈앞의 상대방을 잃어버린 인간만이 볼 수 있습니다. 일찍이 서양에서 고백은 신에 대한 것이었지만, 시대가 흐르면서 연애와 같이 눈앞의 인간에 대한 것으로 이행해왔어요. 그리고 지금 이러한 현실의 인간에 대한 고백의 염원이 다시금 중단된 것처럼 보일 때, 비재非在의 신에 대한 고백이 가능해질 겁니다. 물론 실재實在의 신은 아닙니다. 제가 말씀드리는 신은 '어디에도 없는 당신'의 다른 이름을 뜻합니다. 이제까지 사람들은 이 비재의 존재를 다양한 이름으로 불러왔습니다. 종교의 신, 역사의 민족, 문학의 독자, 이 모두는 여기에 없는 상대방을 향한 표현이라는 점에서는 서로 다르지 않아요.

그래서 초월적 절대신의 관념을 결여한 일본 사회에서는 대문자의 역사나 종교의 회로보다는 특정한 인간에 대한 구체적인 감정을 통해 이러한 비재의 신에게 이르고자 해왔다고 할 수 있습니다. 소세키의 『마음』에 나오는 선생님에게서의 '자네,' 에쿠니 가오리의 『냉정과 열정 사이』의 '옛 연인'처럼. 그때 저 또한 당신께 고백하면서, 당신을 통해 '어디에도 없는 당신'께 말을 건네고자 했던 건지도 모르겠어요. 일본에서는 '어디에도 없는 당신'이 '더할 나위 없이 소중한 당신'으로 구체화되기 쉽기에, 눈앞의 상대방이 떠나는 순간 대상을 잃어버린 이 비재의 신은 왕왕 기성 종교나 국민의 역사 같은 대문자의 표상으로 흡수되어갑니다. 그런데 만약 우리가 스스로의 어둠을 응시한다면, 기성의 표상으로 고착되기 이전의 결정 불가능한 여백으로서 '어디에도 없는 당신'이 분절되는 그 순간을 파악할 수 있을지도 몰라요.

여기서 시이나 링고椎名林檎라는 가수는 주목해야 할 표현자입니다. 사람과 사람은 본질적으로 서로 알 수 없고 이별하는 존재라는 바로 그 사실 때문에 지금이라는 이 순간을 응시해야만 한다고 그녀는 발화합니다.

> 불온한 비명을 사랑하지 마
> 미래 따위 쳐다보지 마
> 확신할 수 있는 현재만을 포개서
> 내 이름을 잘 불러봐
> 몸을 만져봐
> 필요한 것은 이것뿐이야 인정해
> (시이나 링고, 「죄와 벌罪と罰」)

약속이 절대 이루어지지 않는다는 것, 미래가 우리를 배신할 것을 알기에 그녀는 지금 이 순간에 '계속 뒤엉키도록' 영원의 찰나를 찾는 것입니다. 본질적으로 치유되지 못할 절망이 관철되는 인간관계, 이것이 우리의 현실을 떠받치는 확실성이라는 강한 각오가 여기에서 느껴집니다. 그 가성이 비명처럼 들리면서도 굴복하지 않는 힘찬 목소리처럼 울려 퍼지는 것은 현실을 견뎌내고자 하는 강한 의지, 그리고 절망감이야말로 현실을 살아가는 양식이라는 신념이 있기 때문이겠죠. 결국에는 삶의 당혹감을 계속 지니고 가는 것이 사람과 사람을 묶어주는 유일한 유대가 되리라고 저 또한 생각하고 있어요. 이런 약분 불가능성과 표현 행위의 관계에 대해 발터 벤야민Walter Benjamin은 다음과 같이 말합니다.

소설가는 자신을 남으로부터 고립시켰다. 소설의 산실은 고독한 개인, 즉 자신의 가장 중요한 관심사를 더 이상 표현할 수 없고 또 자기 자신이 남으로부터 조언을 받지 못했기 때문에 남에게도 아무런 조언을 해줄 수 없는 고독한 개인이다. 소설을 쓴다는 것은, 약분 불가능한 성질의 것을 인간적 삶의 묘사 속에서 극단적으로 끌고 가는 것을 의미한다. 소설은 삶의 풍부함과 또 이러한 풍부한 삶의 묘사를 통해서 삶의 이루 말할 수 없는 당혹감을 여실히 보여주고 있는 것이다. (발터 벤야민, 「얘기꾼과 소설가」)*

사람과 사람 사이에서 거리를 느끼기도 하지만, 한편으로는 마음이 서로 통했다고 여겨지는 순간도 존재합니다. 인간의 관계는 차이와 동일이라는 두 가지 극단의 틈새에서 흔들리는 것이겠지요. 이 흔들림이 아늑히 멀리 떨어진 사람들에게 '어디에도 없는 당신'을 향한 표현 행위를 권유할 터, 그것들이 허공에서 교착하는 가운데 서로의 고독이 공명하기 시작할 것입니다. 서예가 이시카와 규요石川九楊가 말하듯이 "세계는 폐허, 관계는 거절, 개인은 절망에서 출발하는 수밖에 없는바, 여기에야말로 무한의 희망이 있다"는 인식에 '우리'라는 언어가 성립하는 출발점, 사람과 사람의 관계성이 존립하는 기저가 놓여야 할 것입니다.

세계는 이미 폐허다. 아름다운 것은 아무것도 없으며 지켜야 할 것은 하나도 없다. 두려워하며 벌벌 떨거나 움츠러들 필요 없다. 산다는 것은 그저 폐허에 돌을 쌓는 것에 불과하다고 해석한 나는, 나도 살아갈 수

---

* 발터 벤야민, 『발터 벤야민의 문예이론』, 반성완 편역, 민음사, 1992, p. 173, 옮긴이 일부 개역.

있다, 살아도 좋다는 희망이 솟아났다.

　결국 "나는 죽기 전까지 이 세상에 단 한 명이라도 좋으니 마음 놓고 흉금을 터놓을 사람이 있었으면 좋겠어. 자네가 그 한 사람이 될 수 있겠는가? 되어줄 수 있겠는가?"라는 소세키의 무거운 발화는, '더할 나위 없이 소중한 당신'에 대한 고백의 형태를 띠면서도 소설이라는 '어디에도 없는 당신'을 향한 표현 행위가 될 수밖에 없었습니다. 이것은 저의 이 글 역시 실제로는 그중 하나의 '당신'을 수신인으로 삼을 수밖에 없다는 점을 명백히 보여주고 있습니다. 저는 지금도 그때 당신의 바람을 기억하고 있어요. "작은 목소리라도 좋아요. 나 자신의 목소리로 노래해보고 싶어요. 당신의 힘을 빌리면 나의 노래를 부를 수 있을 것 같은 기분이 든답니다." 이제는 약속을 지키지 못하게 되었습니다만, 표현이라는 고독한 행위를 통해 '더할 나위 없이 소중한 당신'으로서가 아닌 '어디에도 없는 당신'의 이름으로 저와 당신이 다시 한 번 맺어질 수도 있겠지요.

　물론 표현하고자 하는 능동적인 기분은 자신을 이해해주길 바란다는 수동적인 기분과 불과 종이 한 장 차이이고, 표현 행위의 무게에 견딜 수 없게 된 표현자는 불특정의 독자라는 공허함에 비틀거릴 겁니다. 특정한 상대방을 가지지 않는 표현 행위에는 직접적인 반응이 돌아올 리 없는 허무한 일방통행만이 있을 뿐이니까요. 표현이란 이처럼 허약하고 가혹한 행위겠지요. 하지만 비록 초라해 보인다 해도, 그 가능성을 믿는 것 이외에는 갈 곳이 없어진 인간에게는 역시 더할 나위 없이 소중한 한 가닥의 희망일 것입니다.

1부 가까운 곳으로의 회귀

역사와 종교를 다시 이야기하기 위해
—담론, 네이션, 여백

바깥의 작동으로서의 안쪽. 푸코는 자신의 모든 작업을 통해, 마치 배가 언제나 단순히 바다의 한 주름 작용에 불과했던 것처럼, 단순히 바깥의 주름에 불과할 하나의 안쪽이라는 주제를 추적하고 있었던 것처럼 보인다. — 질 들뢰즈, 『푸코』

비판의 위치성

나는 지금까지 실증주의적 색채와 융Carl Gustav Jung의 심리학적 해석을 혼합한 토우* 연구, 성전론聖典論 및 해석학을 도입한 기기** 연구, 장서藏書의 사상사와 수용 미학을 원용한 스이카 신도론,*** 그리고 종교 개념

---

* '토우土偶'는 일본의 신석기시대에 해당하는 조몬 시대의 흙으로 빚은 인형인데, 주로 여성의 모습을 띠고 있어서 지모신地母神 신앙의 일종으로 해석되는 경우가 많다.
** '기기記紀'는 일본 고대의 역사서인 『고지키古事記』와 『니혼쇼키日本書紀』를 아울러 가리키는 용어다.
*** '스이카 신도론垂加神道論'은 일본을 대표하는 유학자 가운데 한 명인 야마자키 안사이山崎闇齋(1619~1682)가 제창한 것으로서, 주자학적 논리를 토대로 기존의 신도설을 집대성했다. 유학적 경敬의 사고에 음양도와 기학 등을 가미한 독특한 체계로서 일본 신화의 건국신

비판론과 국민국가론의 시점에서 본 근대 일본 종교사 등, 여러 연구 대상과 방법에 종사해왔다.[1] 그런데 그 무엇을 통해서도 기존 학문의 틀 속에 눌러앉을 수가 없었다. 정주하지 못하는 자신을 늘 의식해야만 했던 상황 속에서, '담론'이라 불리는 인간 의식의 양태를 만들어온 구조와 '학문적 담론'— 즉 담론을 학문적인 형태로 개념화한 구조—은 어떻게 구축되었고 학문적 세계의 공동성 혹은 일상성은 어떻게 만들어졌는가라는 문제를 고민하게 되었으며, 나아가 나를 항상 속박하고 있는 '일상 세계의 구성,' 그리고 나 자신이 기대는 학문에 내포하는 '진리와 방법'의 관계에 대해 비판적인 관심을 가지게 되었다.

이제까지 내가 해왔던 학문은 대체 어떠한 방법과 담론에 의해 성립한 것일까? 고고학이나 기기 연구의 성립 조건이 일본의 기원을 탐구하려는 정열에 있다면, 그러한 정열은 어떻게 생겨난 것일까? 종교 연구를 성립시키는 이른바 종교적 초월에 대한 욕구는 어떻게 형성되었으며, 그 안에서 우리의 역사적 또는 종교적 지향성은 어떤 방향을 향하게 된 걸까? 역사적 기원, 종교적 초월성과 토착성 등, 우리가 지닌 관심의 형태는 어떻게 해서 학문이라는 형식을 띠고 나타난 걸까? 점점 이러한 고민에 빠져들었다.

오늘날 빈번히 언급되고 있는 '네이션nation'과 '국민국가'의 문제— 이 두 단어가 가지는 의미의 차이는 명확히 파악되어야 하지만 일본에서는 대체로 별다른 구분 없이 사용되고 있다. 이러한 현상 자체를 일본 사회가 지닌 문제로서 대상화할 필요가 있다— 는 흔히 '만들어진 것'

인 아마테라스의 도를 강조하고 그 후손인 천황에 대한 숭배를 내세운다. 더 자세한 내용에 대해서는 박규태의 일본의 종교 및 신도에 관한 여러 글들이 좋은 참고가 된다.

'창조된 것'임을 지적하는 수준에서 논의가 정지해버린 인상을 준다. 연구자들은 연구 대상에 대해서는 반성적 태도를 취하면서도, 자신의 인식이 얼마나 기존 담론의 틀에 제약되어 있는가에 관해서는 몹시 둔해 보인다.

일본어의 경우 같은 발음으로 다른 의미를 갖는 단어들을 표현하는 것이 가능하기에, '소조되었다'*라는 음절을 발음하면 두 가지 단어를 떠올리게 된다. 하나는 "invented(만들어진)," 또 하나는 "imagined(상상된)"이다. 주지하다시피 전자는 에릭 홉스봄Eric Hobsbaum이, 후자는 베네딕트 앤더슨Benedict Anderson이 사용한 단어인데 각기 다른 의미를 함축한다.[2] 그렇지만 가쓰라지마 노부히로桂島宣弘가 이미 지적한 바대로, 일본에서는 앤더슨의 논의가 활발히 인용되고 있음에도 불구하고 실제로는 홉스봄이 말한 의미의 '만들어진' 작위성을 확인하는 행위에 그치고 마는 경향이 있다.[3] 국민국가와 마찬가지로 '종교'나 '국어'의 개념도 근대에 창조되었으며 '문학'이나 '국사'의 개념도 근대에 만들어졌다고 하는데, 여기서는 무엇을 소재로 삼든 간에 결국 "모든 개념은 네이션과 결탁하여 균질적인 공동성을 성립시키는 장이었던 근대에 만들어진 것"이라는 똑같은 결론이 내려지고 만다.

이는 처음부터 이미 정해진 대답을 확인할 뿐인 아무 성과 없는 작업으로 보이기도 하지만 ─ 한편에서는 이를 실증적 연구로 오해하는 연구자도 있다 ─ 사실은 이러한 논법 자체가 일본의 학문 상황을 이해하는 데 있어서 지극히 흥미로운 재료를 제공해준다. 동질한 공동체로서

---

* 일본어로 '상상'과 '창조'는 모두 '소조ソウゾウ'로 발음된다. 저자는 베네딕트 앤더슨의 '상상'과 에릭 홉스봄의 '창조'가 서로 다른 문맥에서 사용되었음에도 불구하고 이를 혼동하여 사용하는 일본 학계의 부주의함을 꼬집고 있다.

의 '네이션'이라는 규정은 오늘날 유행하고 있는 '담론' 비판과 동질성이라는 개념을 공통분모로 가진다. 일반적으로 일본의 역사·사상 연구에서 사용되는 '담론'이라는 단어는 내부가 등질성으로 가득하다는 의미에서 쓰이는 경우가 많고, 네이션과 마찬가지로 '동질적homogeneous' 성질을 가지는 것으로 이해된다. 그렇지만 일본의 연구자가 네이션을 논할 때 기대는 앤더슨은 이 '동질적'이라는 어구를 '동질적이고 공허한 시간homogeneous empty time'이라는 일정한 구절 속에서 항상 '시간'이라는 명사를 꾸미는 형용사로서만 쓰고 있다. 앤더슨의 『상상의 공동체』를 읽어봐도 동질이라는 용어에는 부정적인 의미가 담겨 있지 않다. 그런데 일본의 연구자가 '동질한 담론'이나 '동질한 공동체' 같은 어구를 사용할 때는 차이와 개성을 억압하는 부정적 의미의 등질성을 함의하는 경우가 많다. 이 점을 고려해보면 일본에서 현재 네이션론과 담론 비판이 아울러 성행하고 있는 사태는 우연적이지 않으며, 부정적 의미의 동질성을 비판하고자 하는 공통의 가치관에 뿌리를 두고 있다는 점을 알 수 있다. 네이션이라는 공동체 자체가 동질적인 담론으로 여겨지고 있는 것이다.

한편 앤더슨은 『상상의 공동체』에서 어니스트 겔너Ernest Gellner의 네이션론(『민족과 민족주의』[4])과의 차이에 대해 아래와 같이 논한다.

겔너가 "민족주의는 민족들이 자의식에 눈뜬 것이 아니다. 민족주의는 민족이 없는 곳에 민족을 발명해낸다"라고 얼마간 잔인하게 규정했을 때, 나와 유사한 논점을 이야기하고 있다. 그러나 이러한 공식화의 결점은 민족주의가 잘못된 구실 아래 가장하고 있다는 점을 보여주려고 너무 애쓴 나머지 '발명'을 '상상'이나 '창조'보다는 '허위 날조'와 '거짓'에 동

화시킨 것이다. 이리하여 그는 민족과 병치될 수 있던 '진정한' 공동체들이 존재함을 암시한다.[5]

여기서 앤더슨은 '창조'라는 어휘에 관한 두 가지 해석, 그러니까 겔너가 말하는 역사적 근거를 가지지 않는 '허위 날조'로서의 해석과, 앤더슨 자신이 말하는 적극적으로 역사 안에서 '창출'되는 '상상'으로서의 해석이 가능함을 시사하고 있다. 앤더슨이 취하는 입장은 "사실 면대면의 원초적 마을보다 큰 공동체는 (그리고 아마 이 마을조차도) 상상의 산물이다. 공동체들은 그들의 거짓됨이나 참됨에 의해서가 아니라 그들이 상상되는 방식에 의해서 구별되어야 한다"[6]는 발언에서 이미 명백하다. 모든 공동체는 비록 원시사회나 미개사회일지라도 상상력의 개입을 통해 그때마다 새로운 시간의 모습을 머금은 채 만들어지며, 모든 역사 현상은 시간적인 변화의 모습 아래 등장하는 창조의 산물인 것이다. 오직 우리의 마음속에 상상된 것만이 실재적인 것으로 나타날 수 있다. 만들어진 것이야말로 실재성을 지니므로, 그 작위성만을 취합하여 역사적인 본래성을 결여했다고 왈가왈부해봐야 소용없다는 것이다. 따라서 겔너가 주장하는 역사적 변화를 겪지 않은 진정한 공동체, 상상이 개입되지 않은 직접적인 공동체는 그 어디에도 존재한 적이 없으며 앞으로도 나타나지 않을 것이다.

즉, 여러 역사적 현상은 모두 그때마다 창조된 것이며 ── 원래 '역사적'이라는 어휘는 연속성과 단절성이라는 두 요소를 포섭하는 양가성을 띠고 있다 ── 단순히 개별적인 역사적 현상의 작위성을 지적하는 행위는 비록 처음에는 신선하게 여겨질지 몰라도, 일단 역사 본질주의적인 사고와 거리를 두게 되면 별다른 의미를 지니지 못하게 된다. 도리어 작위성을 지적하는 언표 행위 그 자체가 공교롭게도 동질화된 언어로 실추되고 말 가능성을 품고 있는 것이다. 달리 말해 우리가 창조 혹은 상상이라는 단어를 어떤 의미에서 사용하고 있는지 자각적으로 음미할 필요가 있다. 역사적 사물과 현상의 작위성을 지적하고 이를 간파한 자신이야말로 그러한 역사적 제약의 외부에 실체적으로 존재한다는 착각은 말하자면 자기 초월화의 병에 걸린 것이라 할 수 있다. 그 단적인 예로 지금까지의 종교학을 들 수 있다. 종교학은 신학이나 신앙가가 품고 있는 도그마적 성격을 비판함으로써 자기 형성을 이루어온 부분이 적지 않은데, 그러한 비판 행위는 비판이 가능한 종교학자야말로 초월적 인식에 도달할 수 있다는 환상을 초래한다.

이와 같은 착각에 빠지지 않기 위해서는 균질한 담론의 존재를 그저 도처에서 재확인만 할 것이 아니라, 담론 비판의 구조 그 자체를 새로이 포착해가는 작업이 필요하다. 역사 연구 분야에서 네이션론과 담론 비판이 결합되면 좋지 못한 의미에서의 실증주의와 유착하여 실체화하고 마는 경우가 더러 있는데, 다양한 범주들이 근대의 네이션과 결탁하여 만들어졌다는 점이 끊임없이 지적되면서도 오히려 네이션이나 담론의 범주가 가지는 내실은 묻지 않게 되고 논의의 틀은 자명한 것으로 고착되고 만다. 만약 정말로 실증주의가 비판 기능을 보유하고 있다면, 현재의 인식 주체들은 과거 자료와의 대화를 통해서 사유의 변화를 겪어야만 할 터이다. 인식 주체가 지닌 기성의 사유 구조에 자료의 풍부함을 억지로 욱여넣어서는 안 된다. 실증이냐 이론이냐의 단순한 이분법을 떠나서 철저하게 실증주의를 밀고 나갔을 때야말로 이론적 반성이 그 흐름 안에서 자연스럽게 피어날 것이다.

예전의 신칸트파나 빌헬름 딜타이Wilhelm Dilthey처럼 자연과학과 인문과학을 명쾌히 구분하는 것이 불가능해진 오늘날에는 주관성을 형성하는 지평의 내부에 대한 객관적인 태도가 요구되고 있다. 나 자신은 물론이요, 많은 연구자들 역시 이 기로에 서 있다. 가령 종교 연구의 경우에 특정 종파에 얽매여 있는 신학과 객관성에 열려 있는 종교학이라는 단순한 이항 대립은 더 이상 성립하지 못하기에, 신학자와 종교학자 모두 스스로가 발 딛고 있는 주관적 지평을 객관적으로 대상화하는 것에서부터 논의를 시작해야 한다.[7]

담론 비판의 문제

이러한 문제들을 염두에 두면서 담론 비판에 관해 생각해보자. 일본에서 일반적으로 논의되는 담론은 동질적인 인식의 틀을 주조한다는 점에서 미셸 푸코Michel Foucault의 『말과 사물』과 『지식의 고고학』, 그리고 에드워드 사이드Edward Said의 『오리엔탈리즘』의 영향을 강하게 받아왔다.[8] 이는 앞서 지적한 것처럼 '동질함'을 그 내실로 한다는 점에서 일본의 네이션론과 밀접한 친화성을 가진다.

그런데 역시 앞서 지적한 점이지만, 네이션론의 대표적 논객인 앤더슨은 네이션을 형용할 때 '동질적'이라는 단어를 전혀 사용하지 않는다. 앤더슨이 네이션에 관해 사용하는 것은 '수평적horizontal'이라는 단어다. 이 형용사는 가령 '수평적 공동체horizontal community'처럼 네이션이라는 공간의 특질을 표현하기 위해 사용되며, 대응어로는 '수직적vertical'이라는 단어가 사용된다. 수직적 공동체란 인간 위에 신이 존재하며 저 신과 우리 인간이 수직의 상하 관계로 묶여 있음을 의미한다.

앤더슨은 아일랜드계 출신이기도 한데, 여기에는 아마도 기독교적인 종교의 이미지가 바탕이 되었을지도 모르겠다.

앤더슨의 이해에 따르면 서양에서는 중세의 종교 공동체가 쇠퇴한 이후 이를 대신하여 국민 공동체가 사람들의 마음을 채우게 되었다. 인간과 수직 관계를 이루던 기독교적 신이 쇠퇴하면서 사람들 사이의 횡적 관계에 따른 수평적 공동체인 네이션이 탄생한다. 이와 같은 대등한 의식이 구축되는 데 결정적인 역할을 한 것이 자본주의와 손잡은 인쇄물의 대량생산이었다. 앤더슨은 근대 네이션의 시간 감각을 가리켜 "동질하고 공허한 시간"이라 부르는데, 여기서 말하는 '공허'란 신의 부재를 가리킨다. 수직의 위쪽에 자리 잡은 신이 사라진 공간에 다양한 것들이 파고들 수 있는 공허한 시간이 열렸으며, 신이 사라졌으므로 우리 인간은 동등한 존재로서 직접 횡적 관계를 맺는 것이 가능해졌다. 다시 말해 앤더슨의 저작에서 '동질적'이라는 단어는 억압적이고 부정적인 의미를 지닌다기보다는 사람들을 잇는 동질한 시간이라는 의미에서 중립적이거나 긍정적인 단어로 이용된다. 『상상의 공동체』를 세심히 읽다 보면 앤더슨이 네이션을 부정적으로 보고 있지 않다는 사실을 쉽게 알 수 있다.

그럼에도 불구하고 일본의 역사 연구자들은 대부분 앤더슨의 논의를 네이션 비판으로 받아들이는데, 이는 아마도 일본의 독자적인 지식사회의 맥락이 개입되어 있기 때문일 것이다. 니시타니 오사무西谷修가 일전에 『내셔널리즘론의 명저 50』에서 지적한 바와 같이, 일본의 연구자는 흔히 네이션nation론을 국민국가nation-state론과 동일한 것으로 간주한다.[9] 네이션론이 공동체를 사람과 사람의 횡적인 연결로 파악하는 것에 비해, 국민국가론은 어디까지나 국가론으로서 국가기구가 유지하려는 지배자/피지배자의 상하 관계에 근거하여 사회를 파악한다. 그리고 이러한 국가의 종적 관계가 네이션이 지니는 횡적 연결에 의해 은폐되는 상황을 비판한다. 이렇게 네이션론을 국민국가론으로 끌어당겨 이해하는 일본의 논리는 역시 마르크스주의의 지적 토양 위에서 전개된 것이리라.* 그렇게 앤더슨의 '상상의 공동체'가 인구에 회자되지만, 실제로 논의의 중심은 오히려 국가와 네이션의 교차점을 문제시한 겔너의 시점에 매우 가깝다. 여기에도 역시 국민에 의한 '상상'이라는 언표가 국가에 의한 국민의 '창조'로, 그러니까 환상의 날조로 치환되는 모습이 나타난다. 억압적 동질성에 대한 혐오감 또한 일본 지식인에게 매우 뿌리 깊은 현상인데, 이 혐오감 자체를 한 번은 검토 대상으로 삼아볼 필요가 있을지 모른다.

한편 호미 바바Homi Bhabha는 앤더슨의 '동질'이라는 단어가 가지는 의미를 다른 맥락으로 치환하여 네이션론에 삽입한다. 바바는 '동질적'이라는 언표를 '이질적heterogeneous'의 반의어로 사용한다.[10] 이는 균질

---

* 이 구절에서 저자가 '마르크스주의의 지적 토양'을 언급하면서 '역시'라는 표현을 쓴 이유는 일본의 학계, 그중에서도 역사학계는 제2차 세계대전 패전 이후부터 1990년대에 이르기까지 ─ 어쩌면 오늘날까지도 ─ 마르크스주의 역사학이 중심을 이루고 있었기 때문이다. 이는 비非사회주의 국가에서는 유례를 찾아보기 힘들 정도의 독특한 현상으로, 저자는 네이션 개념을 국가권력의 문제로 전이시켜 이해하는 오늘날 일본 학계의 상황을 바로 이러한 마르크스주의적 해석의 전통에 관련시켜 진단하는 것이다. 하지만 그렇다고 해서 저자가 마르크스주의 전체에 대해 비판적인 입장을 취하는 것처럼 오해해서는 안 된다. 이소마에의 비판은 일본의 마르크스주의 역사학이 실증주의와 결합하여 기계적인 발전단계론과 폐쇄적인 역사유물론으로 채색되어가면서 그 본래적 가능성을 상실했다는 점을 향해 있기 때문이다. 이 책의 다른 장들에서도 언급되고 있지만, 다른 여러 저작에서 이소마에는 그간의 일본 역사학계가 마르크스-레닌주의를 물신주의적으로 해석해온 점에 이의를 제기하는 한편, 하부구조론과 경제결정론의 교조적인 성격을 비판하고, 그람시, 루카치, 벤야민 같은 상부구조와 인간 의식의 문제를 다룬 서구 마르크스주의자들을 오늘날 새로이 조명할 필요가 있다고 역설한다.

성과 이질성이라는 말로도 표현할 수 있는데, 어쨌든 이 대칭 개념은 이미 일본 지식사회에서도 익숙한 단어가 되었다. 앤더슨의 경우에 '동질적'은 '시간'에 부과된 단어이기 때문에 그 반의어로 '이질적'이라는 언표가 올 수 없다. 원래 이 "동질적/이질적"이라는 대칭 개념은 프랑스의 사회학자 에밀 뒤르켐Émile Durkheim까지 거슬러 올라가는 것으로, 이를 조르주 바타유Georges Bataille가 다른 문맥에서 새롭게 해석한 이후 자크 데리다 등 프랑스 탈구축파로, 나아가 호미 바바 등의 탈식민주의 네이션론으로 이어져갔다고 볼 수 있다.[11] 여기서 말하는 동질성(=균질성)은 어떤 밀봉되고 억압된 상태를 가리키는데, 이러한 동질적인 것에 포함되지 않는 것을 이질성이라 부른다. 여기까지 오면 앤더슨이 네이션의 공간을 형용할 때 사용한 "수평적/수직적"이라는 반의어와 바바가 말하는 "동질적/이질적"이라는 반의어는 서로 간에 설정된 문제축이 다르다는 점을 알 수 있을 것이다.

참고로 앤더슨은 "이질적"이라는 단어를 『상상의 공동체』에서 전혀 사용한 적이 없으며, 그가 말하는 '동질적이고 공허한 시간'이라는 표현은 프랑스 사상계의 흐름이 아니라 유대계 독일인인 발터 벤야민의 논문 「역사철학테제」에서 유래한다.[12] 그런데 앤더슨의 벤야민 이해는 앞의 표현에서도 알 수 있듯이 역사적 시공의 간극에서 사고하는 벤야민의 논의를 현실의 시공간 속으로 끌어내려 실체화한 것이며, 의도적인지 어떤지는 차치하더라도 오독을 통해 이루어진 것이었다. 벤야민이 품었던 시간의 틈새에 대한 관심은 오히려 데리다나 바바에게 이어진다. 이러한 점을 고려해가며 오늘날의 네이션론을 바라보면, 앤더슨이 수평적 공동체로서의 네이션을 긍정적 또는 중립적인 것으로 파악하는 데 비해, 바바는 동질성과 이질성의 양가성으로, 그리고 뒤에서 살펴볼 사카이 나오키酒井直樹는 바바와 공통된 사상적 배경을 가지면서도 이양가성 가운데 동질성에 초점을 맞추어 논의를 전개한다는 점을 알 수 있다. 이렇듯 실은 섬세한 독해를 필요로 하는 앤더슨의 용법을 일본의 연구자들이 안이하게 취급함으로써 '동질'과 '수평'이 같은 의미인 양 이해되었던 것이다.

여기서 담론 비판에 관한 이야기로 되돌아가 보자. 지금까지의 논의에서 분명해졌듯이 '담론이란 동질적인 인식이다'라는 서술과 마주하는 경우에도 사실은 이로부터 상당히 다양한 의미를 끌어낼 수가 있다. 예컨대 푸코는 후기 저작 『성의 역사 1: 지식의 의지』(1976)에서 담론이란 다양한 힘이 길항하며 순환하는 장소라고 지적한다. 다양한 힘이 길항하기 때문에 여기에 동질화의 힘이 작동하면 이에 회수되지 않는 다른 여러 힘이 끓어오르는 저항 또한 생겨난다.[13] 이러한 인식은 호미 바바가 『문화의 위치』(1994)에서 사이드의 오리엔탈리즘을 비판하면서 담론의 성질에 대해 논하는 장면에서도 엿볼 수 있다.[14] 푸코와 바바는 담론이 그 내부에 이질성heterogeneousity을 불가피하게 포함한다고 본다.

이와는 반대로 담론을 동질적인 장소로 이해하는 입장에서 담론은 동질한 것으로 밀봉되어 있으며, 그 내부로부터 저항이 분출하는 것 역시 불가능하다고 여긴다. 담론의 내부가 동질한 것으로 밀봉되어 있다면 당연히 그 안에서 여러 힘이 다투는 장소는 존재할 수 없게 되며 저항하는 힘의 비등 역시 상정할 수 없다. 미합중국*의 오리엔탈리즘 담

---

* 이소마에는 미국의 일반적인 일본어 표기인 'アメリカ(아메리카)'나 '米国(미국)' 대신 '합중국'이라는 표현을 사용한다. 이는 미국(인)이라는 표현에 어떤 단일한 실체가 상정되어 있는 데 비해, 실제로는 미국이라는 나라가 다양한 민족적 배경을 가진 이들로 이루어져 있으며, 따라서 이를 통틀어 미국(인)이라는 기호로 나타내는 것을 거부하기 위해서다. 본문 중에 '합중국'으로 표기된 곳은 '미합중국'으로, 그리고 'アメリカ' '米国'으로 표기된 곳은 '미국'으

론의 강고함에 대한 사이드의 절망에 가까운 격렬한 항의 —— 이는 특히 『오리엔탈리즘 개정증보판(25주년 기념판)』(2003)에 추가된 서문에 현저하다[15] —— 에는 이와 같은 담론의 폐쇄성에 대한 그의 염려가 잘 드러난다.

이러한 자폐적인 담론 이해는 푸코의 『말과 사물』, 사이드의 『오리엔탈리즘』 등을 통하여 일본에서도 배양되어갔다. 그러나 이들 저작보다도 일본의 담론 비판에 결정적인 영향을 끼친 것은 가라타니 고진의 『일본근대문학의 기원』(1980)이었다.[16] 이 책은 근대에 '내면'이라는 것이 출현하는 과정을 언문일치의 문장 제도와 결부시켜 설명하는데, 문예비평의 분야를 넘어서 역사학과 사상사 등 다양한 분야에 방법론적 변화를 가져왔다. 비록 가라타니는 아직 '담론'이라는 단어를 사용하지 않지만 이 책의 주제인 '내면'이 완만하게 동질화된 장소로서 하나의 담론을 의미하고 있음은 분명하다. 1985년부터 연재된 『탐구』에서처럼 '안/밖'이라는 완전한 이분법적 입장이 선명히 드러나 있지는 않을지언정, 이미 『일본근대문학의 기원』의 단계에서 가라타니는 '내부'를 완벽히 밀봉되어 저항의 계기를 가지지 못하는 장소로서 자리매김하고 있다.

가라타니처럼 공동체가 내부와 외부를 구별하는 명확한 경계선을 가지며, 나아가 내부를 동질하게 밀봉된 것으로 보는 관점에서는 저항하는 힘의 안으로부터의 발생을 상정하기 어렵다. 따라서 동질화된 내부를 무너뜨리기 위해 『탐구』에서는 바깥과의 '교통'이 논해지는 동시에 '외부성'이라는 초월론적 비판의 시점이 설파된다.[17] 문예평론가인 고바

로 번역했다.

야시 히데오小林秀雄와 마르크스주의자인 후쿠모토 가즈오福本和夫가 높게 평가되는 것도 이 때문이다.[18] 더욱이 프로테스탄트적 종교론에 보이는 신의 절대성이나 초월성을 떠올리게 하는 '외부성'의 이념을 제시하고, 이를 공동체의 '내부'와 대치시키는 작업이 시도된다. 여기서 외부성은 '외부'와 혼동되어서는 안 되는데, 공동체의 내부로 회수될 수 없는 초월적 이념이 실체화되어버리면 외부'성'은 단순한 외부로 전락하며 우상숭배가 일어나기 때문이다.[19]

가라타니에게 '차이difference'란 이 외부성이 가져오는 공동체 간의 교통을 가리킨다. 여기서 주의할 점은 그가 말하는 차이가 동질화된 공동체와 공동체 사이의 차이, 그러니까 동질적인 단체 사이의 다름을 의미한다는 점이다. 이러한 문화 다원주의적인 입장은 나는 나로서 그리고 당신은 당신으로서 명확히 정돈된 존재들 — 이를 가라타니는 단독성singularity이라 부른다 — 이 각자의 구별을 자명한 전제로 한 후에 다름을 인정하는 것에 불과하다.[20] 이러한 방식은 『탐구』 이후 가라타니가 데리다를 비롯한 탈구축파를 낮게 평가하는 점과도 무관하지 않다.[21] 가라타니처럼 자기동일성self-identification의 발상에 입각해 있는 자들에게 데리다 등이 가진 차이에 대한 이해는 당연히 받아들이기 힘들다. 그리고 이러한 내부와 외부성의 비대칭성을 가라타니는 현실의 공동체에 중첩시키는데, 동질화된 내부는 일본으로, 교통의 장소인 외부성은 미합중국으로 이념화됨과 동시에 구체화된 형태로 그려진다.

동질화된 담론을 실체시하는 이런 자세는 아날학파의 심성이나 마르크스주의의 경제와 마찬가지로, 일본에만 한정된다기보다 역사 연구 전반에 짙게 나타나는 경향이라 할 수 있다. 누차 지적되어온 점이지만 푸코와 실증주의 사이에는 단지 종이 한 장 정도의 차이가 있을 뿐이며, 담론 비판 또한 자칫 잘못하면 일반적인 사상사나 관념사와의 차이를 잃어버리고 만다.[22] 우리 인식의 외부에 실체적인 담론이 존재한다고 생각하는 한, 외부에 우뚝 솟아 있는 담론과 인식의 주체인 자신들을 초월적인 존재로 만들려는 소망은 손쉽게 공범 관계를 맺고 마리라.

예컨대 시마조노 스스무島薗進는 졸저『근대 일본의 종교 담론과 그 계보』*에 대한 서평을 통해 서양에서 들여온 종교 개념을 논하는 것만으로는 이 개념에 담기지 않는 일본의 종교 현상을 이해할 수 없다고 논한다.[23] 정당한 지적이긴 하지만, 이 경우 서양의 종교 개념을 표층적인 것으로 보고, 그 개념 안에 수습되지 않으면서 그 아래에 존재하는 토대를 근세 유학이 관류하는 실체적 '종교 구조'로 파악하는 점에 문제가 있다. 시마조노는 종교 '구조'라는 개념을 데리다가 비판했던 레비-스트로스식의 구조주의적 의미에 매우 가까운 실체적인 개념으로 간주한다.[24] 이리하여 종교 개념 담론의 바깥에 실체로서 파악 가능한 종교 구조가 존재할 수 있게 되는데, 여기에는 복고적 토착주의의 사고방식으로 흘러갈 가능성이 내포되어 있다. 담론의 내부와 외부에 명확한 경계선이 그어지면 내부는 물론이고 회수 불가능한 외부 또한 실체화된다. 이 안과 밖 그리고 동질화된 내부에 관한 사고방식에 대해서는 뒤에서 조금 더 다루도록 하고, 여기에서는 우선 사이드와 가라타니의 사상

---

* 『근대 일본의 종교 담론과 그 계보近代日本の宗教言説とその系譜』는 이와나미서점에서 2003년에 발간된 이소마에의 연구서로서, 메이지 시대(1868~1912) 이후 'religion'의 번역어로서 '종교'라는 개념이 일본에 정착되어가는 과정을 추적한 작품이다. 특히 교의 등 정신적인 면을 강조하는 프로테스탄티즘적 '믿음belief'의 관념이 신체적 실천을 중시하는 민간신앙의 '실천practice'을 잠식해가는 모습을 구체적으로 묘사하고 있으며, 종교를 일종의 개념으로 파악하고 있다. 근대 종교 개념 및 정교분리 등에 대한 새로운 해석을 통해 기존의 일본 종교사 학계에 커다란 파문을 일으킨 이소마에의 대표작이라 할 수 있다.

을 계승한 담론 비판이 일본의 역사 연구에 커다란 영향을 미치고 있지만, 이러한 현상은 실제로는 일본 외의 지역에서 논해지고 있는 담론 비판의 극히 일부분이 특화된 것에 불과하다는 점을 확인해두도록 하자.

이러한 사고가 일본에서 영향력을 가지고 있다는 사실 자체가 일본의 지식층을 이해하기 위한 하나의 열쇠가 되기에 앞으로도 충분한 논의가 이루어져야 할 것이다. 한편으로 가라타니가 이러한 사고를 전개해나갈 수 있었던 것은 그 자신이 미합중국과 일본 사이에 있었기 때문인데, 사이드와 '팔레스타인/미합중국,' 바바와 '인도/대영제국,' 앤더슨과 '동남아시아/아일랜드,' 나아가 국민국가론의 대표적 논객인 니시카와 나가오와 '만주/일본'[25]의 대비에서 보이듯이, 민족을 비롯한 여러 담론에 관한 비판은 자신의 체험을 통해 귀속성을 문제로 전환시킬 수 있는 환경 안에서 비로소 가능해진다. 물론 여기에 나타날 수 있는 반응은 사람에 따라 제각각일 터, '자신/타자'의 이항 대립을 쉬이 떠올리는 경우, 아니면 그렇게 외재화된 타자성 자체를 분절하는 경우 등이 있을 수 있다. 우리는 그러한 선택지 자체를 물음의 대상으로 삼아야 하는 것이다.

다만 여기서 지적해두고 싶은 점은 그렇게 상기된 현실감이 굉장히 생생하다는 것이다. 분명히 상상된 것에 지나지 않는데, 그 상상력이 실재적인 것으로 나타난다는 점에 네이션의 문제가 있다. 이 실재성에 대해 그저 단순히 근대에 창출되었다는 점을 지적함으로써 논쟁을 끝내기 이전에, 그러한 생생한 감정을 건져 올려볼 필요가 있는 것은 아닐까? 지금까지의 담론 비판은 대체로 담론의 내용을 다루는 것에 그쳐왔는데, 그 내용이 사람들에게 호소하고 불러일으키는 감정의 실재성 또한 논의의 대상이 되어야 한다. 감정적인 효과를 이끌어내지 못한 담론은 설득력을 가질 수 없기 때문이다. 담론의 설득력은 내용의 논리나 치밀함이 아니라 이로 말미암아 어떤 종류의, 혹은 차라리 얼마만큼의 감정을 야기할 수 있는가에 달려 있다. 특히 종교나 역사의 문제를 다루는 경우에는 더더욱 이러한 실재성의 성립 과정을 간과해서는 안 된다.

이 문제는 1930년대에 벌어진 마르크스주의자의 전향 이후,* 이론적 차원에서 일본 사회를 이해하려 한 지식인들의 걸림돌이 되어왔다. 자신들이 가진 논리적 이해의 한계가 드러나자, 그 반동으로 민중이나 천황 등 이전까지 그들의 담론에서 배제되었던 자들이 선명한 현실감과 함께 친밀한 존재로 등장한 것이다. 우리는 자칫하면 이를 토착적 전통이나 생활 그 자체로서 실체화할 위험성이 있는데, 그전에 멈추어 서서 이러한 실재성이 어떤 방식을 거쳐서 담론에서 흘러나오게 되는지를 고찰할 필요가 있다.

---

* 일본 마르크스주의자의 전향 문제는 이소마에의 논의와 이 책 전체를 이해하기 위한 하나의 키워드다. 여기서 전전戰前 일본의 마르크스주의의 흐름을 모두 개관하기란 불가능하지만 간단히 소개해보겠다. 마르크스주의는 19세기 무렵부터 이미 일본에 유입되었는데, 1910년을 전후한 고토쿠 슈스이幸徳秋水의 대역사건과 철저한 탄압에 의해 궤멸 상태를 맞게 된다. 그 후 러시아혁명과 코민테른의 영향으로 1921년에 일본공산당이 설립되었고 온갖 고초와 우여곡절을 겪으면서도 반체제적 성격을 유지하지만, 결국 1930년대에 들어서면서 대부분의 마르크스주의자들이 천황제로의 전향을 표명하게 된다. 특히 지도적인 위치에 있었던 사노 마나부佐野学와 나베야마 사다치카鍋山貞親의 전향 성명(1933)이 유명하며, 이후 일본의 마르크스주의는 결정적으로 쇠퇴의 길을 걷게 된다. 역사학 분야에서는 강좌파講座派와 노농파勞農派의 역사 논쟁이 유명한데, 양자 모두 전향의 시기에는 별다른 성과를 이루지 못했다. 이러한 마르크스주의자의 전향에 대해 이소마에는 보편적 원리와 초월적 외부를 상정하는 전전의 마르크스주의자들이 천황제와 유착해간 것에는 어떤 논리적 모순이 있다고 보기 힘들며, 바로 여기에 그 한계가 있었다는 점을 지적한다. 하지만 동시에 오히려 이러한 어두운 시대였기에 새로운 사상이 태어날 가능성 또한 존재했다는 점을—이시모다 쇼를 다룬 장에서의 설명처럼—강조한다. 마르크스주의에 대한 통렬한 비판과 가능성을 동시에 모색하는 이소마에의 이러한 입장은 보편적 원리나 초월적 외부를 거부하면서도, 그 안에서 어떻게 해서든지 사고를 전개하려고 하는 이 책 전체의 주제와 일맥상통한다.

담론 비판의 전개

그러면 이와 같이 고착화된 일본의 담론 비판을 어떻게 극복할 수 있을까? 여기에서는 자크 데리다의 마르크스론이나 해리 하루투니언 Harry Harootunian의 야나기타 구니오柳田国男론 등에 보이는 '유령으로서의 담론ghostly discourse'이라는 사유 양식에 주목해보자.[26] 앤더슨, 전기의 푸코,* 사이드, 그리고 앞서 본 가라타니의 저작이 1970년대 말부터 1980년대 전반에 걸쳐 일본에 소개된 것에 비해, 그 후에 본격적으로 등장한 바바나 사카이 등의 작업은 아직 일본에서 충분한 논의를 거치지 못했다.

데리다나 하루투니언의 견해에 따르면 담론은 하나의 고유명 아래에 유동적이며 다양한 요소들이 갈마드는 상태로 존재한다. 예를 들어 일본인이나 상민**이라는 단어는 하나의 고유명이지만, 여기에 투기投企된 이미지는 사람과 시기에 따라 천차만별이며 논의의 일치를 볼 수도 없다. 또한 고대에서 현대에 이르는『고지키』와『니혼쇼키』의 해석의 역사를 보아도, 국사나 기기 혹은 일본 신화 등 다양한 명사 아래에서 논의가 이루어지면서도 그 내실이 고정적 실체로서 특정된 적은 없었다. 기원으로 거슬러 오르는 것은 불가능하며 실체에 도달할 수도 없다. 실체나 기원은 근본적인 결여이기 때문에 이에 대한 해석도 끊임없이 변

---

* 이소마에는 푸코의 사상을『성의 역사』시리즈를 가운데 두고 전기와 후기로 구분한다. 이 장의 내용에 비추어 덧붙여 말하자면, 전기의 푸코는 담론을 어느 정도는 등질적인 것으로 보는 데 비해, 후기에는 이질적인 것으로 여기는 경향이 강해진다고 할 수 있다.

** '상민常民'은 야나기타 구니오가 사용한 민속학 용어다. 초기에는 정주하지 않고 떠돌아다니는 '산인山人'에 대비해 한곳에 머물며 사는 사람이라는 의미로 사용되었으나, 이후 다양한 함의가 부여되어 일반 서민이나 전승되는 민속을 보유한 사람 등의 의미를 가지게 되었다. 특히 후자의 의미에는 서민은 물론 천황도 포함된다.

화한다. 종교 개념을 둘러싼 나의 연구에 대한 한 구미 연구자의 비판에도 이와 비슷한 견해가 보인다. "이소마에는 근대 일본의 종교 개념을 단일한 실체로서 그리는 경향이 있는데, 서양에서 종교라는 단어가 다양한 의미를 지니는 것처럼 근대 일본에서도 가지각색의 함의가 혼재했던 것은 아닐까"[27)라는 지적이 그것이다. 나 역시 종교 개념이 가지는 다양성과 그 다양성들 사이에 존재하는 우열 관계를 밝혀내는 작업을 중요하게 여기고 있으나, 지금까지의 연구에 그러한 다양성을 포착하려는 측면이 부족했던 점도 사실이다.

　이렇게 담론을 유령으로 파악하면 보다 새로운 관점을 획득할 수 있다. 그 가운데 하나가 역사나 종교를 서술하려는 우리의 욕망에 끝이 없다는 점을 깨닫는 것이다. 유령은 인간에게 들러붙어 떨어지지 않으면서도, 그 정체를 밝혀내고자 뒤돌아보면 어디에도 보이지 않는다. 들러붙어 떨어지지 않는데 그 실체는 알 수가 없다. 퇴치하려 해도 할 수가 없다. 하지만 그렇기 때문에 우리는 그 부유하는 허상에 이름을 부여하고 싶어 한다. 실체에 도달할 수 없다는 점이 실체를 특정하려는 동일화의 충동을 일으키기 때문이다. 그렇지만 동일화에 대한 지향은 결코 충족될 수 없는데, 그래서 상정된 실체와의 어긋남, 다시 말해 차이가 순간적으로 나타나게 된다. 표리일체를 이루며 반복되는 동일화와 차이. 데리다는 이 양자의 교착을 이용하여 탈구축이라는 전술을 수립했다. 이러한 이해에 근거하여 고유명이라는 떨쳐내기 힘든 동일화의 욕구 아래에서 전개되는 차이들의 경쟁의 장소로서 담론을 파악할 수 있을 것이다.

　데리다와 푸코를 포스트모더니즘 사상가로 한데 묶는 것은 매우 거친 해석이지만, 앞에서 본 데리다의 담론 이해에는 후기의 푸코가 담론

을 '여러 힘들이 겨루는 장소'로 파악한 것과 공통되는 부분이 있다. 푸코가 말하는 '힘Pouvoir'은 일본에서 흔히 '권력'으로 번역되듯이 위에서 아래로의, 즉 국가에 의한 민중 억압의 의미로 전치되기 쉽다. 푸코에 대한 이런 식의 이해에는 미국의 일본 연구자 다카시 후지타니タカシ・フジタニ의 『화려한 군주』(1995)[28]가 끼친 영향도 적지 않았으리라 여겨진다. 다카시는 푸코가 언급한 힘을 '국가권력'으로 특정한다. 이와 같은 위로부터의 권력의 강압이라는 이해에―앞서 설명한 사이드식의 동질하고 억압적인 담론 비판과 함께―마르크스주의적 권력 인식의 잔영이 보이지 않는가? 여기에는―내셔널리즘을 국민국가론으로 대체하는 것과 마찬가지로―아래로부터의 힘의 비등이라는 문제를 위로부터의 억압의 문제로 치환해버리는 일본의 지적 토양이 지닌 특질이 잘 나타난다. 그러나 본래 푸코가 말한 힘이란 위로부터의 권력도, 아래로부터의 저항도 될 수 있는 양가적인 것이다.

가라타니는 근대적 인간의 '내면'이라는 것이 일본에서는 기독교의 영향 아래 혈연·지연 공동체와는 거리를 둔 개인의 장소로서 성립했다고 하는데, 그러한 내면은 가라타니가 서술하는 것처럼 동질하거나 평평하지만은 않은, 도리어 어떤 결여태impossibility가 아니었을까? 채워지지 못할 결여태가 있기에 언제나 충족을 원해 마지않는 것은 아닐까? 이 내면의 장소에서는 각양각색의 담론이 위로부터 그리고 아래로부터― 위로부터는 종교적 영성과 천황제가, 아래로부터는 자연주의 문학이 묘사한 바 있는 신체적 욕구가 ― 뒤엉키면서 정체성을 둘러싼 투쟁이 펼쳐진다. 그러나 이 장소는 절대로 하나의 담론에 점거되지 않는다. 물론 국가는 그와 같은 여러 힘들이 길항하는 장소를 억압하고, 이들을 위로부터의 일방적이고 독점적인 힘에 수렴시키려 한다.

어쨌든 이렇게 보면 저항과 변혁의 계기는 굳이 가라타니처럼 내부와 대치하는 외부를 상정하지 않아도 내부로부터 — 애초에 '내부/외부'라는 이분법적 발상이 불필요하기도 하지만 — 등장하게 될 것이다. 만약 고정화의 작용을 담론화라 부른다면, 담론화에 의해 내면이 균질한 것으로 고정되려는 그 순간에 반드시 이에 어긋나는 이질성이 여백margin과 과잉excess으로서 생겨나게 되며, 이것들이 안쪽으로 얽혀 들어가는 움직임이 일어나게 된다. 데리다는 이를 대리보충supplementary이라 명명했다.

그렇다면 이렇게 쉼 없이 계속되는 동일성과 반복의 뒤엉킴에 대해 우리는 어떤 용법을 부여할 수 있을까? 이것이 우리의 다음 과제다. 인간은 동일성을 지향하는 담론에 제약을 받지만, 다른 한편으로 개개의 '언표 행위enunciation'를 통해 담론으로부터 불거져 나오는 여백에 언어를 부과하고 담론의 동질성에 어떤 재해석을 내리는 것도 가능하다. 이 점에서 '담론'과 '텍스트'를 의도적으로 구분하여 사용하면서, "'담론'은 텍스트가 지닌 내재적 우연성과 일탈성, 그러니까 텍스트성을 무시하는 항상적인 재생산의 기제"[29]라고 말하는 사카이 나오키의 지적과 견해는 좋은 참고가 된다. 이에 대해 내 나름대로 부연해보자면 담론이 동질하고 고정화된 것임에 비해, 텍스트는 말 그대로 직물이기에 개개의 올을 어떻게 잡아당기느냐에 따라 전체적인 무늬 자체가 변화를 일으킨다는 의미일 것이다. 언뜻 보기엔 동질하게 보이는 저작 안에 본인의 의도를 배반하는 이질성이 복잡하게 뒤엉켜 있음을 발견하고 이를 해독하는 것이 지금부터의 연구에 있어서도 좀더 생산적인 작업이 될 것임은 분명하다.

차이라든가 동일성이라는 단어 자체는 — 비단 일본만이 아니라 —

특히 역사 연구와 종교 연구의 분야에서는 그 의미가 음미되지 못한 채 무반성적으로 사용되어왔다. 예를 들어 차이라는 단어는 일본에서는 언제나 소수의 권리를 존중하자거나 개성을 존중하자라는 표어로 귀결하고 만다. 다수와 소수라는 틀, 아니면 개인과 공동체라는 틀 자체에는 어떠한 의심도 가해지지 않는다. 소수나 개인의 경계선은 대상화되지 못하고 내부의 균질함은 변함없이 유지된다. 이는 데리다나 들뢰즈Gilles Deleuze가 언급한 차이, 곧 경계선의 내부를 스스로 붕괴시키는 차이와는 전혀 다르며 가라타니가 말한 안과 밖의 자명한 구별 위에 드러나는 차이와 같다. 하지만 데리다 등은 차이야말로 동일성을 욕망하는 바로 그 순간에 나타난다고 주장한다. 또한 바바는 "자기 차이화 differentiating sign of self"[30]라는 표현을 통해, 차이란 소수와 다수의 사이뿐 아니라 자기 내부의 자명성에도 균열을 일으킨다고 논한다. 이러한 차이에 관한 견해의 상이함을 고려해가며 자신의 위치를 되돌아보지 않으면 가라타니나 사이드의 담론 비판만이 특화되어 스스로를 그 담론에 동화시켜버리고 말 위험이 생겨난다.

유령으로서의 담론에 더해, 지금부터의 담론 비판에는 담론과 언표 행위를 구분하여 고찰하는 작업이 필요해질 것이다. 물론 이는 이념적 차원의 구분에 불과하지만, 담론을 실제로 고정되지는 않지만 균질성을 지향하는 것으로 특정한다면, 이에 대해 각각의 발화 행위에서 그러한 균질성에 회수되지 않는 측면을 언표 행위라 이름 붙일 수 있다. 푸코가 언표énoncé와 담론을 나누어 사용하는 데 비해,[31] 일본에서는 언표를 제대로 문제 삼는 경우조차 좀처럼 보기 힘들며, 더러는 개인의 수다조차 담론으로 불리곤 한다. 본래 담론이란 개별 발화자의 주체를 형성하는 토대로서의 장소를 가리킬 터인데, 여기서 형성된 주체의 언표 그 각각의 내용까지 담론이 되는 전도가 일어나는 것이다. 이에 반해 언표 행위와 담론을 엄중히 구분하여 사용하는 경우에는 담론의 동질화에 대한 반작용으로 생겨나는 여백을 담론 내부에 기입할 수 있는 표현의 공간을 열어젖힐 실마리가 주어진다.

여기서 '여백'이라는 표현에 대해 더 고민해보자. 여백은 담론의 틀 속에서 비어져 나오고 만 어떤 것인데—마르크스주의자의 전향을 비롯하여—일본의 지식인들은 이 여백을 언어화하는 과정에서 곤란을 겪어왔다. "우리의 이론은 서양에서 들여온 표층적인 것이며 일본 사회의 실태에는 어울리지 않았다. 따라서 일본의 전통인 천황제를 따른다"는 식으로 말이다. 여백을 담론 외부에 존재하는 실체처럼 인식하면 언어 표현 행위는 경박하고 표층적인 작업으로 비치게 된다. 우리는 언어화된 경계선 내부에 속할 수밖에 없으나, 이것이 오히려 우리로 하여금 여기에 담기지 않는 외부를 예감하게 한다. 여백이란 바로 이와 같이 언어화 불가능한 것을 말한다. 그리고 우리는 이 여백이 담론에 행하는 작용을 알아챌 수 있는데, 그것은 우리가 이미 언어 구조의 안에 있기 때문이다. 하지만 반대로 언어로부터 단절된 있는 그대로의 여백을 실체로서 파악하기란 불가능하다. 여백이 가지는 리얼리티는 응당 언어 구조 속에서 살아가야만 하는 우리에게 물론 영향을 미치기에, 담론과 언표의 관계 속에서 느껴지면서도 언어로 담아낼 수는 없는 부족한 어떤 것으로 나타난다.[32]

그렇다면 예를 들어 담론 비판으로서의 종교 개념론은 서양적 종교 개념과는 다른 일본의 독자적인 종교 구조를 실체적으로 그려보는 것이 아니라, 종교라는 기존 개념이 담아내지 못하는 우리 내면에 깃든 종교성—막연한 죽음의 불안이나 죄악감, 이에 대한 갈등과 희구—

에 어떠한 언어를 부여할 것인가에 초점을 맞추어야 할 것이다. 언어를 부여하는 방법에 따라서 새로운 세계를 개척할 수도 이를 닫아버리고 말 수도 있다. 자신이 속해 있는 담론이 세계를 오롯이 서술할 수 있다고 여길 때 여백의 존재는 말소된다. 아니면 스스로 기존의 담론에 몰두하여 여백의 존재가 가져오는 공포에서 벗어나려는 경우도 생겨날 것이다. 연구자들은 학계나 출판계에서 인정받고 싶은 강한 욕구를 지니고 있는데, 이는 담론을 가지고 여백을 틀어막으려는 불안의 증거다. 혹은 특정한 담론에서 도망쳐 오히려 여백 속으로 녹아들어 가려는 반응도 있을 수 있는데, 그러한 초월적 욕구가 정형화된 담론에 동화되기 쉽다는 점은 더 말할 필요도 없겠다. 그래서 사회적 맥락 속에 언표 행위를 삽입시키는, 다시 말해 '언표 행위의 효과'는 커다란 의미를 가진다. 차이라는 단어를 글자 뜻만 가지고 가벼이 다루어서는 안 되며, 이 단어를 삽입시켰을 때의 효과를 자신이 놓인 상황과의 관계 속에서 구체적으로 고찰함과 동시에, 자신의 언어로서 어떻게 상황을 드러내 보일 것인가라는 전략을 실천적으로 연마할 필요가 있다.

오늘날 여전히 차이라는 단어가 많은 사람의 입에 오르내리며, 그 반동으로 동일성이 옹호되기도 한다. 하지만 이 양자 중 어느 한쪽이 옳다기보다는 차이와 동일성이라는 각각의 단어 자체에 양가적인 기능이 담겨 있다고 보아야 한다. 동일성이라는 단어는 부정적 의미로 다루어지는 경우가 많지만, 담론이 가지는 동질성의 작용에 의해 의사소통을 공유하는 장소가 마련된다는 적극적인 측면 역시 분명히 존재한다. 물론 그 단어로 인해 동질적 장소가 창출됨으로써 자신과 타자를 이어주는 커뮤니케이션이 가능해지지만, 그와 동시에 이 장소로 인해 어떤 사람이 타자로서 배제되기도 한다. 이러한 성질은 차이라는 단어에도 적용할 수 있기에, 차이화의 작용은 타자에 대한 존중과 차별을 함께 불러일으키는 것이다.

현재의 일반적 경향을 보면 균질한 공동체가 가지는 억압성을 비판하기 위해 차이 개념이 주목받고 있지만, 네이션과 국민국가의 성립 당시에는 분산된 상태에 공통의 장소를 마련하는 동일성 개념이 오히려 유효한 기능을 행한 것으로 보인다. 물론 이때 수평적 동질성은 위로부터의 억압성과 한 덩어리가 되고 만다. 일본의 특질이면서 문제점이기도 한 것은 네이션에 가장 가까운 번역어인 '국민'조차 '국가'의 뜻을 내포한 '국國'이라는 단어를 쓰지 않고서는 일본어로 성립하지 못한다는 점이다. 그렇지만 그저 차이라는 단어를 사용하면 충분한 비판이 가능하리라는 자세는 단어의 양가성을 인식하지 못하는 그 태만함에 있어서 더욱 거센 비판을 받아야만 한다. 이미 논한 바와 같이 동일성이 차이로 변하는 경우도 있으며, 차이가 균질한 것으로 변해버리는 경우도 있기 때문이다.

모든 담론은 나중에 되새겨보면 편향적인 것이 될 수밖에 없으나, 그 담론에 속해 있는 사람에게는 그러한 편향을 불문에 부치게 하는 감정적 리얼리티를 일으킨다. 왜냐하면 내 안의 깊숙한 곳에는 기성의 담론에 지배되지 않는 어떤 어긋남이 항시 숨어 있는데, 이것이 불안을 돋우면 외부로부터 역사나 종교에 관한 담론이 마음속에서 피어나는 차이를 메워버리는 공통의 장소가 되어 너무나 간단히 미끄러져 들어오기 때문이다. 담론과 자신을 맺어주는 감정의 가치를 고려해가며 문제를 다루지 않는 한, 담론을 비판하는 행위는 결국 균질하게 밀봉된 담론 속으로 스스로 뛰어드는 꼴이 되기 십상이다. 감정의 작용 ——이를 추체험하는 것은 불가능하지만—— 을 온전히 시야에 넣지 않은 채 역사와 종교를 연구한다면, "그들은 우둔했지만 이를 간파한 우리는 옳다"는 식으로 자신만이 역사의 외부에 서 있다는 환상에 빠지기 쉽다. 그리고 이와 반대로 자신은 외부가 아닌 내부에서 해체를 행한다고 주장하는 자가 실은 '외부'와 '내부'의 이항 대립을 자명한 전제로 삼아서 자신이 속한 내부의 동질성을 정당화하고, 이를 위협하는 것과의 대화를 배제하기 위한 방편으로서 '내부에서'라는 단어를 꺼내드는 경우가 종종 있다는 것에도 주의해야 한다. 이는 불안과 안일의 감정이 차이와 동일성의 관계처럼 표리일체를 이루고 있음을 우리에게 알려주는 것이기도 하다.

우리를 둘러싼 공동성에, 나 자신의 깊은 곳에, 이렇게 이야기를 나누고 있는 나와 당신 사이에, 그러한 감정들을 불러일으키는 어떤 것이 숨어 있다. 우연의 연속인 일상에 잠복해 있는 감정적인 움직임과 우리는 어떻게 마주해야 할까? 역사적으로 제약된 공간 안에서 동일성과 차이의 엇갈림이 가져오는 감정의 소용돌이에 대해 경솔한 동질화를 피하면서 어떠한 언어를 부여할 수 있을까? 정체성이나 내셔널리즘 연구, 그리고 무엇보다도 역사와 종교에 관한 언표 행위는 바로 이 점을 똑똑히 응시하는 것에서부터 시작해야만 한다. 들뢰즈가 말한 것처럼 우리의 존재는 '내부interiority/외부exteriority'의 이분법에 사로잡혀 있는 것이 아니라 안inside과 밖outside을 포섭하는 무한의 힘에 관통되어 있다. 그의 "사유란 주름 접기이며, 서로 동일한 외연을 갖는 어떤 안쪽의 바깥을 이중화하는 것이다"[33]라는 표현을 빌리면서 이 장을 마치겠다. 멀리 있는 것은 가까운 것에 의해 확증되어야만 하리라.[34]

문화의 틈새에서
—이문화 연구와 자문화 이해

어느 날 겐조는 그 집에 아무도 없을 때를 골라 엉성하게 만든 대나무 낚싯대 끝에 미끼가 걸린 실 한 줄을 달아 연못 속에 던져 넣었다. 곧 줄을 당기는 섬뜩함이 느껴졌다. 갑자기 연못 바닥으로 끌려들어갈 듯한 강한 힘이 두 팔에 전해졌다. 두려워진 겐조는 바로 낚싯대를 내팽개쳤다. 그리고 다음 날, 겐조는 연못 물 위에 조용히 떠 있는 팔뚝만 한 잉어를 발견했다. 겐조는 두려운 기분이 들었다.
— 나쓰메 소세키, 『한눈팔기』

1. 미합중국의 일본 '연구'

지역 연구area studies로서의 일본 연구, 이런 표현이 일본의 연구자에게 낯설게 들린다는 점이 여실히 말해주듯 그와 같은 일본 연구의 형태는 일본 학계에 존재하지 않는다. 일본 연구는 외국어인 일본어의 습득을 전제로 역사학, 문화인류학, 정치학의 여러 분야를 복합시킨 것이며, 일본이라는 지역의 특질을 밝히기 위한 지역 연구로 성립했다. 곧 일본 연구란 역사학이나 문화인류학의 연구 방법이 지니는 고유성에 의해 성립한 것이 아니라, 무엇보다도 일본이라는 연구 대상 지역이 지니는 고유성에 의해 자율성을 획득한 연구 분야인 것이다.

그러면 미합중국의 일본 연구에는 어떠한 특징이 있을까? 미합중국의 일본 연구자라면 누구나 알고 있겠지만, 이는 태평양전쟁과 그 후 미국과 소련의 냉전이라는 정치 상황이 낳은 극동에 대한 미합중국의 정치·군사 전략의 일환으로 등장했다. 전중기*의 저작으로는 루스 베네딕트Ruth Benedict의『국화와 칼: 일본 문화의 틀』(1946)을, 냉전기의 저작으로는 로버트 벨라Robert N. Bellah의『도쿠가와 시대의 종교: 일본 전근대 산업사회의 제 가치Tokugawa Religion: The Values of Pre-Industrial Japan』(1957)를 일본어로 번역된 대표적 연구로 들 수 있다. 태평양전쟁 중에 저술된『국화와 칼』은 전쟁 상대국이자 언젠가 지배할 대상인 일본인의 심성을 탐구한 책으로, 미국인과 다른 일본인의 측면을 특수성으로 그린다. 저자인 베네딕트가 인류학자였다는 점에서 단적으로 드러나듯이, 여기에는 원주민을 해석하는 '관찰자'의 도식이 존재한다. 한편『도쿠가와 시대의 종교』는 냉전 구도에서 미합중국의 산하에 속하게 된 일본에 대해 동일한 근대화를 추진하는 발전도상국으로 묘사한다. 이것이 벨라의 동료이기도 했던 하버드대학의 에드윈 라이샤워Edwin O. Reischauer로 대표되는 이른바 근대화론이다.[1]

근대화론은 서양과 접촉하기 이전인 근세에서 서양화를 추진한 근대로의 이행 과정을 다루고 있는데, 근대 이전의 고유성을 보유하면서 서양 근대화로의 발걸음을 내딛는 파트너로서 일본을 설명한다. 베네딕트의 특수성론과 함께 이제는 미합중국에서도 평판이 좋지 못한 근대화론이긴 하지만, 여전히 연구의 중심 주제 가운데 하나는 근세에서 근대

---

* '전중기戰中期'는 일본 역사학계의 용어로서 제1차 세계대전과 제2차 세계대전의 시기를 아울러 가리킨다.

로의 이행 과정 및 그 이후 근대의 분절화 과정이 차지하고 있다. 이는 미합중국이라는 서양 세계에서 보기에 일본이 주제화되는 것은 접촉이 시작된 근대부터이기 때문이며, 따라서 이와 같은 논의 방식의 설정은 필연적이기까지 하다. 최근의 연구로서는 퓰리처상을 받은 존 다우어 John W. Dower의 『패배를 껴안고*Embracing Defeat*』(1999)가 근대화론의 흐름을 계승하고 있다. 이 책은 미국의 점령군이 패전 후의 일본을 일방적으로 개혁했다는 종래의 이해와는 달리, 제목에 보이는 '껴안다embrace'라는 성적 표현에서도 알 수 있듯이 일본 역시 점령군의 민주화 정책을 역으로 이용하여 점령기를 연명했다는 것, 곧 점령 정책이란 미합중국과 일본 사이의 일종의 대등한 공범 관계를 통해 성립했다고 보는 참신한 시각을 제시한다. 그러나 한편으로 이 책은 점령군이 일본에 이식한 미국식 민주주의라는 이념을 그대로 긍정하는데, 여기에는 근대화론 이래 미국적 가치관을 자명한 것으로 여기는 태도의 잔영이 보인다.

참고로 이와 같은 지역 연구로서의 일본 연구는 일본은 물론 유럽에도 거의 존재하지 않으며, 미합중국이 일본을 정치적 산하에 두면서부터 지知의 총동원 체제로서 성립시킨 것이다. 일본 국내에서는 일본 사회의 총체를 대상화하는 총론적 학문 분야가 ─학제적 시도는 있었을지언정─ 성립하지 못했으며, 일본학이나 일본 문학, 국어학 등 개별 분야에서 각론적으로 일본을 다루는 것에 그쳐왔다. 여기에서 미합중국의 일본 연구와는 달리 인류학이 보이지 않는 것은 미개사회에 대한 시선을 일본을 파악하는 데 적용해도 되는가라는 점에서 일본 이해에 관한 일본과 미국의 근본적인 태도에 차이가 있기 때문이다. 어찌되었든 일본에서는 일본을 총체적으로 대상화하려는 논의가 저널리즘적인 것을 제외하면 학문 제도로서 요구되지 않았으며, 자신과 거리를 유지하며 스스로를 이해하려는 자세는 거부되어왔다. 한편 유럽에서는 제2차 세계대전 종결 전까지의 독일처럼 일찍이 일본 연구가 성행했던 지역도 있었으나, 전쟁 후 일본이 미합중국의 정치적 영향력 아래에 놓이면서 본격적으로 일본을 논할 기회가 크게 줄었으며, 학문적 발전 역시 전전戰前의 식민지주의적 담론 연구에 중점을 둔 상태에서 벗어나지 못한 채 일본학 자체가 후퇴해갔다.

미합중국의 일본 연구는 크게 보아 현재 세 가지 흐름으로 나뉜다고 할 수 있다. 하나는 『국화와 칼』처럼 이질적인 타자로 일본을 바라보는 입장으로서, 노나 와카* 같은 이국풍의 일본을 다루는 오늘날의 문화사 연구 등으로 이어진다. 또 하나는 『패배를 껴안고』처럼 근대의 성립과 전개를 서양과의 접촉에서 바라보는 근대화론을 계승하는 흐름이 있는데, 오늘날의 근세·근대 연구는 여기서 많은 영향을 받고 있다. 이들의 흐름에 대해서는 앞에서 이미 설명했다. 반면 최근의 새로운 경향으로서 이와 같은 일본 연구의 담론을 성립시켜온 정치적 맥락을 비판적으로 검증하는 담론 비판적 연구가 있다. 마사오 미요시와 해리 하루투니언이 공동으로 편찬한 『지역에서 배우기/지역을 배우는 장소: 지역 연구의 잔광』(2000)²⁾이나 사카이 나오키의 『번역과 주체: '일본'과 문화적 국민주의』(1997) 등을 대표적인 작품으로 들 수 있다. 이들은 일본이라는 연구 대상보다도 그와 같은 연구를 필요로 해온 미합중국의 일본 연구의 주체성을 문제시하고 종래의 일본 연구의 윤곽을 해체하려 한다.

하루투니언과 사카이 등의 담론 연구는 —— 탈식민주의나 포스트모

---

* '노能'는 일본의 전통 가면극이고, '와카和歌'는 일본의 전통적인 시가다.

더니즘의 영향을 일본 연구 분야에서 받아들였던 — 예전 시카고학파의 흐름에 속하며, 앞에서 논한 벨라 등 근대화론의 흐름은 — 시카고학파를 비판적으로 다시 정의하는 형태로—하버드대학을 중심으로 하는 연구자들에 의해 전개되었다. 그러니까 일본의 연구자가 '미국의 일본 연구'라고 일괄할 수 있을 만큼 미합중국의 일본 연구는 단순하지 않으며, 시카고나 하버드 이외에도 여러 거점이 다양한 대학에 존재하고 물론 그 내부에도 숱한 갈등을 안고 있다. 이들의 연구 성과를 일일이 소개하기란 불가능하나 일본어로 번역된 것만을 보면, 담론 비판으로는 「총특집, 일본의 포스트모던總特集 日本のポストモダン」(『현대사상現代思想』, 제15권 제5호, 1987; 영어판, 1989), 근대화론의 흐름을 잇는 것으로는 「특집, 미국의 일본 연구: 현재·미래特集 アメリカの日本研究—現在·未来」(『계간 일본사상사季刊日本思想史』, 제61호, 2002; 영어판, 1998)가 있다.[3]

　이러한 미합중국의 일본 이해의 양상 그 자체에 대한 검토는 이 장의 주제이기도 하다. 당연한 말이지만 '이해'와 '연구'라는 행위는 중첩되는 부분이 많지만 완전히 같지는 않다. 연구란 기술 대상을 개념적인 언어로 표현하는 행위로서, 이해라는 행위 속에서 하나의 형식을 점한다. 이해의 행위는 그 외에도 반드시 개념화를 필요로 하는 것은 아닌 '체험'을 포함한다. 그러므로 미국의 일본 '연구'라는 이해 형식은 그 발표 언어가 주로 영어인 점에서 노골적으로 드러나듯이 연구 대상인 일본인과의 대화가 목적이 아니며, 명백히 자신들의 언어인 영어권 독자를 대상으로 삼고 있다. 일본어권에 속하는 사람은 그들의 연구 대상이자 정보 제공자에 불과하며 — 연구자조차도 일본 학계의 최신 논문을 그저 '정보'로서 제공한다 — 여기서 얻은 정보를 미합중국의 연구자가 해석하여 영어권 독자에게 제공하는 구조가 형성되어 있다. 이런 의미에서 사카이 나오키가 간파한 것처럼 지역 연구의 연구 대상은 어디까지나 안트로포스anthropos라 불리는 비非서양인이며, 이는 인문과학을 영위하는 후마니타스humanitas로서의 서양인과는 엄격히 구분되는 존재다. 즉 여기에는 '안트로포스=정보 제공자/후마니타스=해석자'라는 공범적인 이분법이 버티고 서 있다.[4] 요컨대 미국의 일본 이해는 어디까지나 미국인을 위해서, 이와 반대로 일본의 일본 연구는 일본인을 위해서 존재하는데, 안타깝게도 여기에는 어떤 적극적인 접점을 찾을 수 없다. 따라서 똑같이 일본을 연구함에도 불구하고 서로 간의 연구사에 대한 지식은 일본과 미국 양측 모두 놀랄 정도로 빈약한 것이 실상이다.[5]

다만 이런 지적은 미합중국 내에서 비판적 입장을 취하는 연구자라면 누구나 알고 있는 사실을 재차 설명했을 따름이며, 사정에 밝은 일본인 연구자에게도 그다지 드문 견해는 아니다. 이를 가지고 미합중국의 일본 연구는 일본인 연구자와 대등한 입장의 교류를 원하지 않는다고 결론 내리는 것은 몹시 편파적인 견해에 불과하다. 제도화된 담론이라는 시각에서 보면 확실히 잘못된 견해는 아니겠으나, 이러한 담론 아래에서 그 경계선을 자신의 '연구'를 통해 붕괴시키려 하거나, 굳이 연구의 형태가 아니더라도 '체험'을 통해 일본을 깊게 이해하고자 하는 사람들이 상당수 존재하는 것도 사실이다. 전자에 대해서는 나중에 다시 다루기로 하고, 우선은 연구자의 입장에서 이문화를 밀접하게 경험한다는 것이 어떤 것인지, 이로 인해 가능한 이해와 발생하는 사태가 어떤 것인지에 대해 일본인 연구자의 미합중국 체험을 예로 들어 살펴보자.

2. 일본인의 미국 '체험'

미국인 연구자의 일본 체험에 대해서는 에드윈 라이샤워 등 고색창연한 세대를 제외하면 정돈된 글을 찾기가 쉽지 않다. 그런데 반대로 일본인 연구자의 미국 체험에 관해서는 양질의 보고문이 얼마간 남아 있다. 여기에서는 에토 준江藤淳과 무라카미 하루키를 통해, 근대화론이 일세를 풍미하던 1960년대 초와 포스트모더니즘이 성행한 후인 1990년대 초라는 서로 다른 시기에 쓰인 미합중국 체험기를 소개하도록 하겠다. 두 사람의 경우에서 연구라는 행위 이전에 이국을 체험하는 것의 의미를 짐작해보자. 무라카미 하루키는 이국 체험이 가져오는 근원적인 의미 상실에 대해 미합중국 체류기인 『이윽고 슬픈 외국어』(1994)에서 다음과 같은 구절을 전한다.

'슬픈'이라고 해도 그것이 외국어로 말해야 하는 것이 힘들다거나, 아니면 외국어를 잘 말할 수 없어서 슬프다는 건 아니다. [……] 내가 정말로 하고 싶은 말은, 무슨 연유인지 내게 자명성을 지니지 않은 언어에 이렇게 둘러싸여 있다는 상황 자체가 일종의 슬픔과 비슷한 느낌을 내포하고 있다는 것이다. [……] 그리고 가끔 일본에 돌아오면, 이번에는 '지금 우리가 이렇게 자명하다고 여기는 이런 것들이 정말 우리에게 자명한 것일까'라는 생각에 왠지 모르게 슬퍼진다. [……] 말할 필요도 없이 한동안 일본에서 지내면 이 자명성은 내 속으로도 다시 조금씩 돌아올 것이다. 그리고 나는 그것들을 의미 있는 것으로 받아들일 것이다. [……] 하지만 그중에는 돌아오지 않는 것도 있을 것이다. [……] 그것은 아마도 자명성이라는 것이 영구불변의 것은 아니다라는 사실에 대한 기억이다.

가령 어디에 있을지라도 우리 모두는 어떤 부분에서는 이방인이고, 우리가 그 어슴푸레한 에어리어에서 언젠가 무언의 자명성에게 배신당하고 버림을 받지 않을까, 하는 약간은 으스스한 회의적인 감각이다.[6]

무라카미의 말처럼 이문화를 깊게 체험한 사람은 자기 정체성이 뿌리째 흔들려버리기에 귀국한 후에도 두 번 다시 예전의 상태로 돌아가지 못한다. 나와의 관계나 주위와의 관계에 있어 문화의 틈에서 그저 부유할 뿐인 어떤 상태에 빠지고 마는 것이다. 이와는 달리 이문화에 의한 정체성의 동요를 막기 위해 자기 자신을 지키려는 감각이 발동하는 경우도 있다. 미합중국에 머무는 동안 내 안에 '일본적인 것'이 분명한 모습으로 등장하는 순간을 에토 준은『미국과 나』(1965)라는 저서에서 다음과 같이 표현한다.

나는 나 자신을 일본에 연결시키는 유대가 있음을 느낀다. 그것은 일본에서 나를 향해 오는 것이 아니다. 오히려 나로부터 일본을 향해 가는 것이다. 이는 요청이 아닌 자발적 결합이기에 반드시 나를 일본이라는 '국가'에 접근시키지는 않는다. 하지만 이는 결코 단순한 개인적 유대가 아니다. 나를 포함하면서 나를 넘어 있기 때문이다. 물론 그것은 언어다. 나라는 개체를『만요슈』* 이래로 오늘날까지의 일본 문학과 사상의 전체와 이어주는 일본어라는 언어다. 만약 나에게 자신을 일본의 과거와 현

---

* 『만요슈万葉集』는 7세기에서 8세기에 걸쳐 편찬됐다고 알려진 일본 최고最古의 가집이다. 천황, 귀족에서 하급 관리에 이르는 각양각색의 작자가 지은 다양한 형태의 와카가 수록되어 있다. 에도 시대 중기에 발흥한 국학이 만요슈를 일본적 특성이 잘 드러난 고전으로 주목하면서 널리 알려지게 되었다.

재—즉 역사에 이어주는 이 언어의 의식이 없었다면, 나는 어쩌면 미국이라는 이상한 동화력을 지닌 사회에 쉽사리 삼켜졌을지 모른다.[7]

"서양물이 든 사람이 반대로 일본 문화 지상주의자처럼 되어 돌아오는 예도 많다"[8]는 무라카미의 지적처럼, 귀국 후의 에토 역시 일본적인 것으로 회귀한다. 이러한 자문화로의 회귀는 에토의 경우에는 그의 연구가 미합중국에서 호의적으로 받아들여졌다는 점과 밀접한 관계를 지닌다. 에토와 무라카미 모두 미합중국의 대학에서 일본에 관한 강의를 담당했는데, 무라카미가 일본 문화의 고유성을 전면에 내세우지 않았던 것에 비해, 에토는 해석자인 미국인과 정보 제공자인 일본인이 함께 특수한 나라 일본의 이미지를 정립해야 한다고 강연했다. 여기서 말하는 '특수'란 각각의 사회나 문화가 역사적 변화를 겪더라도 본질적으로 변하지 않는 어떤 구조체를 가리키는데, 이는 다른 사회에 속하는 사람들은 서로 이질적인 존재라는 발상에 근거한다. 이러한 '특수한 나라 일본'의 이미지를 미일 양국의 연구자가 공유함에 따라, 미국인은 현실에 그와 같은 사회가 실재한다는 소박한 신념을 확신하게 되며, 일본인 또한 여기에 정보를 제공함으로써 미국인의 확신을 강화시키는 공범 관계가 성립한다. 이미 논했듯이 '정보 제공자/해석자'라는 역할 분담을 각자가 기꺼이 떠맡는 것에 일본 연구라는 지역 연구가 미합중국에서 존립할 수 있었던 비밀이 있다. 이러한 '정보 제공자/해석자' 또는 '내부자/외부자'라는 이분법의 성립에 관해서, 미국인에 대한 일본인의 대우를 논하는 에토의 다음 설명은 시사하는 바가 크다.

이 1민족 1국가라는 좀처럼 보기 힘든 균질한 나라에는 〔……〕 친일 외국인을 불행하게 만드는 집요한 거부의 힘이 숨어 있다. 이는 일본인이 외국인에게 나타내는 모든 배려와 친절, 예의바름과 경의에도 불구하고 그러하다. '외인外人'은 일본에서 이를테면 정중한 인종차별을 받는다. 그러니까 일본에서 '외인'의 존재 양태는 그가 순진한 관광객이건, 일본어가 유창한 학자이건 실은 하나에 불과하다. 그것은 〔……〕 말 그대로 '외인'(아웃사이더)의 숙명을 받아들여 일본과 자신 사이에 있는 어떤 건너기 힘든 거리를 견디는 것이다. 〔……〕 일본 사회에 잠복해 있는 것은 때로는 교태를 포함하는 미소의 저 깊은 곳에 숨겨진 거부다.[9]

일본에 호의적인 외국인이라도 진정한 의미의 일본과 만나기란 쉬운 일이 아니다. 에토는 이를 두고 그저 그들을 외지인으로서만 받아들이려 하는 일본 사회의 배타성을 지적한다. 물론 한편으로는 외국인 역시 자신의 정체성을 위험에 빠뜨리면서까지 이문화와 마주하려면 겁이 날 것이다. 결국 이러한 상호 보완적 관계를 통해 그들은 일본 사회 속에 녹아드는 것을 어느덧 포기하게 되고, 자신이 '가이진'*으로 규정되는 것을 인정한 후 그 대가로 일본 사회의 외부자로서 얻을 수 있는 특권적 대우를 손에 넣는다. 게다가 이 가이진이라는 단어가 지닌 함의는 영원한 외부자가 아니라 미합중국에 돌아가면 언제든 미국인이 될 수 있다는 것, 즉 내부자의 의사 표명이기도 한 것이다. 이는 얄궂게도 그와 같은 사정을 간파했던 에토가 미합중국에서 행했던 역할과 표리일체를

---

* '가이진ガイジン'은 외인外人의 일본어 발음으로서, 외국인에 대한 배타적 의미를 포함하는 단어다. 참고로 제국 일본을 내지, 식민지 조선을 외지라 부르던 것도 이와 유사한 함의를 지니고 있었다. 이러한 배타적 시선을 외국인 스스로에게 부과하는 사태를 드러내기 위해, 저자는 굳이 이 단어를 외국어 표기에 사용되는 가타카나로 표기하고 있다.

이룬다. 따라서 우리는 여기에서 앞서 설명한 이분법이 거듭 등장하는 모습을 볼 수 있다. 이때 타자로서 표상된 이문화는 이해할 수 없는 특수성이나 이국적인 것으로 전이되고, 자기 변용을 수반하는 동일한 눈높이의 대화가 이루어질 기회는 사라지고 만다. 이제 고정된 정체성의 표상에 착란을 불러일으킬 계기는 그 어떤 것도 남지 않는다.

분명 누구에게든지 이문화에 자신을 드러낸다는 것은 자신의 정체성을 위기에 노출시킴을 의미한다. 이국에서 최초로 느끼는 감정은 "자기가 단순히 한 사람의 무능력한 외국인, 이방인에 불과하다"[10]는 실감, 그리고 이국에 대한 위화감이지 않을까? 생각만큼 언어를 구사할 수 없는 데서 오는 초조함, 여권 관리나 비자 발급의 문제 등 그 나라에서의 체류 권리는 물론이고 자신의 신분과 안전이 모국에서처럼 자연스레 보증되지 않는다는 불안까지. 이런 경험은 우리에게 외국에서 자신은 언제나 이방인에 불과하다는 점을 환기시킨다. 이국에서 유의미한 존재가 될 수 없다는 불안의 체험. 생각만큼 되지 않는 외국어, 예측하지 못했던 사회 관습. 어디에도 자신을 지켜주는 확실성이나 자명성이 없는 상황에 내몰렸을 때, 사람은 진정한 의미에서 이문화에 노출하고 타자와 만나게 된다. 그 순간의 무엇이라고도 할 수 없는 불길함을 쥘리아 크리스테바는 프로이트를 인용하여 아래와 같이 묘사한다.

"heimlich(친밀한)"는 "비밀의" "숨겨진" "불가해한" "겉으로 드러나지 않는"의 뜻을 동시에 가진다. 따라서 heimlich이라는 단어 내부에서 친밀한 것은 뒤집어지고 그 반대로 변하여 "un-heimlich"에 포함된 "두려운 낯섦"과 하나가 된다. 친밀한 것에 내재하는 알지 못하는 존재. 이는 "두려운 낯섦이란 예전부터 익숙했던 것으로 환원되는 특수한 공포다"라는 정신분석학의 가설을 어원적으로 증명한다. 〔……〕 최초의 한 걸음이 공포의 외부로 몰아낸 두려운 낯섦을 내부로 돌려보내기 위해. 더 이상 친밀함이 고유하지도 안정적이지도 않은 내부로. 돌려보낸다는 것은 이전과 같은 친밀함의 내부를 의미하지 않는다. 익숙한 것이긴 하지만 잠재적으로는 본 적이 없는 기호를 두른 (상상의 저편에 있는) 자신 이외의 과거와 관계하는 것의 내부를 의미한다. 타자, 그것은 나("자신")의 무의식이다. 〔……〕 나를 공포로 움찔하게 만드는 타자. 그리고 나. 양자를 갈라놓는 심연의 체험. 〔……〕 나는 나의 경계를 상실하며, 나를 받아들여주는 것을 상실한 나는 다양한 경험의 파도에 휩쓸리고 그 추억에 잠겨 중핵을 잃어버리고 만다. "미아가 되어" "몽롱해진 채" "안개 속에 있는" 기분.[11]

이 전형적인 예가 언어 습득인데, 외국에서의 체류 기간이 길어질수록 우리는 모국어로 사고하는 것에 곤란을 느끼며 이문화의 언어로 논리를 구성하기까지에 이른다. 외국에 처음 건너가면 누구든지 일단은 귀에 들어온 외국어를 모국어로 번역해서 의미를 파악한 후, 모국어로 사고한 내용을 다시 외국어로 치환하여 회화를 한다. 다시 말해 '외국어→모국어→외국어'의 번역을 혼자서 분주히 왕복하는 것이다. 그런데 자신의 논리 구조까지 이문화에 포섭되면 '외국어→외국어'와 '모국어→모국어'의 다른 회로가 자기 안에 공존하게 되어, 외국어와 모국어라는 틀 자체가 서서히 엷어지기에 이른다. 경험한 사람이라면 잘 알겠지만 다른 언어 체계가 자신의 내부에 침입하여 사고 구조 자체를 바꾸는 사태는, 자신과 모국어의 동일성을 벗겨내고 언어와 자신의 관계성에 균열을 일으킨다. 하나의 특정한 요소로 환원되지 않는 내 안의 다양성을 느끼는 것. 이는 소수자나 디아스포라는 물론 모든 인간이 그 존재 안에 품는 것인데, 호미 바바는 이를 가리켜 혼성성hybridity이라 부른다.

> 혼성성은 〔……〕 그 변환의 힘과 고착성에 포함된 생산성의 기호다. 그것은 부인disavowal을 통한 지배의 과정(즉, 순수하고 원래적인 권위의 정체성/동일성을 확실하게 하는 차별적인 정체성/동일성들을 생산하는 것)을 전략적으로 역전시키기 위한 명칭이다. 혼성성은 차별적인 동일성 효과를 실행시키기 위한 식민지적 정체성(동일성)의 가정을 재평가한다. 그것은 차별과 지배의 모든 위치들에서 필연적으로 변형과 치환이 나타남을 보여준다. 그것은 식민지 권력의 모방적이고 나르시시즘적인 요구를 해체하고, 그 동일화 과정을 전복의 전략 속에 재연루시켜서, 권력의 시선 위에 피차별자의 응시를 되돌린다.[12]

혼성성은 온전히 고정되지 않는 이질성으로 가득 찬 상태를 나타내는데, 인간 존재가 특정한 문맥에 제약된 역사적 상황으로 분절되는 것에 항상 선행하면서 거기에 수습되지 않는 과잉과 여백을 통해 끊임없는 재해석을 가져오는 결정 불가능성을 가리킨다. 그리고 이러한 체험을 겪은 자만이, 혹은 적어도 자기 안의 그러한 요소를 인정할 수 있는 자만이, 이문화 연구를 타문화와 마주하는 동시에 자기 내부의 타자성을 이해할 길잡이로서 위치 지을 수 있다. 이문화와 대면한다는 것은 자신을 해석자나 관찰자의 초월적인 높이로 치켜세우는 것이 아니라, 스스로를 이문화라는 타자에게 드러내고 이를 통해 자기 안의 타자성을 깨달아가는 과정을 말한다. 달리 표현하자면 이해하기 힘든 것은 비단 이문화에만 있지 않으며, 누구나 그렇듯이 같은 나라 사람과의 인간관계나 자기 자신과의 관계에 있어서도 존재하는, 거기에서 느껴지는 어떤 '꺼림칙한 기분das Unheimlich'에 다름없을 것이다.

물론 정도 차이는 있겠으나 이는 어떤 나라에서든지 외국인 신분에 놓인 사람이라면 대부분이 경험하는 일이다. 그런데 자기의 내부에서 솟아난 그 감각을 어떻게 처리할 것인가라는 지점에 이르면 두 가지 다른 반응이 나타나게 된다. 하나는 이 이해하기 어려운 것을 이문화나 소수자에 투영하고 그 반대의 극에서 '우리' 혹은 '나'의 동질성을 주조하여, 내부의 불안과 소외감을 억제하려는 반응이다. 앞서 본 에토 준처럼 '외국/일본'의 이분법을 고정시켜 '일본인다움'의 표상을 확고하게 세우고자 하는 감각을 그 전형적인 예로 들 수 있다. 또 하나의 반응으로 자신 안의 내부적 타자를 발견하고, 거기서 '외국/일본'의 이항 대립을 만들어내는 근원인 '정체성' 그 자체의 작위성을 문제시하는 자세가 있다. 이에 대해서는 크리스테바나 바바, 그리고 무라카미 하루키를 예로 들 수 있다. 무라카미의 표현을 따르자면 "모든 걸 빼앗긴 제로 상태의, 있는 그대로의 나"[13]를 느낀 사람은 그때까지 명쾌하게 존재하던 자신의 온갖 정체성 ― '일본인' 또는 '연구자' ― 의 붕괴를 경험하게 된다. 이때 제삼자적 이문화 '연구'에서 당사자로서의 이문화 '체험'으로 이해 범주의 이행이 일어난다.

요컨대 이러한 이문화 연구는 연구자는 물론 그 독자도 포함하여 연구에 관여된 자들을 '미합중국/일본'의 이항 대립적 표상에서 탈각시키는 효과를 촉진하게 된다. 앞에서 소개한 하루투니언이나 사카이 등의 담론 비판 연구가 바로 여기에 해당하는데, 이와 같은 이문화 연구는 '미합중국/일본'의 문화 표상이 미국의 정치적 이데올로기와의 깊은 연관 속에서 확립했다는 점을 폭로한다. 특히 앞에서 설명한 혼성성의 관점에 입각하여 사카이 나오키가 취하는 서술 전략을 보면 대단히 흥미로운 점이 발견된다. 미합중국의 일본 연구는 일반적으로 영어가 모국어인 백인 연구자의 전유물로 여겨지지만, 사카이는 물론 백인이 아니며 원래는 연구 대상이어야 할 일본인이 모국어가 아닌 영어로 백인들의 일본 표상을 고발하고 있는 것이다. 사카이의 연구는 그 후 모국어인 일본어권으로 역수입되었고, 서양적 개념의 정교하고 치밀한 이용을 통해 일본 사회의 균질한 성격 역시 도마 위에 올리게 되었다. 그러면 사카이가 생각하는 상호 이해의 본연의 모습이란 어떤 것일까?『번역과 주체』에서 사카이는 인간과 인간의 커뮤니케이션의 형태를 '번역'이라 이름 짓고, 다양한 궁리를 거친 후에 다음과 같은 공동성의 이념을 제시한다.

사람이 자동적으로 자신이 말하려는 것을 말할 수 있고 타자가 사람이 말하고 싶어 하는 것을 자동적으로 받아들일 수 있을 거라는 가정이 불가능한 곳, 즉 발화 행위와 그 수용이 각각 번역과 그에 응답하는 번역인 곳에서만 우리는 비집성적nonaggregate 공동체로의 참여를 주장할 수 있으며, 그러한 공동체에서는 내가 이언어적 말 걸기의 자세라고 부르는 것이 원칙이 되고 균질언어적 말 걸기의 자세를 피하는 것이 규범이 될 것이다. 따라서 비집성적 공동체에서 우리는 함께 있으면서 스스로를 '우리'라고 부를 수 있는데, 그것은 우리가 서로 떨어져 있고 우리가 함께 있는 것이 어떤 공통된 균질성에도 기초하지 않기 때문이다.[14]

사카이가 상정하는 불균질한 공동체의 이미지는 에토처럼 일본을 균질한 공동체로 보는 종래의 견해와는 달리, '내부/외부' 혹은 '내부자/외부자'의 이분법으로 공동체를 파악하는 방식을 자명하게 여기지 않는다. 사카이는 공동체의 인간관계가 내부를 균질하게 만들어 외부를 아웃사이더로 배제하는 것도 가능하고, 반대로 그 안쪽에 놓인 각각의 관계가 균질적인 상태로 완전히 환원되지 않는 예측 불가능한 유동성으로 가득 차는 것도 가능한 양가적 관계성을 가진다고 본다. 지역 연구로서 일본 연구가 후자에서 전자로 관계성을 고정하고자 한다면, 사카이의 연구는 전자의 균질적인 상태를 비판하고 후자의 약분 불가능성을 상기시키는 화행론적 작업을 시도한다. 이는 자명하게 여겨진 정체성이 근원적으로 전복되는 경험을 제공하며 새로운 공동성이 탄생할 가능성을 예감케 한다. 다른 언어와 문화의 틈새에 내던져진 채 "모든 걸 빼앗긴 제로 상태의, 있는 그대로의 나"가 엉거주춤하게 매달려 있는 느낌, 바로 그러한 일종의 공포심을 불러일으키는 경험이 새로운 연대를 창출하는 것이다. 그것은 다음 글에서 바바가 말하는 약분 불가능성 위에 세워진 공동성과도 상통한다.

　나는 어떤 일반적인 이론화도 시도하지 않았으며, 삶의 다양한 위치들에서 언어의 혼란성이 갖는 어떤 생산적인 긴장만을 제시했다. 나는 〔……〕 벤야민의 근대적 스토리텔러의 '약분 불가능한 서사'에 적용시켰는데, 그것은 어떤 구원 방식보다는 국민의 이질적인 문화적 생존을 제시하기 위해서였다. 그 이유는 역사와 언어, 인종, 성 사이의 차이를 어떤 연대성으로 전환시키는 위치에 서는 것은, 그것들의 한계선 위에서 삶을 살아가는 일로 가능해지기 때문이다.[15]

확실히 소수자나 디아스포라뿐만 아니라 우리 모두는 자신의 깊은 곳에 '어디에도 속하지 못하는 꺼림칙한 기분'을 품고 있으며, 있어야 할 곳을 찾지 못하는 자신에게 때때로 혐오감을 느끼기도 한다. 하지만 바바나 사카이의 표현을 빌려서 말해보자면, 이 꺼림칙한 기분이야말로 우리의 새로운 유대가 출발할 수 있는 긍정적인 장소를 제공한다. 다만 이것은 많은 연구자들이 오늘날 통속적인 의미에서 입에 담는 차이나 타자 개념의 노리개가 되어서는 안 된다. 왜냐하면 우리의 존재는 혼성적인 결정 불가능성을 본질로 하면서도 다른 한편으로는 역사적으로 구속된 존재인데, 그렇다면 결정 불가능한 자신이란 각각의 사회적 상황에 제약된 채 개별 주체로 분절되어 있을 것이기 때문이다. 게다가 각자에게 구축된 주체의 관점에서 보면 자신을 구성하고 있는 문화적 주요소들은 바로 나 자신 그 자체로 비추어지기 마련이며, 따라서 거기에 끈끈하게 고착된 느낌을 가지는 것 역시 당연하다. 그런 의미에서 정체성의 유동성을 주창하면서도 자국어가 가진 구속성의 강력함을 지적하는 무라카미의 다음 발언은 매우 설득력 있다.

나는 미국에 와서 일본이라는 나라에 대해, 혹은 일본어라는 언어에 대해서 상당히 진지하게, 정면으로 마주하며 생각하게 되었다. (……) 이것이 일본으로의 회귀라는 건 아니다. (……) 일본어가 굉장한 언어로 보이는 것은 그것이 우리 생활에서 배어나온 언어이기 때문이고, 그것은 우리에게 없어서는 안 되는 일부분이 되어 있기 때문으로, 일본어라는 언어의 특질 자체가 뛰어나기 때문은 아니다.[16]

무라카미가 자신의 일본어적 사고를 "생활에서 배어나온 언어"라 부르듯이, 주체의 구성 요소는 우리의 일상 세계에 입각해 있다. 이는 언어에만 한정되지 않으며, 문화적 규범으로서 우리를 내속시키는 강한 규제력이나 우리의 주체성을 성립시키는 '진리'로 작동하기도 한다. 이와 같이 내부에 심어진 목소리로부터 자신을 갈라놓는 것이 특정한 문화 요소에 동화되어 있는 다수자나 세상의 일반 사람들에게 얼마나 큰 고통일지는 입장을 바꾸어 생각해보면 금세 알 수 있을 것이다. 차이와 타자에 자신을 노출시키는 것은 동질화된 나를 균열시키며 자기 변용을 강제하기 때문이다. 그러나 타자를 정말로 이해하고 싶다면, 동일화를 거부하는 동시에 내가 바라는 대로 상대를 이해하기란 불가능하다는 고독감을 받아들여야 한다.

> 아내는 가끔씩 내게 그렇게 공부를 해서 뭘 할 거냐고 물었네. 나는 슬쩍 웃어 보이기만 했어. 하지만 속으로는 이 세상에서 내가 유일하게 믿고 사랑하는 사람마저 날 이해하지 못하는구나 생각하니 씁쓸했지. 〔……〕 나는 적막했어. 이 세상 어디에도 적을 두지 않고 홀로 살아간다는 느낌을 받을 때가 자주 있었네.[17]

일찍이 나쓰메 소세키가 소설 『마음』에서 이러한 대사를 내뱉게 한 주인공은 결국 인간 사이의 약분 불가능성을 견디지 못하고 스스로 목숨을 끊는다. 이러한 가혹한 고독이야말로 우리가 타자나 차이라 부르는 것을 체험할 때 직면하지 않을 수 없는 어떤 근원인 것이다. "나는 의지하고 싶어요. 안심하고 싶죠. 어느 정도 의지하고 싶어 하는지 당신이 상상할 수 없을 정도로 의지하고 싶어요"[18]라는 임계의 언어를 내뱉어본들 결코 이루어지지 못할 상호 이해의 곤란함. 이처럼 어떻게 해도 메워지지 않는 홈이 있기에 우리는 깊은 절망 속에서 타자와 마주하게 된다. 약분 불가능성을 주춧돌로 삼는 공동체는 개개인이 지닌 절망의 깊이에 관한 통절한 공감을 기둥으로 삼아야만 한다. 그리고 이와 같은 상호 이해의 곤란함을 자신의 생애를 걸고 추적했던 나쓰메 자신이 근대 일본의 매우 이른 시기에 이미 이문화의 틈새에서 부유하던 인간이라는 점을 놓쳐서는 안 된다.

여기서 다시 미합중국의 일본 연구로 화제를 돌려보면, '일본/미국' '해석자/정보 제공자' 등 얼핏 보기엔 균질하게 보이는 도식으로 온전히 환원되지 않는 복잡한 움직임이 허다히 존재하고 있음을 깨닫게 된다. 다음 절에서는 나 자신의 미국 체험을 소개하는 것으로 수면 아래에 깃들어 있는 이러한 움직임을 표면화해보겠다.

3. 이문화의 '이해'

내가 한 미국 대학의 일본 연구 세미나에 참가하게 되었을 때도 역시 '정보 제공자=일본인/해석자=미국인'의 도식이 존재하고 있었다. 하루는 그러한 구도를 거꾸로 이용하여, 태평양전쟁에서 친척 가운데 몇 사람이 공습 및 옥쇄로 죽음을 맞이한 일과 살아남은 자들이 어떤 기분으로 패전을 맞이했던가를 당사자로부터 들은 체험담의 형식으로 수강생들에게 들려주었다. 다시 말해 현지의 정보 제공자가 미국이 일본에 남긴 상흔을 피해자 입장을 가장하여 고발했던 것이다. 미국의 백인 대학교수를 포함해 수강생 모두가 옥쇄와 공습으로 인한 죽음의 사실 앞에서 말문을 잃고 말았다. 어느 정도 예상했던 반응에 만족하며 그날의 세미나를 마쳤으나, 그 후 교실 밖의 장소에서 몇 명의 학생들과 친해질 기회를 얻게 되면서 '정보 제공자=일본인/해석자=미국인'이라는 나의 이해의 틀이 얼마나 표면적인 것에 불과했는지를 깨달았다.

얼마간 시간이 흐른 뒤에 알게 된 것은 세미나 출석자들이 다양한 민족적 배경을 가지고 있다는 점이었다. 미국의 백인 교수나 나 같은 일본인만이 아니라 일본계 미국인, 한국인, 한국계 미국인, 아랍계 미국인, 독일인, 동유럽계 등 각양각색의 사람들이 세미나에 참가하고 있었던 것이다. 나의 발언에 그들 대부분이 침묵했던 것은 '피해자=일본인/가해자=미국인'이라는 내가 제기한 도식에 미국 측 당사자로서 곤혹감을 느꼈기 때문이 아니었다. 아시아계의 사람이 '일본/미국'의 관계 안에서 이야기를 완결시키기란 당연히 불가능하며, 거기에는 '가해자 일본인/피해자 아시아인'이라는 또 다른 구도가 존재한다. 또한 아랍계 사람에게 '일본/미국'의 관계는 현재의 '이슬람/미국·일본'의 도식과 비교해가며 고려해야 할 문제이며, 독일 사람은 '독일/미국 점령군'의 관계를 함께 생각하지 않을 수 없었던 것이다.

이를 미국의 일본 연구라는 한 묶음으로 포장하기란 불가능하며, 학생들은 자신의 출신을 바탕으로 내가 제기한 '일본인/미국인'의 도식 자체를 다양한 형태로 분절하는 작업을 암암리에 행하고 있었다. 그들을 침묵케 했던 힘은, 실은 장학금과 학위 인정에 관한 권력을 쥐고 있는 미국의 백인 교수가 느낄 반응에 대한 걱정이었던 것이다.

그런데 더욱 시간이 지난 뒤에 그 교수 또한 전형적인 '백인'이 아니라 유대계 미국인이라는 사실을 알게 되었다. 과연 주의를 기울여 생각해보면, 미국의 일본 연구자 중에는 일본계 미국인에 필적할 정도로 적지 않은 수의 유대계 미국인이 있다. 일정한 시기에 이르기까지 그들은 미국에서 백인으로 여겨지지 않았으며, 그들 역시 미국의 농후한 기독교 문화와 종교적 신념의 충돌로부터 커다란 위화감을 느끼고 있었다. 이러한 점을 염두에 두고 생각해보면, 그들은 미국이라는 네이션에는 강한 귀속 의식을 지니면서도 기독교적인 미국에는 위화감을 느끼고 있었고, 이러한 위화감을 메우기 위해서 혹은 차라리 이를 더욱 깊이 파헤쳐보기 위해서 일본이라는 비서양 사회의 연구에 깊은 관심을 가지게 되었다고도 볼 수 있다. 예컨대 불교처럼 서양에 비견할 만한 체계성을 갖추었으면서도 서양과는 또 다른 독자적 전통을 지닌 일본의 종교라는 식으로 말이다. 그러한 표상으로서의 일본에 그들이 심취했던 것은 미국에서 살아가기 위한 하나의 방편이었을지도 모른다. 여기에서도 미국의 일본 연구는 일본의 연구자가 예사로 '미국의 일본 연구'라고 표현할 수 있을 만큼 단순 명쾌한 통일체가 아님을 알 수 있다.

생각해보면 미합중국 사회는 끊임없는 이민의 유입으로 구축되었고 대학에는 세계 도처에서 모여든 유학생이 있기에, 미국을 현실에서 구성하는 민족적 배경이 다문화주의가 될 수밖에 없는 것은 자명한 이치다. 실제로 내가 그곳에서 알게 된 사람 중에도 유대계 아랍인, 아프리카계 미국인 등 일본 국내에 있을 때는 상상치도 못했던 민족성의 혼합을 보여주는 사람이 상당수 있었다. 그들이 자신 안에 혼합되어 있는 다양한 민족성을 어떻게 여기고 있는지는 물론 매우 복잡한 문제이며, 같은 일본인의 피를 공유한다고 해서 일본 국적을 가진 일본인과 일본계 미국인의 의사소통이 용이한 것도 아니다. 미국인이라는 국민성 아래에 잠재하면서 무한히 확산해가는 다양성은 언제나 네이션의 일체성을 붕괴시킬 가능성을 품게 되고, 그러한 사태에 대한 두려움은 미국인이라는 국민적 정체성의 표상을 더욱 강화시킨다.

이와 같은 미국이라는 고유명을 둘러싼 다양성과 구심력의 표리일체는 미합중국의 일본 연구에 대한 고찰에 많은 시사점을 준다. 이 점을 전략적으로 전유하여 미합중국의 일본 연구에 모인 다양한 출신의 연구자들이 자신의 사회적 배경과 일본 연구를 교차시키고, 지금까지의 지역 연구가 봉사해온 미합중국의 국책 — 즉 극동 전략이나 비현실적인 동양 취미 — 을 거절하면서도 이슬람 세계와 일본, 인도와 일본, 독일과 일본 등에 미합중국의 정치·문화적인 구심력을 의도적으로 끼워 넣는 작업을 통해, 그동안 생각지도 못했던 지역의 관점에 근거한 비교 연구가 가능해질 것이다. 여기에서 일본을 근대화론 안에 위치 짓거나 그 특수성을 끄집어내는 작업에 일본 연구를 제한하지 않고, 근대와 종교 또는 민주주의 등 서양 사회에서 태어났지만 보다 보편적인 함의를 지니는 여러 개념의 고찰에 관여하는 하위 분야로서 일본 연구를 새롭게 자리매김할 가능성이 열릴 것이다.

이미 지적한 바와 같이 오늘날 미합중국에서 일본 연구 분야를 포함한 지역 연구의 정치적 이데올로기는 비판 대상이 되고 있고, 이를 어떻게 극복할 것인가가 활발히 논의되고 있는 실정이다. 특히 일본 연구는 일본 경제력의 저하와도 맞물려 중국 연구 등과 비교해본다면 매우 현저하게 시들어가고 있다. 그러한 가운데 이를 해결하기 위한 방법으로서 일본 연구의 간판을 접고, 다시 한 번 역사학과 정치학의 일부로 편입시키려는 시도가 빈번이 등장하고 있다. 이는 지역이라는 연구 '대상'의 자율성에 의거한 연구 방법이 정치성을 띠고 있다는 비판을 받는 와중에, 역사학이나 정치학 또는 종교학이라는 보다 보편적인 사회과학과 인문과학의 '방법'에 스스로를 귀속시킴으로써 종래의 지역 연구에 대한 비판에서 벗어날 수 있으리라는 발상에 근거하고 있다. 그러나 지역 연구가 기왕의 사회과학과 인문과학을 그러모은 오합지졸로 출발하여, 오직 연구 대상인 지역의 자율성만을 내세우면서 새롭게 제기된 많은 개념에 대한 성찰 없이 단지 각 지역을 기술해왔다는 과거의 경험에 비추어보면, 이러한 발상이 그저 격세유전에 불과한 퇴행의 위험성을 지니고 있다는 사실은 명백하다. 역사학과 종교학의 분야에서는 '역사'나 '종교'와 같은 자신들의 분야를 지탱해온 근본 개념이 지닌 이데올로기성 ─ 역사에서는 내셔널리즘과의, 종교에서는 기독교 중심주의와의 공범관계 ─ 이 문제시되고 있기 때문에,[19] 이미 역사학이나 종교학이라는 기존의 학문도 설 자리를 잃어가고 있다.

만약 일본 연구를 비롯한 지역 연구가 어떤 가능성을 가질 수 있다면, 그것은 역사학과 종교학, 인류학이라는 서양 중심적인 개념으로 이루어진 학문 내부에 비서양 지역의 분석을 통해 잠입한 후, 그러한 기본 개념에 대한 이해를 전복시켜가는 작업에 있지 않을까? 이제는 비록 의문부호를 덧붙이지 않고서는 '역사' '종교' '인류' 등의 범주를 사용할 수 없게 되었다 할지언정, 이들 범주가 서양 세계의 확대와 함께 보편화된 채 이용되고 있는 것이 현실인 이상, 그 보편적인 어휘에 올라타서 보다 광범위한 논의의 장에 개입한 후 그곳에서 분석 지역의 사례를 통하여 보편성을 와해시켜가는 전략 또한 틀림없이 가능할 터이다. 이는 서양과는 본디 이질적인 존재인 일본 문화의 특수성을 표상하는 예전의 토착주의적 자세와는 구별되어야 하며, 여기에는 세계화한 서양의 여러 개념이 어떻게 각각의 지역에 산포되고 고유한 변용을 일으켰는가를 명확히 검토한다는 책무가 주어져 있다.

예컨대 사카이의 '일본'이나 하루투니언의 '근대,' 아니면 '불교'에 관한 제임스 키틀러James E. Ketelaar의 담론 비판 연구[20]는 이처럼 더 이상 일본 연구라는 협소한 특정 영역에 구속받지 않고 네이션론, 낭만주의론, 종교 개념론과 같은 다양한 학문 분야가 복잡하게 엇걸리고 뒤섞이는 광범한 맥락에서 논의를 전개하고 있다. 앞서 언급한 하루투니언의 『지역에서 배우기/지역을 배우는 장소』는 일본뿐 아니라 아시아 전체에 대한 미합중국의 지역 연구를 문제 삼고 있으며, 다카시 후지타니의 『위험한 기억: 아시아·태평양전쟁』(영어판, 2001; 일본어 미번역)이나 사카이가 주관하는 잡지 『흔적』(2000~) 역시 적어도 아시아 전역에서 출발하여 각각의 지역을 비교하며 관련짓는 작업을 통해 구미, 그 가운데에서도 미합중국의 인식 방식에 관한 비판적인 검토를 시도한다.[21] 특히 『흔적』은 영어는 물론이고 일본어, 한국어, 중국어, 독일어 등 여러 언어로의 출판을 계획하고 있는데,* 구태의연한 '정보 제공자=아시아인/해석자=미국인'이라는 이항 대립의 도식을 학문적 실천을 통해 극복하려는 의도를 분명히 내세운다. 이러한 다언어적인 시도는 다양한 언어를 쓰는 필자들을 공통의 표현 장소로 초대하면서도 영어를 최종적인 도달 지점으로 상정하지 않기에, 그저 영어라는 한 언어에서 복수의 다른 언어로의 번역이라는 낡은 도식에 침잠하는 것을 피해 각양각색의 언어를 짊어진 사람들이 바로 필자가 되는 동시에 독자도 되어 혼성적 발화가 모이는 장소를 성립시킨다. 곧 일본의 연구자도 마찬가지로 해석자가 되어 연구 활동에 참가할 수 있는 길이 열리는 것이다. 그러므로 일본의 연구자가 자신이 속한 사회나 학계의 정보를 제공하는 위치에 만족함으로써 미합중국의 연구자들에게 중요한 대접을 받고자 하는 오래된 전략은 여기서는 통용되지 않는다.

---

* 한국어판은 문화과학사에서 2001년 1월에 1호를 시작으로 네 권이 출판되었다.

이러한 경향의 연구를 짊어지고 있는 사람들 중에는 일본계 미국인이나 중국계 미국인 등 미합중국 내에서 소수자에 속하는 연구자가 다수 포함되어 있으며, 그들의 연구는 미국 표상의 보편화에 대한 소수자 지식인의 고발 시도이기도 하다. 그들은 가령 유대계 연구자들이 기독교에는 찬동하지 못하지만 미국의 백인으로서는 인정받기를 원하는 것과 같은 국민국가로의 동화에 대한 희망을 신체적인 특징 때문에라도 가질 수 없기에, 도리어 미국의 국민적 정체성을 더욱 근본적으로 바라볼 수 있는 비판력을 구비하고 있다. 미국이라는 표상의 자명성이 물음의 대상이 된다는 것은 동시에 그들이 자신의 정체성을 보유하기 위해 고정한 타자의 이미지, 곧 '일본적인 것'의 동일성 역시 물음의 대상이 된다는 것을 의미하며, 따라서 '정보 제공자=일본인/해석자=미국인'의 이항 대립은 더 이상 존립할 수가 없게 된다. 여기에서는 자신을 해석자라 여기는 사람의 해석이 정보 제공자의 역할이 주어진 사람의 시선에 의해 위험에 처하게 되며, 나아가 그들에게 해석당하는 정보 제공자의 위치로 전락하고 마는 입장의 변화가 생긴다. 미합중국의 일본 연구 자체가 미합중국이 껴안고 있는 징후로서, 혹은 미합중국의 일본에 대한 욕망의 표출로서 다른 자들에 의한 해석의 재료로 전치되고 마는 것이다. 나는 해석자이면서 정보 제공자이기도 하다는 양가성을 떠맡았을 때야말로, 이문화 사이의 벽을 넘어서 각자의 문화적 특질과 관계성을 대상화할 수 있는 대화를 나눌 조건이 처음으로 갖춰질 것이다.

사실 최근에는 일본과 미합중국의 일본 연구자 사이에서 서로를 해석자로 인정하고 적극적인 공동 연구를 행하려는 시도가 늘어나고 있다. 그러한 성과 가운데 하나로 야마노우치 야스시山之內靖, 빅터 코슈만J. Victor Koschmann, 나리타 류이치成田龍一가 엮은 『총력전과 현대화

総力戦と現代化』(1996; 영어판, 1999)를 들 수 있다.[22] 그렇지만 그러한 다른 언어로의 발표가 언제나 대등하면서도 이질적인 발화 상황을 가져온다고 낙관적으로 예측해서는 안 된다. 각자가 서로 다른 언어 공동체로 나뉜 채 공존하는 것이 전제가 된 상태에서 다른 언어권에 소개되는 일은, 자신이 속한 언어권의 출판계나 학계에서의 지위를 높이는 일에 이용될 위험성이 매우 높기 때문이다. 영어권 연구자에게 그의 연구가 일본어권에도 소개되어 있다는 평가는 자신이 연구 대상의 지역 주민들에게 얼마만큼 받아들여지고 있는가에 대한 증거가 될 수 있다. 한편 일본어권의 연구자 역시 자신의 연구가 영어권에 활자화되면 스스로의 언표 행위에 서양통이라는 권위를 부가할 수 있게 된다. 이 경우 기존의 '정보 제공자/해석자'라는 공범 관계는 자신의 언어권 내부에 존재하는 지적 경쟁을 헤쳐 나가기 위한 무기로 이용되며, 다른 언어를 사용하는 연구자들이 서로 간의 시점의 상이함에 관해 나누어야 할 긴장된 논의는 회피된다.

이와 같은 함정에 빠지지 않으려면 지금까지 논해온 것처럼 약분 불가능성의 공동성에 입각하여 타자와의 관계를 일구어가는 것 이외에는 달리 방법이 없을 듯하다. 타자에게 자신을 드러내면 상호작용이 일어나고 자신과 상대 모두에게 변용이 강제된다. 다만 그렇다고 해서 양자가 하나의 상태로 융합될 수는 없는데, 서로 다른 존재인 이상 양자의 접촉이 가져오는 변용은 각자의 지평에서 다시금 분절되고 새로운 차이가 태어나기 때문이다. 하지만 그러한 변용을 주고받았던 기억의 공유는 다른 장소로 헤어진 개인과 개인을 다시 한 번 매듭짓는 계기로 작용할 수 있다. 접촉을 통해 매순간 타자와의 차이가 만들어지는 공동성의 성립. 또는 타자와의 차이를 느끼는 순간에 비로소 생겨나는 감정의 공유. 그러한 차이와 동일성의 뒤얽힘을 자신의 아픔으로 느낄 수 있는 자만이 진정한 의미의 이문화와 마주 볼 수 있지 않을까? 또한 우리가 간직한 결정 불가능성의 저 깊은 곳으로부터 문화 표상의 벽이 구축된 과정을 분석하고 이를 넘어서는 이문화 연구를 가능케 하는 것은 아닐까? 이 장을 마무르면서 깊은 체념으로 가득 찬 무라카미 하루키의 다음 구절을 인용해둔다.

아무도 나를 도와주지 않았다. 아무도 나를 구제할 수 없는 것이다. 바로 내가, 누구도 구제할 수 없었던 것과 똑같이. 〔……〕 세상에는 눈물을 흘릴 수 없는 슬픔이라는 것이 존재하는 것이다. 그것은 그 누구에게도 설명할 수 없고, 설사 설명할 수 있다 해도 그 누구도 이해할 수 없는 종류의 일인 것이다. 그 슬픔은 어떤 형태로도 바꿀 수 없으며 바람 없는 밤에 내리는 눈처럼 단지 조용히 마음에 쌓여가기만 하는 것이다.[23]

오직 서로에 대한 이해만을 한결같이 바라게 할 정도로 종교와 관습, 나아가 언어의 벽은 마치 우리의 마음을 거스르듯이 굳게 버티고 서서 나와 당신을 갈라놓는다. 그러나 그렇다고 해서 호소를 멈출 수도 없는 노릇 아닌가? "나는 죽기 전까지 이 세상에 단 한 명이라도 좋으니 마음 놓고 흉금을 터놓을 사람이 있었으면 좋겠어. 자네가 그 한 사람이 될 수 있겠는가? 되어줄 수 있겠는가?"[24]라는 호소 말이다. 이것은 이미 어디에도 없는 '당신'에게 돌아가려는 허망한 시도에 불과할 테지만, 그래도 바로 그 순간에 서로가 가진 쓸쓸함의 깊이가 만들어내는 새로운 유대가 태어날지도 모를 일이다.

2부   내면과 여백

일상이라는 리얼리티

—이시모다 쇼와『역사와 민족의 발견』

> 설익은 사유는 그 주제를 삶에서 멀어지게 하지만, 깊이 있는 사고는 그것을
> 삶으로 되돌아가게 한다. —알베르 카뮈,『시지프 신화』

위기의 내셔널리즘

전후 역사학이 내셔널리즘이라는 망령에 채여 넘어진 상처. 이것이
오늘날 이시모다 쇼石母田正의『역사와 민족의 발견』에 내려진 전후 사상
사의 평가다.

이시모다는 마르크스주의의 신조에 입각한 현실 사회의 변혁을 모
색하며, 패전 직후부터 1970년대 초에 걸쳐 일본 역사학의 가능성을
개척해온 전후 일본을 대표하는 지식인이다. 수많은 저작 가운데에서
도 1946년에 출간되었지만 지금도 깊은 울림을 전하는『중세적 세계의
형성』은 젊은 날의 이시모다의 이름을 세상에 널리 알린 작품인데, 중

세 여명기에 고대 권력에 길항하던 사람들의 고투와 좌절의 역사에 대한 묘사를 통해 전시체제를 견뎌온 당대 사람들의 날것의 기억에 또렷한 형태를 부여한다.[1] 그리고 사실상 그의 마지막 작품이 된 『일본의 고대국가』(1971)는 국가기구가 계급사회의 성립과 함께 현현하는 과정을 동아시아의 정치 정세 및 국내의 사회 모순과 관련시켜 설명함으로써 1970년 안보투쟁* 당시의 국제 정세와 국가권력의 문제를 비판하는데, 그 정교한 사료 독해와 더불어 오늘날에도 고대사 연구의 최고봉이라 불리고 있다.[2] 이처럼 이시모다의 학술 연구는 현실 사회 상황과의 긴장 관계 속에서 태어났으며, 특히 인민의 입장에 선 사회 변혁과 국가권력의 비판이라는 두 축은 그의 학문을 지탱하던 두터운 지주였다.

이와 같은 학문관에 입각하여 1950년대 초라는 사회 상황 속에서 역사학이 다해야 할 실천적 가치, 즉 "민족의 자부심과 전통을 어떻게 하면 한 명이라도 더 많은 일본인에게 자각시킬 수 있을까?"[3]를 설명한 책이 『역사와 민족의 발견』이다. 이 책은 정편正編이 1952년 3월에, 그리고 속편이 1953년 2월에 출판되었다. 책에 수록된 논문들은 1946년 7월부터 1952년 말에 이르는 대략 6년 사이에 차례차례 잡지에 발표된 것으로서, 패전 후 미합중국의 점령을 받던 일본이 과연 정치적 독립을 이

---

* '안보투쟁安保鬪爭'은 1960년에 체결된 미일안전보장조약에 반대하여 지식인, 노동자, 학생, 일반 시민 등이 광범위하게 전개한 일본 역사상 가장 큰 반정부·반미 시위다. 1959~60년과 1970년에 두 차례에 걸쳐 벌어졌다. 여기서 말하는 안보투쟁은 1970년에 벌어진 것으로서 미일안전보장조약의 연장에 반대하여 일어난 일련의 시위를 뜻한다. 특히 1968년의 프랑스 5월혁명과 베트남전쟁 반대운동을 전후하여 세계적으로 확산된 학생운동의 열풍에 조응하여, 일본에서도 도다이투쟁東大鬪爭, 니치다이투쟁日大鬪爭을 시작으로 전공투 등 학생 단체를 중심으로 시위가 전개되었다. 하지만 내부 분열과 폭력, 살인, 연합적군에 의한 아사마 산장 사건, 산악 베이스 사건 등을 거치며 일반 대중의 지지를 잃게 되었고, 급기야는 좌익운동 전체에 대한 부정적인 인식이 사회 전반에 결정적으로 확산되는 계기를 제공하고 말았다.

룰 수 있을 것인가라는 '민족 위기'의 인식과 함께, "일본은 제국주의의 예속으로부터 민족 독립을 달성하는 단계에 당면해 있다"는 전략을 바탕으로 엮은 것이다.[4]

그중에서도 일본의 대미 종속을 확고하게 만든 1951년의 샌프란시스코 강화조약, 그리고 사상자가 발생한 1952년 피의 메이데이*에 벌어진 예비대**와 민중의 충돌은 이시모다의 학문관을 크게 뒤흔들었다. 그러한 와중에 그는 점차 "대중=인간의 사상이란 쉽게 분류할 수 있을 만큼 단순하지 않으며 깊은 모순으로 이루어져" 있다는 점을 통감하고, "학자의 축적된 지식을 대중에게 그저 전하기만 하는 소위 '계몽 활동'"의 거만함과 무력함을 뼈저리게 느끼게 된다.[5] 정편에 붙은 "역사학의 과제와 방법"이라는 부제가 속편에서는 "인간·저항·학풍"으로 바뀌는 것도 이와 같은 이시모다의 현실 인식에 관한 심화를 보여준다. 정편과 속편 모두 1951년 9월의 샌프란시스코 강화조약이 체결된 뒤에 단행본으로 간행되었는데, 이시모다의 의식 속에서 아직 인간도 역사학도 체제에 패배하고 만 것이 아니었다.

시대의 전환기와 직면하는 가운데 그는 자신을 포함하여 "대중으로부터 고립된"[6] 고루한 지식인의 모습을 비판하고, 역사학을 통하여 학

---

* '피의 메이데이'는 미점령군 GHQ(연합군 최고사령관 총사령부)의 점령이 해제되고 3일 후인 5월 1일 메이데이에 벌어진 경찰 예비대와 시위대의 무력 충돌 사건이다. 노동자의 날을 맞아 벌어진 가두행진은 도쿄의 히비야공원에서 해산할 예정이었으나, 일부 참가자가 그대로 '인민광장을 해방하자'라는 구호와 함께 황궁 앞 광장으로 난입했고, 결국 일본 전후사 최악의 유혈 사태가 벌어지고 말았다. 1천여 명의 사상자가 발생했고, 1,200명이 넘는 사람이 체포되었다. 참고로 이날의 시위에는 재일조선인도 다수 참가했다.

** '예비대豫備隊'는 1950년 GHQ가 창설한 경찰 예비대를 가리킨다. 이들은 한국전쟁에 동원된 주일 미군의 뒤를 이어 치안 유지 등을 담당했는데, 1952년에 보안대保安隊로 명칭을 바꾸었고, 그 뒤 오늘날의 육상자위대로 변해간다. 피의 메이데이에서 민중이 내건 구호 가운데 하나가 이들 예비대를 포함한 재군비화에 대한 반대였다.

문을 현실의 사회운동에 연결시킬 필요성을 호소한다. 실존적이기까지 한 이러한 자세는 젊은 역사학도들에게 깊은 감명을 주었고, 그로 인해 이 책은 한때 역사학의 바이블로 불리기도 했다. 그러나 그 후 상황은 완전히 변하여 오늘날『역사와 민족의 발견』은 입에 담는 것조차 몹시 꺼려지는 책이 되었다. 이러한 경위에 대하여 이시모다와 동시대를 걸어 온 도마 세이타藤間生大는 다음과 같이 설명한다.

〔이시모다의〕많은 저작 중에 〔……〕『역사와 민족의 발견』단 한 권 만이 정치 상황과 연구자의 사상, 신조에 관한 격렬한 비판과 칭찬의 대 상이 되었다. 참고로 여기서 말하는 정치 상황이란 1955년의 일본공산 당 제6회 전국협의회(육전협)가 1950년 이래로 계속되어온 당의 분열에 종지부를 찍고, 종래의 '극좌모험주의'의 정책과 행동을 파기한 사건을 가리킨다.『역사와 민족의 발견』의 중요한 목표였던 '국민을 위한 역사 학' 운동과 이를 실현하기 위한 수단의 하나였던「마을의 역사, 공장의 역사」의 작성, 그리고 그에 따른 농민, 노동자와의 접촉 권유 등등을 '극 좌모험주의'의 일환 혹은 그 아류로 간주한 사람들이 있었던 것이다.7)

도마가 말하는 '극좌모험주의'란 일본공산당이 반反미제국주의의 슬 로건을 내걸고 민족적 독립을 획득하기 위해 일본인을 무장투쟁으로 이끌고자 했던 움직임을 가리킨다. 코민포름, 그러니까 스탈린이 서기 장을 맡았던 소련의 지도 아래에서 일본공산당은 당면 과제를 사회주 의혁명에서 민족민주독립전선의 형성으로 전환한다. 이러한 전략 속에 서 이시모다 같은 공산당 계열의 역사학자들은 역사의식을 통해 일본 인의 애국심을 고취하고, 종래의 계급을 대신하여 민족의식에 바탕을 두고 국민을 결집시키는 역할을 담당하게 되었다. 책의 제목인 『역사와 민족의 발견』에는 그러한 사명이 단적으로 드러나 있다. 이러한 일본공산당, 나아가 러시아-마르크스주의에 대한 굳건한 신뢰는 이시모다의 민족에 관한 이해가 — 물론 그 나름의 재평가가 이루어지긴 했지만—스탈린의 논문 「마르크스주의와 언어학의 문제」에 상당 부분 기대어 개진되었다는 점에서도 분명히 드러난다.[8]

　하지만 이시모다나 도마의 이러한 자세는 도리어 자유주의 계열의 지식인들이 통일전선에서 이탈하는 결과를 가져왔고, 거의 같은 시기에 공산당 내부에서도 극렬한 반항을 불러일으켰다. 이시모다 등의 제안에 의해 1951년에는 "역사에서의 민족 문제," 1952년에는 "민족의 문화에 대하여"라는 테마로 전국대회가 개최되는데, 오히려 민족의 이해를 둘러싼 심각한 혼란과 대립만을 남기게 되었다.[9] 이 대립은 마르크스주의 역사학의 여명기에 해당하는 1930년대까지 거슬러 올라가는 것으로, 『일본 역사 교정』의 고대사 연구에 엿보이는 역사적 기원에 대한 회귀의 욕구, 그리고 『일본 자본주의 발달사 강좌』에서 드러난 자본주의의 경제·정치 분석을 둘러싼 방법론적 차이,[10] 곧 사적유물론의 역사 연구에 대한 적용이라는 근본적인 문제와 관련된 것이었다.* 그렇지만

---

* 『일본 자본주의 발달사 강좌日本資本主義発達史講座』는 1932년부터 1933년에 걸쳐 일곱 권으로 간행되었으며, 노로 에이타로野呂栄太郎, 핫토리 시소服部之総, 하니 고로羽仁五郎, 히라노 요시타로平野義太郎 등이 참가했다. 코민테른의 32년테제(당시 일본의 지배 체제를 절대주의적 천황제, 지주적 토지 소유, 독점자본주의로 규정)에 근거하여 일본 자본주의를 절대주의와 봉건유제의 혼합으로 파악한 것이 특징이다. 따라서 당면의 과제를 2단계 혁명에 두었고, 부르주아 혁명이 기본적으로 달성되었다고 보는 노농파와 격렬한 논쟁을 전개한다. 『일본 자본주의 발달사 강좌』의 집필진 및 이들과 뜻을 함께하는 사상가들을 소위 '강좌파'라 부르는데, 전후 마르크스주의 역사학에 가장 커다란 영향을 끼친 그룹이라 볼 수 있다. 또한 이들은 아시아적 생산양식을 정체성停滞性이라는 특징으로 보는 점에서 이후에 등장한 『일본 역사 교정』과도 견해를 달리한다. 이 두 작품의 내용과 차이는 다음 장에서 더

대립하는 두 진영 모두 내셔널리즘이 환기하는 감정의 소용돌이에 휩쓸려갔고, 혼란을 발생시키는 원인을 의식화하지 못한 채 논의는 흐지부지되었다.

그 후 후퇴를 반복하는 정치적 조류 속에서 이시모다 역시 "'민족' 문제를 제기하는 방법 자체가 '민족적'이지 못했다" "철저하게 과학을 신뢰하지 못한 채 어느새 주관적인 것에 압도되고 말았다"는 자기비판을 행하기에 이른다.[11] 게다가 때마침 이를 다그치기라도 하듯이 1956년에 일본공산당은 무장 노선을 포기하고 소련에서는 스탈린 비판이 일어났으며, 『역사와 민족의 발견』은 한때 시대의 총아로 여겨졌던 만큼 성급한 정치주의에 학문이 채여 넘어진 작품으로서 역사학에게는 떠올리기도 싫은 과거의 악몽이 되어갔다.

그러나 전후 역사학이 마치 잠든 것처럼 여겼던 내셔널리즘은 오늘날 다시금 생각해야만 하는 문제로 되살아났다. 사실 근대 일본의 좌익 계열 지식인들이 내셔널리즘의 문제와 맞서게 된 것은 적어도 이것이 네 번째라 할 수 있다.[12] 이 길을 따라 되돌아가다 보면 1960년대 후반의 요시모토 다카아키吉本隆明 등 신좌익계 지식인의 내셔널리즘론, 그리고 위에서 본 1950년대 초의 민족론을 거쳐, 1930년대 전반에 발생한 공산주의자의 전향과 만나게 될 것이다.[13] 이러한 의미에서 보아도 내셔널리즘은 '상상의 공동체'라는 단어로 단죄할 수 있을 만큼 단순하지 않은 것이다. 이를 퇴치한 것처럼 보이는 경우에도 우리의 '상상'은 그치지 않는다는 점에 병의 근원이 잠복해 있기에, 내셔널리즘은 언제까지고 달라붙어서 떨어지지 않는 유령과도 같다. 이와 관련하여 현대 내셔

자세하게 언급될 것이다.

널리즘 비판의 대표적인 지식인 사카이 나오키의 논의는 더없이 중요
하다.

근대 세계에서는 식민지주의, 제국주의적 억압 — 이 억압에 대한 저
항의 주체로서 국민 공동체를 제작할 필요가 생겨난다 — 이 현실적인
것이었다. 그러나 한편으로 국민 공동체의 균질화는 국내의 인종적, 민
족적 그리고 언어적 소수자를 향한 시선을 덮어버리는 폭력을 가져왔다.
국민 공동체를 필요로 할 수밖에 없는 역사가 있었던 것이며, 국민 공동
체를 규탄하지 않을 수 없는 현실이 지금 있는 것이다.[14]

이 말을 가슴에 새기면서 다시 한 번 우리는 이시모다의 텍스트와 마
주해야 하는 것은 아닐까? 물론 『역사와 민족의 발견』이 일본공산당과
스탈린의 권위에 기대어 쓴 책이라는 점은 부정하기 어렵다. 그런데 이
시모다는 '역사와 민족의 발견'이라는 표현을 통해 대체 무엇을 말하려
했던 것일까? 어떤 방식으로 사회 상황에 개입하고자 했던 것일까? 당
시의 그의 문장을 주의 깊게 읽다 보면 정형화된 내셔널리즘의 관념에
고스란히 회수되지 않는 사고의 주름이 발견된다.

대문자의 역사와 친근한 것

당시의 이시모다에게 내셔널리즘, 그의 표현을 빌리자면 '민족'이라
는 단어는 무엇보다도 내 안에 숨어 있는 불투명함, 지식인이 지닌 합
리성의 한계를 나타내는 것이었다. 그는 지식인이 빠지기 쉬운 함정으

로서, 학문적 담론에 깊이 관여하는 과정에서 대문자의 역사에 동화되고 "가까운 주위"나 "내면적인 것"에 대한 감성을 상실하고 마는 점을 누차 지적한다.[15] 예컨대 종래의 마르크스주의 역사 서술에 관해서 그는 다음과 같은 비판을 행한다.

우리는 계급투쟁의 역사를 줄기차게 적었습니다. 하지만 지명地名이 없는, 공중에 붕 뜬 계급투쟁의 역사를 얼마나 적었던가를 생각합니다. 거기서 계급투쟁은 상반하는 힘과 힘의 투쟁인 양 추상화·관념화되어 투쟁이 벌어진 장소나 토지는 어딘가로 사라져버렸습니다. 〔……〕 인간의 생산이 이루어지는 장소인 토지, 생활의 영위와 투쟁이 벌어지는 장소인 토지, 인민이 흘린 피를 보존하는 장소인 토지, 하나하나 표정이 다른 토지 — 이러한 토지는 모두 각각의 이름을 가지고 있습니다. 이름이 없는 인간을 생각할 수 없듯이 지명 없이는 생각할 수 없는 살아 있는 토지입니다. 그건 그 자체로 민족에 다름없는 토지=지명입니다.[16]

결코 개념화될 수 없는 '전통을 보존한 장소=생활'이야말로 이시모다가 말하는 민족이었다. 이와 같은 '생활의 도가니'를 구체적으로 기술한 것이 『역사와 민족의 발견』 정편 3부 「민중과 여성의 역사에 부쳐民衆と女性の歴史によせて」에 수록된 여러 작품이다. 「마을의 역사, 공장의 역사村の歴史·工場の歴史」(1947)에는 농민과 노동자에 의한 역사가, 「단단한 얼음 깨기堅氷をわるもの」(1948)에는 조선인과 이시모다의 만남이, 「어머니에 대한 편지母についての手紙」(1951)에는 어머니의 입장에 비춘 역사가 '국민을 위한 역사학'이라는 대문자 슬로건에 얽매이지 않는 필체로 묘사된다. 가령 이시모다는 고등학교 시절에 마르크스주의 운동으로 정학 처분을 받았

던 당시를 어머니와의 기억을 통해 독자에게 전한다.

그 말 속에 '빨갱이'에 물들면 출세는 망친 것이고 그럴 거면 상급학교로 보낸 의미도 없어진다는 뜻이 있었기에, 저는 그 이후로 아버지를 경멸하게 되었습니다. 아버지는 무신론자였고 보수적인 어머니에 비하면 사상적으로는 훨씬 진보적이었지요. 그런데 이 보수적인 어머니가 [……] 오히려 바른 일을 하는 사람은 누군가에게 부끄러울 필요가 없다는 점을 저에게 확신시켜주었어요. 하지만 제가 감수해야만 하는 고통은 어머니를 매우 괴롭히고 동요시켰습니다. [……] 저나 당신이 바쁜 일에 쫓기다 어머니의 탄식과 희생을 결국 잊기 쉽듯이, 역사가도 자식들의 — 승리건 패배건 — 빛나는 사업에 눈을 빼앗겨 이렇게 오래된 것과 새로운 것이 무서울 정도로 복잡한 모순으로 존재하는 어머니의 세계를 곧잘 잊곤 합니다.[17]

이어서 "저는 어머니의 세계만큼 민족이란 것의 내용과 가까운 것을 알지 못합니다" "어머니의 탄식은 너무도 보편적이며 너무도 그 뿌리가 깊기에 역사가로서 민족의 상징으로 기념하는 것 이외에는 달리 기념할 방법이 없을 것입니다"라고 말하는데, 여기에는 — 앞에서 본 스탈린을 다룬 논문에서와는 달리 — '민족'이라 불리는 세계, 즉 네이션을 모색하기 위한 정치적 단위가 아니라 일상생활과 매일의 감정을 그 내용으로 갖는 세계가 등장하고 있다. 이시모다는 명백히 민족이라는 단어를 이처럼 이중의 의미로 사용하는데, 하나는 논문 「역사학에서의 민족 문제歷史学における民族の問題」에, 그리고 다른 하나는 수필 「어머니에 대한 편지」에 잘 드러난다. 이 양자 — 이시모다의 말을 빌리자면 "낮의

세계"와 "밤의 세계"—의 관계성이 모호한 채로[18] 하나의 단어처럼 사용된 탓에 여러 혼란과 오해가 초래되고 말았던 것이다.

하지만 다른 어떤 것보다도 "그 질과 복잡함을 도저히 짐작할 수 없을 만큼" "방대한 대중"과의 대면을 주장한 이시모다에게 가장 중요했던 것은, 기성 이론을 가지고 상황을 재단하는 것이 아니라 먼저 "좁은 자신의 체험"으로부터 현실을 보는 눈을 키우는 것이었다.[19] 그래서 역사학연구회의 민족 이해에 대해서도 스스로 "이론적 문제에 관심이 집중되어" "통절함이 부족했다"고 반성했던 것이다.[20] 그리하여 이시모다는 다음과 같은 자기비판을 행하기에 이른다.

학문이라는 전통적인 세계에서 자란 저는 과거 일본의 역사나 과거의 일본인과 마주할 때마다, 현재의 일본인 한 사람 한 사람이 필사적으로 살아가고 있다는 것에 대한 동정과 공감을 잃어버리고 맙니다. 한 사람 한 사람의 평범한 인간이 지닌 넓은 세계, 이 세계가 수천만이 모여 형성된 일본이라는 세계, 그 깊이와 가능성이 무한하다고 해도 좋을 세계입니다만, 저는 그러한 감각과 눈으로 역사를 본 적이 없었던 듯해요. 저는 일본의 낡은 역사학의 이론과 방법으로부터 해방되어 있는 듯이 잘난 체했지만, 이렇듯 학문이라는 것의 지워내기 어려운 강한 영향 속에 있는 한 이론과 방법만으로는 아무것도 할 수 없다는 걸 깨닫게 되었습니다.[21]

이러한 변화는 사상적 내용의 차원에서만이 아니라, 문체에서도 「어머니에 대한 편지」를 비롯한 몇몇 글들이 눈앞에 있는 독자에게 직접 말을 건네는 듯한 서간체를 택하고 있는 점에서 감지된다. 이는 객관적 분석의 형식을 취하는 학술 논문으로는 도달할 수 없는 독자의 감정적 차원에 파고들어 가기 위한 변화였으리라 생각된다. 학문적 담론이 포착하지 못하는 일상과 감정에 눈길을 돌리려는 이러한 자세는 이시모다가 "좋은 문학"[22]이라 평한 루쉰魯迅, 고리키Maksim Gor'kii, 이시카와 다쿠보쿠石川啄木 등의 작품에 대한 호의로 나타나는데, 이것이 기존의 역사학에 뭔가 미흡함을 느끼던 젊은 독자들을 매료시켰다. 다만 그가 말하는 문학은 마치 고리키와 레닌의 관계처럼 정치적 실천과 결부되어야만 하는 것이었다는 점을 잊어서는 안 된다. 그의 문학론을 대표하는 영웅시대론 역시 그러했다. 그렇지만 분명히 당시 이시모다의 사상은 기존의 학문 형식을 밟고 넘어가고 있었다.

역사학보다 훨씬 사람들에게 도움이 되며 그들을 즐겁게 해주는 일을 찾아내고 이를 확신한다면 언제든 〔……〕 역사학 따위는 버릴 준비가 되었거나 버릴 법한 사람, 그러나 동시에 이 준비와 자신감을 역사학을 통해 쓸모 있게 하는 일을 즐거움으로 삼으며 역사학의 그러한 가치를 누구보다 존중하고 신뢰하여 이를 인생의 사업으로 삼는 사람, 여기에서 학문과 인간 사회의 살아 있는 결합 및 자기 생활의 보다 좋은 형태를 연마하려는 사람, 이러한 사람들만이 역사적 정신에 대해 말할 수 있으리라.[23]

그리고 이와 같은 변화를 그의 깊은 곳에서 불러일으켰던 것은 일상의 리얼리티에 자신의 표현이 어느 정도 육박할 수 있는가라는, 아마도 그를 평생 따라다녔을 인식론적 욕구였을 것이다. 그런데 이렇게 자신 안에 숨어서 잘 보이지 않는 어떤 것에 대한 욕구는 비단 이시모다의 개인적 기질이라기보다는 1920년대 초에 시작된 러시아-마르크스주의의 이식 당시부터 논란거리였던 일본 사회의 후진성 문제와 관련된 것이었다. 자본주의 논쟁에 보이는 농촌의 반半봉건적 성격, 그리고 아시아적 생산양식 논쟁에 보이는 아시아적 정체성停滯性. 이러한 문제들은 강좌파와 노농파 사이에서, 그리고 와타나베 요시미치渡部義通와 하야카와 지로早川二郎 사이에서 격심한 논쟁을 일으켰다. 하지만 결국 양자 모두 지식인의 외부에 존재하는 어떤 객관적인 사물과 현상을 후진적인 것이라 여기고, 마르크스주의를 추진하는 전위가 이것을 극복한다는 진화론적 발상을 암묵적인 전제로 공유하고 있었다.[24] 이 점에서 러시아-마르크스주의 역시 근대 일본에게는 근대 서양의 의장意匠 가운데 하나에 불과했다. 이와 같은 진화론적 도식에 역전을 가져온 것이 1933년에 시작된 공산주의자의 대량 전향이었다. 요시모토 다카아키는 전향의 원인을 아래와 같이 설명한다.

나는 이미 프롤레타리아 시詩가 지닌 '전위'적 정치의식과 억압된 계급으로서의 생활 의식의 표현 사이에는 내재적인 접점이 없으며, 여기에 예술사상이건 정치사상이건 간에 '암흑 지대'가 존재하는바, 이는 내부 의식 안의 암흑 지대와 대응한다는 점을 지적했다. 절대주의 권력이 분열시키고 탄압했던 것도 그 정치상, 예술상의 암흑 지대였다.[25]

분명 이시모다의 민족론은 지식인이 일상적인 어떤 것을 스스로의 문제로 받아들이려 했다는 점에서 이전의 러시아-마르크스주의자와는 명확한 선을 긋는 것이었다. 아시아 정체론에 관한 그의 비판에 이 점이 선명히 드러난다. 중국에서 보다 일찍 사회주의혁명이 성공하자 "불완전하나마 '근대'를 경험한 일본과 그러한 '근대화'에 성공하지 못한 중국이지만, 대중적 지반의 '근대화'라는 점에서는 오늘날 실로 정반대의 대비가 보인다는 인식"26)이 생겨났고, 러시아-마르크스주의의 근대주의적 사다리는 붕괴하게 되었다. 이로 인해 아시아에서 서양의 대리인으로 행세했던 일본의 입장은 재검토되어야만 했고, 일찍이 전향자들을 넘어트렸던 돌부리, 곧 일본이 아시아를 해방시킨다는 대동아공영권의 발상을 넘어서 일본과 아시아 여러 나라들이 내셔널리즘을 나란히 하여 국제 평화를 짊어지는 인터내셔널리즘의 길이 열리게 되었다. 이시모다는 자신의 내셔널리즘을 "사회주의적 민족"이라 부르며 "배외적 애국주의"인 "부르주아적 민족"과 엄중히 구별하고, 이를 "타국에 대한 침략이나 타민족의 예속을 의미하지 않는" "애국심"으로 규정한다.27) 오늘날에 당시 이시모다의 내셔널리즘을 검토하기 위해서는 인터내셔널리즘과의 병존, 다시 말해 이시모다가 네이션의 배타적 성질을 어떻게 무효화시키려 했는지 그 전략적 논리의 결을 세심히 더듬어볼 필요가 있다.

각설하고 이시모다가 이와 같이 일상생활과 정체성停滯性을 고찰의 대상으로 삼았던 것은, 일본공산당과 코민포름에 충실하면서도 실제로는 러시아-마르크스주의의 입장에서 이단으로 여겨지는 사상을 형성했기 때문으로 보인다. 고등학교 시절 푹 빠져 있었던 미키 기요시三木清와 하니 고로羽仁五郎의 실존적 마르크스주의, 도쿄제국대학 철학과에서 배웠던 헤겔의 영웅시대론, 다나베 하지메田辺元의 영향을 받은 이에나가 사부로家永三郎의 가마쿠라鎌倉 신불교론 등을 통해 이시모다는 사적유물론에 교토 철학과 루카치의 상부구조론을 은밀히 삽입시켰다. 그러한 이시모다가 영웅시대론의 체계를 세운 것은 15년전쟁*이 거의 막바지에 다다른 1940년대 중반이었다. 초기 마르크스의 소외론을 방불케

---

* '15년전쟁'은 1931년 만주사변부터 1945년 일본 패전에 이르는 시기를 일컫는 역사 용어다.

하는 영웅시대론은 1944년에 탈고한 『중세적 세계의 형성』에서 본격적으로 전개되는데, 이미 괴멸해버린 민주주의와 공산당이라는 전위 집단을 대신할 강한 인격적 의지를 소유한 지도자와 공동체의 관계성을 역사의 주체성 확립의 문제에 연관시켜 진단한다.

영웅시대론은 패전 후인 1947년에 발표된 이시모다의 논문 「고대귀족의 영웅시대古代貴族の英雄時代」를 거쳐, 1950년대 초반 역사학연구회의 대회 테마였던 민족론의 일환으로서 논의 대상이 된다. 도마 세이타를 중심으로 한 당시 논의에서는 영웅의 본보기로서 일본공산당이 프롤레타리아가 주체가 된 일본 민족을 이끌어가는 미래상이 제시되었다.[28] 단 지금까지 보았듯이 이 시기의 이시모다는 계몽적 지식인의 오만함을 비판하고 있었으며, 비록 당에 의한 '조직화'를 전제하긴 했지만 영웅이라는 뛰어난 존재를 중시하기보다는 "한 사람 한 사람의 대중이 생각하는 능력을 가지고 있음을 확신"[29]하고 그 주체성을 전면에 내세울 것을 주장하고 있었다. 물론 이는 요시모토 다카아키가 "사회로부터 소외된 자기의식을 견뎌내지 못하고 일본의 서민 의식에 자신을 동화시키면, 예전의 '전위'적 의식이 내부에 있는 '강대한 봉건적 여러 요소'를 공통항으로 삼아 미끄러져 들어온다"[30]고 걱정했던 것처럼, 일찍이 전향자가 걸었던 길을 반복할 가능성도 있었다. 그러나 이시모다의 경우에는 "대중의 발상법이나 사고방식은 우리 따위와는 매우 다르다"는 인식과 함께, "한 사람 한 사람의 평범한 인간이 지닌 넓은 세계"를 "대중이 직접 체험하지 않았던 민족의 경험에까지 넓혀나갈" 때 비로소 "인민의 사상을 개조할 수 있는 힘을 지닌" "이론"을 소유한 지식인이 결정적인 역할을 하게 되리라고 간주하고 있었다.[31] 그렇기에 민족으로의 회귀는 마르크스주의의 포기를 의미하지 않았으며, 양자가 손을 잡는 민족주

의적 마르크스주의라 할 수 있는 어떤 것이 성립할 수 있었다.

이와 같은 마르크스주의와 내셔널리즘의 접합을 가능하게 한 이론이 바로 사적유물론이었다. 일본에서 러시아-마르크스주의는 1920년대에서 1930년대 초반에 걸쳐 처음에는 프롤레타리아 문학, 무신론, 그리고 자본주의 경제 분석의 형태를 띠면서 수용되었으나, 뒤이은 1930년대 중반부터는 고대사를 주축으로 하는 역사 분석이 본격적으로 시작되었다. 공산주의자들이 마치 눈사태처럼 전향하는 상황 속에서, 의존해야 할 권위였던 당과 소련으로부터 차단된 이시모다나 와타나베 등은 동료들을 굴복시켜가는 천황제와 사상적으로 대결하기 위해 "'국체'란 무엇인가"[32]라는 물음과 맞서야만 했다. 다만 이러한 자세는 고대 천황제를 지탱했던 노예제사회의 분석을 통해, 결국 그 이전에 존재했던 민족의 기억을 일깨우려는 기원적 지향성을 배태하는 방향으로 나아갔다.

이미 1930년대 초반에 고바야시 히데오는 러시아-마르크스주의의 이론적 망라성에 대한 욕구가 ─ 자신이 "숙명"[33]이라 이름붙인 ─ 온전히 언어화될 수 없는 현실의 고유성을 가려버린다는 점을 비판하고 있었다. 1920년대에 융성했던 신칸트파의 이론을 통해 그와 같은 전체성은 더 이상 존재할 수 없다는 것이 지식인들 사이의 공통적인 인식이 되어 있었을 터인데, 의사 자연과학의 치장을 두른 사적유물론은 다시금 이러한 인식의 제약을 넘어서려 하고 있었다. 국체에 대해서 비판적이면서도 저항의 논리로는 실체적이며 오래된 것에 대한 호소를 택하는 역사 담론은 흡사 천황제의 논리를 답습이라도 하는 양 개인의 실감을 민족이라는 보이지 않는 전통적 실체에 연접시켰다.

그런데 리얼리티에 육박하려는 이러한 욕구는 동시에 ─ 이시모다가

민족이라 부른 — 일상에 스스로를 융화시키려는 동화의 욕구를 함께
불러일으켰다.

　　예전 일본의 혁명적 운동은 곤란한 조건들 때문에 대중과의 밀접한
관계를 만들어내지 못하고 소수 선구자들의 운동에 그치고 말았습니다.
그때는 대중에게 어떻게 외부로부터 사회주의적 의식을 집어넣을까라는
관점이 중심이었으며, 대중 스스로가 무엇을 생각하고 무엇을 원하며
무엇을 느끼는지를 알고, 거기에서부터 문제를 제기하는 것에는 관심이
없었습니다.[34]

이시모다는 이와 같이 자신을 포함한 전전의 마르크스주의자를 총
괄하면서 지식인의 고립을 비판하고 경계해야 할 대상으로 설정한다.
다만 다른 한편으로 만약 지식인이 에드워드 사이드가 말하듯이 "고독
하며 보람이 없는 삶 바로 그것이다. 〔……〕 지식인은 청중을 당혹스럽
게 만들고 청중과 대립하며, 심지어 불쾌하게 만들기도 해야"[35] 하는 존
재라면, 이시모다의 논의에는 본래적인 지식인의 고립성을 충분히 이해
하지 못한 채 일상 속으로 빨려 들어가버린 측면도 있다고 할 수 있다.

빛의 역사/어둠의 문학

눈보라의 시대를 버텨낸 마르크스주의 역사학자들은 일본의 패전
과 함께 일약 지도적 지식인의 위치에 오르게 된다. 이러한 흐름과 함께
1950년대 초기의 민족민주독립전선 시기에 주도권을 쥔 것이 이시모다

등이었다. 그들은 더 이상 내셔널리즘에 대해 순진무구하지 않았다. 하지만 그가 민족이라는 단어로 표현했던 학문에 수합되지 않는 일상의 여백은 그 각고의 노력에도 불구하고 결과적으로는 스탈린주의의 정치적 논리에 흡수되고 말았다. 그리고 실은 이러한 투쟁이 좌절하기 이전에 이미 이시모다 등에게 냉담한 시선을 보내던 사람들도 있었다. 가령 1948년에 연인과 함께 자살한 작가 다자이 오사무太宰治는 마르크스주의자들이 활약하는 세태에 대해 다음과 같은 염려를 드러낸다.

인간의 마음에는 속을 알 수 없는 보다 더 끔찍한 것이 있다. 욕심이라는 말로도 부족하고, 허영이라는 말로도 부족하고, 색色과 욕欲, 이렇게 두 개를 나란히 늘어놓고 보아도 부족한 그 무엇. 저로서는 그것이 무엇인지 알 수 없었지만 인간 세상의 밑바닥에는 경제만이 아닌 묘한 괴담 비슷한 것이 있는 것같이 느껴졌습니다. 그 괴담에 잔뜩 겁먹은 저는 소위 유물론[에서] [……] 희망의 기쁨을 느끼거나 할 수는 없었던 것입니다.[36]

다자이 역시 한때는 마르크스주의 운동에 공감을 느낀 적이 있었다. 그러나 전중기에 일본 낭만파로 전향한 이후에는 전후의 시류에 따르지 않고 공산당과의 관계를 일관되게 거부했다.[37] 앞에서 본 마르크스주의에 대한 불만은 자신의 과거에 대한 부정이기도 하며, 『인간 실격』이나 『사양』 등의 작품은 —— 같은 시기에 등장한 이시모다의 영웅시대론에 담긴 긍정적 인간상에 대한 이의 제기로서 —— 마르크스주의가 잘라낸 인간의 암부를 대놓고 드러내는 작품이기도 하다. 이시모다 또한 어머니의 세계에 관한 묘사를 통해 정치적 논리와는 다른 개인적 애정의 유대에 착목하지만, 똑같은 인간의 마음에 깃들어 있는 어두운 감정, 예컨대 내 자식만 무사하면 된다는 이기적 교활함이나 내 아이의 적이라면 죽어도 된다는 칠흑의 부분까지 인간 본래의 성질로서 받아들였던 것은 아니었다.

이 점에서 전후에 등장한 해방의 사상이 빠져버린 함정을 지적한 이치무라 히로마사市村弘正의 다음과 같은 발언은, 비록 자유주의자인 마루야마 마사오丸山眞男를 겨냥한 것이긴 하지만 마르크스주의자인 이시모다에 관해 생각하는 데도 커다란 시사점을 준다.

그것은 무엇보다도 자신의 발화가 이루어지는 장소에 대한 자각의 정도로 표현될 수밖에 없다. 사회를 해부하는 사변이 뛰어난 마루야마의 논술에는 말하자면 무너져 추락하는 감각이나 무력감을 포함한 패전의 냄새가 희박하다. [……] 물론 패전국인 일본에 통절한 패배 의식이 없던 것은 아니었다. 그것은 주로 소수의 문학자들에 의해 표현되었다. 마치 사회 이론가들과 분석을 분담이라도 한 것처럼 패배는 문학자들에게 이어져갔다. 이러한 분열이 아마도 이론적 분석 그 자체를 취약하게 만들었을 것이다.[38]

이론 차원에서 감정 문제가 간과되고 마는 것. 전쟁 중의 사상적 패배와 패전을 나의 문제로 여기지 않고 흡사 방관자처럼 학문을 통해 패배를 발라내 버리는 것. 이치무라의 지적은 바로 이러한 문제를 가리키고 있다. 다자이 오사무라는 소설가는 이처럼 학문에서 불거져 나오고만 어떤 것을 전후의 짧은 기간 동안 표현해낸 것이다.

이시모다는 '민족'이나 '영웅'으로 흡수되지 못한 채 내 안에 도사리고 있는 불안과 증오를 가정한다. 이를 어떻게 분절된 담론 속으로 집어 넣을 수 있을까? 우리를 재편성하는 권위는 당이나 민족만이 아니라 직 장과 가족 등 일상의 도처에 잠복해 있다. 마음속의 암흑을 똑바로 응 시하지 못한다면 내셔널리즘은 감정의 겉옷을 걸친 채 몇 번이고 우리 를 홀릴 것이다. 우리는 언어를 미로 속의 실로 삼아 마음속에 숨어 있 는 불확정적인 것에 다가갈 수 있다. 아니면 언어를 투명한 망토로 삼고 그 안에서 숨죽이고 지내는 것도 가능하다. 이시모다가 걸어가려 한 길 은 끊어진 채로 방치되어 있다. 그렇다, 나는 당신에게 말하고 있다.

내면을 둘러싼 항쟁
─근대 일본의 역사·문학·종교

> 내가 세상에 평화를 주러 온 줄로 생각하지 마라. 평화가 아니라 칼을 주러 왔다. ─『마태복음』

1. 불가해한 내면

내부의 이질성

일본에 담론 비판을 도입하는 데 결정적인 역할을 한 저작 『일본근대문학의 기원』에서 가라타니 고진은 다음과 같이 말한다.

> 뚜렷한 것은 돗포의 작품이 이미 '문文'과 거리가 없는 것처럼 보이는 일이다. 그는 이미 새로운 '문'에 익숙해져 있다. 이는 말이 이미 구어나 문어를 넘어서 '내면' 속으로 깊이 내려가 닿아 있다는 것을 의미한다. 아니, 그때 처음으로 '내면'이 직접적이고 현전적인 것으로 자리하는 것

이며, 동시에 이때부터 '내면'을 가능하게 하는 역사적·물질적 기원이 망각되는 것이다.[1)]

여기서 가라타니는 오늘날 우리에게 자명한 존재로 여겨지는 내면이 언문일치의 문장체라는 근대 서양화의 제도적 산물에 의해 규정됨으로써 처음으로 성립했다는 점을 지적한다. 그렇지만 이러한 내면의 성립을 간파했다손 치더라도 내면이 우리에게 날것의 실재로서 존재하는 점, 또는 우리를 당혹시키는 통제 불능의 장소로서 계속 존재할 것이라는 사정은 조금도 달라지지 않는다. 비판자가 인식 대상의 역사성에 대한 지적을 행한 것이 그가 그러한 역사적 제약의 주박에서 해방되어 있다는 의미는 전혀 아니며, 도리어 그 역사성에 깊이 사로잡힌 혼돈의 상태로부터 탈주할 수 없다는 자각을 가져올 뿐이다.

타인과 농밀한 관계를 맺을 때 우리는 '내면'이란 얼마나 개인적인 감정 기복에 좌우되는지를, 그리고 타인에게는 이해되지 않는 고립과 역사가 거기에 새겨져 있다는 점을 체험하게 된다. 게다가 내면은 내 마음대로 움직여주지도 않으며 그저 불가해한 막연함으로 그윽할 뿐이다. 이를 내면이라는 균질한 단어로 쉽사리 표현할 수는 없으며, 여기에는 가까운 곳에 있으면서도 동시에 도저히 좁힐 수 없는 어떤 간극이 존재한다. 나조차도 거기서 벌어지고 있는 일을 알 수 없는데, 그렇기 때문에 오히려 그것을 명백히 파악하기 위한 해석을 내리고 의미로 가득 채우려는 시도가 행해진다. 여기에 내면의 고유함과 깊이가 있는 것이다.

내면은 이처럼 통제할 수 없는 것으로서 성립했는데, 그로 인해 근대라는 역사 공간 안에서 다양한 담론에 의한 찬탈의 대상이 되어갔다. 기독교, 정토진종,* 신도를 비롯한 여러 종교, 그리고 천황제, 내셔널리즘, 역사, 문학, 마르크스주의 등등. 담론이 찬탈과 혼합을 반복하며 내면을 덧칠해갔다. 혹은 차라리 내면이라는 담론의 장소가 언제나 무언가에 의해 충전되고 형태를 부여받길 원했다고 해야 할지도 모르겠다. 이 장에서는 1930년대의 지식인을 석권했던 마르크스주의가 일본 종교사라는 담론의 출현과 더불어 어떻게 사람들과 자신의 내면을 영유하려 했는지를 살펴보자.

내면과 종교

내면이라 불리는 것이 일본에서 부상하게 된 계기로는 기독교, 그중에서도 프로테스탄티즘의 이식을 들 수 있다. 프로테스탄티즘은 세속 안에서의 금욕을 내세워 초월적 규범을 현세 사람들에게 적용하고, 가족이나 지역 공동체, 직장 등 그들이 속한 세속 사회의 공동체와는 이화異化된 장소, 즉 내면이라는 영역을 개인의 안에 만들어낸다.[2] 물론 일본 사회에 기독교—특히 절대적 인격신으로의 귀의—가 뿌리내리는 일은 없었으나, 수적으로는 소수였던 종교학이 일본의 종교 개념을 조탁하는 데 커다란 영향을 주었듯이 기독교의 초월성은 공동성으로부터 이화된 개개의 내적 영역을 빚어내는 데 상당히 중대한 역할을 담당했다.

대일본제국헌법의 공포는 하나의 획기적인 사건이었는데, 이를 통해 유동적이긴 했지만 종교의 자유를 전제로 개인의 내적 영역인 종교와 공적 영역으로서의 도덕이라는 이분법이 사회제도로 성립했다. 이른바

---

* '정토진종淨土眞宗'은 일본 불교의 종파 가운데 하나로서, 가마쿠라 시대에 호넨法然과 신란親鸞이 제창한 정토왕생의 사상을 바탕으로 그 제자들이 교단으로 발전시켰다.

역사는 내셔널 히스토리로서 국민 또는 국가의 이름으로 공공의 기억을 담지하게 되었고, 일찍이 근세 국학이나 신도 사상을 토대로 공존하던 종교와 역사는 각기 다른 영역의 담론으로 구획되었다.[3] 시기는 약간 떨어져 있지만 다구치 우키치田口卯吉의『일본 개화소사』(1877)와 아네자키 마사하루姉崎正治의『종교학 개론』(1900)이 각각 내셔널 히스토리와 사적 영역으로서의 종교 담론의 틀을 제공한 대표적 텍스트라 할수 있다.[4] 이 두 텍스트의 성립 시기가 벌어져 있는 것은 근대 일본에서 내적 영역 성립의 후발성을 말해준다.

메이지 시대 일본의 기독교 이해에 가톨릭의 영향이 미미한 것은 가톨릭이 현세 초월적인 금욕 규범의 장소를 시민의 일상생활이 아닌 수도원이라는 세속 공동체의 외부에 설치하기 때문으로 보인다. 아네자키 마사하루에게 종교학의 원천을 제공해준 자유신학이 프로테스탄티즘과 계몽주의의 사생아였다는 점은 우연이 아니다. 아네자키는 신의 실재와 분리되지 않는 종교 개념을 '심리'라는 인간 내면의 불가사의한 영역에 자리매김하고, 이것이 시민사회 내부에 존립할 수 있도록 명확한 위치를 부여했다.[5] 다만 여기서 심리란 자아의식으로 회귀하는 것이 아니라 이를 초월한 무한과 만날 장소를 가리킨다. 그런데 여기에 자유신학과 종교학이 개입함으로써 기독교가 본디 가지는 죄에 대한 의식이 탈락하게 되었고, 무한과 자아의식의 긴장 관계가 안이한 포섭 관계로 전락해버릴 가능성이 움텄다.[6]

그렇지만 이 내면의 영역이 국가가 관할하는 공적 영역으로부터 자유로이 방치되었던 것은 아니다. 메이지 20년대[1887~96] 초에 교육과 종교가 충돌하고 프로테스탄티즘의 현세 초월적인 성질이 천황제와 충돌하는 가운데, 기독교는 세속 사회를 상대화하는 비판력을 스스로 지위 없애야 하는 상황에 처해 있었다. 불교와 같은 다른 종교들도 이와 동일한 궤적을 따랐으며, 내면의 영역이 품고 있던 초월성은 천황제라는 세속 권력으로 회수되어갔다. 종교에서 죄의식이 떨어져 나가면 자기 자신이나 세속 사회와의 긴장 관계 역시 약해지지 않을 수 없으므로, 이와 같은 회수는 별다른 갈등 없이 이루어졌다. 메이지 말기에 서양사학자인 하라 가츠로原勝郎는 논문 「동서의 종교개혁」(1911)에서 가마쿠라 신불교론, 곧 신란과 니치렌日蓮 등을 루터Martin Luther와 같은 프로테스탄티즘의 교조에 비견하는 설을 제창하여 폭넓은 지지를 받았는데,[7] 여기에도 역시 교의 중심주의와 내셔널리즘의 세속적 성질이 공통점으로 제시된다. 그리고 메이지 30년대〔1897~1906〕무렵부터는 국가신도*라는 토착주의를 가장한 유사 종교가 국가권력에 내면을 동화시키기 위한 장치로서 본격적으로 제도화되기 시작한다.

이때 기독교가 가져온 내면이라는 영역은 두 번에 걸쳐 성격 변화를 강요받는데, 한 번은 인격적 절대신에 의해서고 다른 한 번은 초월성에 의해서다. 그 결과 현실 사회와 유리된 개개의 내적 영역이 내면의 공간

---

* '국가신도'란 메이지 정부가 권력의 정통성과 근대 국가의 정신적 원류를 토착신앙과 결부시키려 한 제도를 가리킨다. 메이지 정부는 일본 고유의 신도라는 개념을 성립시키기 위해 불교 등과의 혼합적 상태를 배제하고 전국의 신사를 일원적으로 관리하는 시스템의 구축에 노력하여, 천황을 정점으로 하는 국가주의적 종교 정책이 행해지게 된다. 다만 이 책에 실린 「초법적인 것의 그림자—근대 일본의 '종교/세속'」에서도 지적되듯이 군국주의적 제정일치 제도를 국가신도라는 단어로 정의하는 담론은 패전 후 미군정의 신도지령에서 처음으로 나타나며, 실제로 메이지 정부의 종교 정책은 시대에 따라 다양한 변주를 보이고 있었다(이 점에 관해서는 박규태, 「국가신도와 '신사 비종교론': 근대 일본 국민국가에서 신사의 역할」, 윤상인·박규태 엮음, 『일본의 발명과 근대』, 이산, 2006이 자세하다). 특히 신도를 여타 종교와 구분하여 초월적·보편적 도덕의 범주로 끌어올리려는 시도가 이루어졌다는 점은 이 책 전체의 문맥을 이해하는 데도 대단히 중요하다. 이에 대해서는 앞서 소개한 이소마에의 다른 저작 『근대 일본의 종교 담론과 그 계보』를 참조하라.

으로 성립하고, 이 내면을 차지하기 위한 다툼이 벌어졌다. 내면은 여러 담론들이 경합하는 장소가 되었던 것이다. 물론 내면이 담론인 이상, 그와 같은 다양한 담론이 만들어내는 내면 역시 다양성을 가지지 않을 수 없다. 무엇보다도 앞서 말한 국가권력의 내면 파악, 즉 사람들의 국민화를 들 수 있다. 메이지 30년대가 되면 천황제 국가는 종교의 자유를 존중한다는 명목하에, 공적 영역인 도덕을 통한 국민 교화를 단념하고 종교 영역을 통해 사람들을 내부에서부터 국민으로 만드는 전략을 택한다. 이를 지탱한 담론을 제공한 것이 종교학의 시조인 아네자키 마사하루였는데, 그는 종교를 통해 국가와 개인을 결합시키려 했다.[8] 그 후 종교학은 — 국가신도를 비판하면서도 국가와 개인을 결부시키는 양가적인 담론으로서 — 차례로 설립되어가던 제국대학 속에 자리 잡아갔다. 내면을 사이에 둔 내셔널리즘과 종교의 공모 관계가 종교의 자유라는 근대적 외피를 입는 동시에, 이에 대한 새로운 해석의 시도로서 성립했던 것이다.

그러나 내면이란 결국 담론이고 명확한 내용과 기초 또는 기원을 결여하기 때문에, 어떠한 담론을 대입하더라도 이를 영구히 채울 수는 없다. 따라서 이를 담론으로 보충하려는 충동 역시 끊임없이 생겨나며, 그로 인해 내면은 차이와 동일화가 서로 다투는 힘의 장소로 변한다. 차이에 노출되고 말기에 동화를 갈망하는 장소, 이는 내면이 결여태인 이상 우리들이 숙명적으로 앓아야만 하는 병이리라.

존재하지 않는 순연한 핵에 대한 욕망, 닿을 수 없는 것에 대한 욕망, 처녀성에 대한 욕망이 없다면 […] 어떤 욕망이 움직이기 시작할 수 없듯이 […] 이 욕망을 중단하려고 오는 것, 욕망을 방해하는 것이 없

다면 〔……〕 그리고 누구도 그것에 대해 어떤 행위도 할 수 없는 무엇인
가가 〔……〕 없다면 욕망이 펼쳐질 일도 없을 테지요. 그 무엇은 하나의
주체에 의해 제정된 율법이 아닙니다. 그것은 율법에 반하는 율법, 욕망
에 반하는 욕망, 고유명사에 반하는 고유명사이며, 그러한 율법 위에 존
재하면서 그것들 전부를 규정하는 어떤 율법입니다.[9]

메이지 30년대 무렵에는 앞에서 본 것처럼 내면이 국가적 이데올로기
의 어수룩한 먹잇감으로서 표적이 되는 한편 ——다야마 가타이田山花袋
등의 자연주의 소설의 융성에서 볼 수 있듯이[10] —— 본능과 정동이 끓어
오르는 장소로서도 새롭게 포착되고 있었다. 종교가 예지적 장소로서
내면을 파악한 것에 비해, 자연주의 소설은 이를 신체적 장소로서 파악
했다. 그 결과 그들은 자신의 감정과 정동에 삼켜지고 내적인 것에 걸
려 비틀거리기에 이르는데, 이는 마치 1930년대의 전향 문제를 미리 드
러내기라도 하듯이 근대 일본 지식인의 어떤 모형을 제시한다. 메이지
30년대는 젊은이들의 자살이 속출하는 등 번민의 시대로 불리고 있었
다. 내셔널리즘에 대한 욕구가 고조되었고, 젊은이들은 자신의 내적 영
역이 지닌 불가사의함에 전율을 느끼기 시작했다. 국가가 종교라는 오
성적 담론을 가지고 내면을 파악하려 한 것에 반하여, 소설가들은 이를
정동이 발로하는 장소로 파악하고자 했다. 그러한 와중에 구 서정파 시
인 야나기타 구니오는 이들이 주창하는 신체에서 근대 서양에 길들여
진 개인의식의 낌새를 맡고는, 농민의 일상생활에 깃들어 있는 또 다른
상상력의 세계로 사고를 이끌어갔다. 그가 『도노 이야기』를 발표한 것
은 메이지 43년(1910)이었다.[11]
비슷한 시기에 다카야마 조규高山樗牛 등의 이해를 통해 니체가 일본

에 소개되는데, 이 역시 본능을 가지고 내면을 충족시키려 한 점에서 자연주의 소설과 비슷한 경향을 지니고 있었다.[12] 이들에게 내면은 계몽주의적 합리성에 포착되지 않는 것, 또는 개인의 내부에 존재하면서도 당사자에게는 도리어 불명료한 어떤 장소로 여겨지기 시작했다. 한쪽으로는 국가의 존재로, 또 다른 한쪽으로는 신체라는 개인의 의식을 넘어선 장소로 이어지는 내적인 암부로서 내면이 등장했던 것이다. 다만 여기서도 죄의식의 탈락은 내면을 채우는 것과 내면 사이에 놓인 거리를 지우고 이를 경솔히 일체화시킬 가능성을 내포하고 있었다.

스스로 붕괴하는 균형

이처럼 불가사의한 영역이었던 내면은 1920년대가 되면 그 불명료함이 더욱 증폭하게 된다. 이 시기에는 프로이트 심리학이 소개되기 시작했으며, 이와 보조를 맞추어 나카무라 고쿄中村古峽의 이상심리학이 일세를 풍미하고 있었다. 무의식의 심리학에서 착상을 얻은 에도가와 란포江戸川乱歩의 소설이 널리 인기를 얻은 것도 이때였다.[13] 가령 시기적으로는 조금 뒤에 발표된 것이긴 하지만, 단편 「눈먼 짐승」에는 아무것도 보이지 않는 칠흑의 방에서 유괴된 여성의 육체가 농락당하는 모습과 그 후의 엽기적인 살인 행각이 다음과 같이 요염하면서도 불길하게 그려진다.

방 전체가 부스스 꿈틀거리는 것처럼 보였다. 〔……〕 팔의 숲, 손목 발목으로 무성한 수풀, 넓적다리의 삼림이 일제히 마치 바람에 나부끼는 나뭇가지처럼 한들한들 흔들거리기 시작했다. 마루에 놓인 둥근 살덩어리들이 넘실대며 물결치기 시작했다. 거대한 코는 콧방울을 실룩거리며

냄새를 맡았고, 거대한 입은 이빨을 드러내고 신음소리를 냈으며 [……]
녀석의 촉각이 란코의 다리를 스쳤다. 뜨뜻미지근한 손바닥이 발목을
꽉 움켜쥐었다. [……] 벽에 번진 셀 수 없는 유방들은 홍조를 띤 고무풍
선처럼 부풀어 올랐으며, 수많은 젖꼭지는 따뜻한 젖을 뒹굴거리는 두
사람 위에 급류처럼 쏟아부었다.[14)]

그의 작품에서는 이유 없는 살인 충동, 성 충동에 이끌린 사람들이
신체적 무의식 앞에서 내면의 투명함을 붕괴시켜간다. 무한한 정신성과
의 연결을 잃어버린 의식은 육체적 쾌락의 암흑으로 침잠해가거나 자폐
적인 자의식 속에서 발광한다. 당시 사회는 다이쇼 데모크라시*의 진전
및 도시화의 진행과 함께 대중으로 명명된 사람들이 자본사회에 소비
자로 참가하는 한편, 농촌과의 격차 등 자본주의사회의 모순을 지적하
는 목소리도 더욱 높아지고 있었다.

이처럼 양극화하는 사회와 맞물려 정부는 문화 면에서도 역사 교과
서에 기기신화**를 역사적 사실로 집어넣고 신사 숭배를 국민에게 강요
하는 등 비합리적인 측면에서 천황제의 정통성을 주장해갔으며, 또한
동양사학자 쓰다 소키치津田左右吉가 이전까지의 기기를 역사적 사실로
보는 데 근거한 고고학과 역사학의 인종론에 학술적으로 재기 불능한
타격을 가하고 기기를 심리적인 허구로 규정한 것도 이와 동일한 다이

---

* '다이쇼 데모크라시'는 주로 1910~20년대(다이쇼 시대[1912~26]와 거의 겹치는 시기)에
  걸쳐 일본에서 전개된 민주주의·자유주의적 운동을 일컫는다. 하지만 '다이쇼 데모크라시'
  자체는 전후에 생겨난 단어이며, 여기에 내포된 의미나 시기 등도 각각의 논자에 따라 많은
  차이를 보인다. 이처럼 내용 자체에는 모호한 면이 많으나 일반적으로 보통선거 운동, 언론·
  집회·결사의 자유, 남녀차별 철폐 등의 운동 및 사조를 가리키는 경우가 많다.
** '기기신화記紀神話'는 일본 고대의 역사서인 『고지키』와 『니혼쇼키』에 담긴 신화를 가리킨
   다.

122

쇼 시대였다(『신대사神代史의 연구』『고지키 및 니혼쇼키의 연구』, 1924).[15] 다만 여기서 말하는 심리적 차원이란 신체나 신 같은 의식 바깥으로 열려가는 회로를 가지지 못한 채 개인의 합리적 명징성 안에 머무르고 있었다.

이러한 쓰다의 시도와 정부에 의한 천황제 신화의 비합리적인 강요가 동시에 존재하는 상황은, 다이쇼 시대의 내면을 둘러싼 담론이 더없이 위태로운 분열을 껴안은 채 해결의 실마리를 찾지 못한 상태에서 전개되었음을 알려준다. 이것은 계몽적 이성을 무시한 국가권력의 횡포라기보다는, 제지할 수 없는 담론 자체의 분극화 운동으로 이해해야 한다. 합리화가 진전하면 이와 정반대의 충동이 더불어 부풀어 오른다. 바로 당시에 유행했던 프로이트 심리학이 설파하던 충동, 합리적인 의식에 대한 불길한 것의 일탈 말이다. 이렇게 보면 메이지 시대 당시에 성립했던 내면이 내포하던 이질성은 두 극으로 분열했음을 알 수 있는데, 하나는 매우 합리적인 개인주의를, 또 하나는 병적인 형태로 비대해진 무의식을 잉태했다. 쓰다와 란포는 그 양극단의 담론을 대표한다고 할 수 있겠다.

합리화된 자아의식과 다스릴 수 없는 갈등. 이것은 또한 생철학이나 신칸트파의 철학 사이에 끼워져 있는 전체와 부분의 단절에 관한 모티프에서도 발견된다.[16] 그와 같은 위험 속에서 균형을 유지했던 베네데토 크로체Benedetto Croce의 저작 『역사의 이론과 역사』(1926년에 일본어 번역)를 일본에 소개한 하니 고로와 이를 높게 평가한 히라이즈미 기요시는 모두 도쿄제국대학 국사학연구실 출신의 학자들이었다.[17] 개별은 전체를 오롯이 파악하지 못한다는 신칸트파의 정언의 붕괴는 당연한 것처럼 여겨졌고, 다이쇼 시대의 막연한 불안에 잠겨 있던 내면을 만족시키고 떠받칠 수 있는 새로운 전체화의 담론이 요구되었다. 한편에서는 천황제에, 다른 한편에서는 마르크스주의에 뜨거운 관심이 모아졌다. 전자는 히라이즈미가, 후자는 하니가 더듬었던 길이다.

그러한 시대 속에서 쇼와 2년(1927)에 아쿠타가와 류노스케芥川龍之介는 "어렴풋한 불안"[18]이라는 말을 남기고 자살한다. 그의 죽음은 다이쇼라는 시대가 함의하는 분열 경향을 다이쇼 교양주의라는 자아의 합리적인 틀에 도저히 끼워 맞출 수 없게 되었음을 나타내는 사건이었다. 아쿠타가와의 죽음을 패배자의 문학으로 자리매김한 논문을 통해 고바야시 히데오를 누르고 인기 잡지인 『가이조改造』에서 일등상을 수상한 것은 마르크스주의자인 미야모토 겐지宮本顕治였다.[19]

2. 마르크스주의 역사학과 종교

러시아-마르크스주의의 대두

마르크스주의는 메이지 중기에 계급 대립이 격화하던 상황 속에서 기독교 사회주의와 손을 잡고 일본의 지식사회에 등장했다. 종교학을 낳은 자유신학에 근거하여 기독교의 일부가 진화론과 결부함으로써 현세주의적 입장에서 사회를 비판할 수 있게 된 것이다. 하지만 이러한 결합은 경제라는 하부구조를 규정적 요인으로 보는가, 아니면 마르크스주의자에게는 상부구조에 지나지 않는 이웃 사랑이나 신에 대한 신앙을 중시하는가에 따라 메이지 40년(1907) 무렵에 결별을 맞이하게 되었다. 뒤이어 마르크스주의자는 아나키즘과도 결별하고 러시아-마르크스주의의 볼셰비즘으로, 그러니까 전위 집단인 공산당이 지도권을 쥐고 사회주의혁명을 이루는 전략으로 전환한다.[20] 다만 기독교적인 것과 결별함으로써 성립한 러시아-마르크스주의는 반反종교를 부르짖으면서도, 내면적 절대성과 마르크스주의, 그리고 그 대표 기관인 공산당에 대한 절대적 충성을 주장하는 점에서는 천년왕국적인 요소를 내포하는 프로테스탄티즘의 흐름을 이어받는 것이었다.[21]

　　공산주의자들의 정신 상태를 관찰해보면 그들 자신도 일종의 종교를 가지고 있는 것처럼 보입니다. 그들이 그리는 공산사회는 그들에게는 일종의 천국입니다. 그래서 그 천국으로 뛰어오르기 위한 계급투쟁을 단숨에 이루어내고자 하고 이를 위해서라면 신명을 아끼지 않고 일신을 내던집니다만, 이와 같은 정열이 그 옛날 순교자가 자신의 신앙에 목숨을 바치는 것과 거의 같은 정신 상태를 보여주고 있음은 더 말할 필요가 없을 것입니다.[22]

　　종교학자인 아네자키 마사하루는 그들에게서 종교적 열광에 가까운 헌신을 발견하는데, 이는 결코 잘못된 견해가 아닐 것이다. 마르크스주의가 주창하는 하부구조 결정론 ── 경제구조가 인간 의식의 존재 형태를 결정한다 ── 은 다이쇼 교양주의에 의해 허물어진 자의식의 왜소함을 분쇄하고 그러한 합리성으로는 이해할 수 없는 인식의 전체상을 제공하는 진리로서, 즉 외부에 서서 다시금 내면을 메우는 것으로서 출현했다. 이는 왜소해진 자의식을 둘로 베어버리는 기독교적 신에 가까운데, 여기에는 두 가지 함정이 있었던 것으로 보인다. 하나는 절대적 외부로서 등장한 마르크스주의 담론 자체가 물상화되어 맹목적인 신앙의 대상이 될 위험성, 또 하나는 메이지 시대에 성립한 내면이 일찍이 지니고 있었던 이성과 신체로 통하는 두 가지 회로 가운데 신체로 열린 길이 끊어지고 말 위험성이었다. 당시에 러시아-마르크스주의가 아나키즘을 매장하는 형태로 등장한 것은 우연이 아니었다. 생生의 사상을 노래한 오스기 사카에大杉榮의 아나키즘에는 ──그 자유분방한 사생활에서도 알 수 있는 것처럼── 신체에 대한 긍정과 소비사회적 향락주의 및 무질서가 뒤섞여 있었다.[23]

좌우지간 러시아-마르크스주의의 그 절대성을 뽐내는 모습은 분열하는 내면에 허우적거리던 지식인들에게 어떤 구제의 가능성을 느끼게 했다. 즉 엥겔스와 레닌이 강조한 자연변증법은 자연과학에 뒤지지 않는 객관적 전체성을 회복할 진리로서, 그리고 신칸트파가 제시했던 인식의 한계성을 타파할 수 있는 것으로서 환영받았던 것이다. 나아가 전위적 지식인은 마르크스주의 이론을 체득한 이성에, 여기에 따라야 하는 프롤레타리아는 신체에 비유되어, 허위의식에 매몰된 인간의 내면은 외부의 절대적 진리를 통해 개종되어야만 하는 것으로 여겨졌다. 대중사회의 침투에 따라 형성된 국민 의식은 지식인에게 결합에 대한 욕구를 가져왔는데, 이는 구세대에 속하는 나쓰메 소세키나 모리 오가이森鷗外에게서는 보이지 않던 것이었다. 1920년대 중반을 풍미했던 후쿠모토 가즈오의 분리·결합론은 이론의 절대적 진리성을 순화시키고 신체에 의식을 결부시키려던 것으로도 해석할 수 있다. 여기서 절대화된 사상은 충전되어야 할 내면에게는 비판적 음미를 행할 여지가 없는, 간극이나 왜곡이 없는 외부성으로 나타난다. 많은 지식인이 코민테른에 그러한 외부성을 투영하고 어떤 오류도 없으리라 믿었던 것도 자연스러운 일이었다.[24]

이리하여 융성을 맞게 된 러시아-마르크스주의는 영국·프랑스의 계몽사상, 미국의 프로테스탄티즘, 독일의 낭만주의에 이어 일본이 서양에서 받아들인 새로운 사상의 하나가 되었다. 다만 종교라는 단어가 가톨릭, 러시아정교, 자유신학, 종교학 등 가지각색의 담론이 가진 다양성을 표현하듯이, 그러한 사상들은 서양의 내부에서 잉태된 이질성을 노정하고 있을 터였다. 그러나 실제로는 이와 같은 사상들에 포함된 이질성은 모두 통틀어 똑같은 서양 사상이라는 진화의 사다리 속으로 쑤셔 넣어졌고, 기껏해야 '칭송되어야 할 외부인 서양/극복되어야 할 내부인 일본'이라는 이원론 안으로 끌려들어갈 뿐이었다.

결국 이제 러시아–마르크스주의는 천황제에 굴복하는 모습을 보인 프로테스탄티즘을 대신할 절대적 초월성으로서 일본 지식인의 내면을 사로잡게 된다. 초월론적 비판 혹은 초월적 비판의 자세가 일단은 일본에서도 가능해진 것이다. 물론 이것 자체는 대단히 프로테스탄티즘적인 발상이다. 그리고 여기서 주의해두고 싶은 것은 오늘날 일본의 마르크스주의는 역사학과 가장 가까운 인상을 주지만, 1920년대 여명기의 러시아–마르크스주의는 종교 비판과 문학운동에 관계하는 가운데 일본에 뿌리를 내렸다는 점이다. 역사적 담론이 공적인 기억을 다루는 것이라면, 일본의 러시아–마르크스주의는 문학과 종교라는 내적 영역에 관여하는 담론 속에서 시작했던 것이다.

러시아–마르크스주의와 문학·종교

잘 알려져 있듯이 러시아–마르크스주의와 문학의 관계는 1920년대에 프롤레타리아 문학운동의 형태로 나타나는데, 국민이라 호명된 사람들의 의식을 프롤레타리아로 재구성할 것을 목적으로 시작되었다. 이는 가령 고바야시 다키지小林多喜二의 『게잡이 공선』[25]에서 보이는 것처럼 노동쟁의로 나아갈 프롤레타리아 의식을 주입하는 것이었는데, 여기에 역사적 지향성을 환기할 필요성은 아직 감지되지 않았다. 다른 한편 종교에 대해서는 '종교는 아편이다'라는 마르크스의 언명에 입각한 반反종교투쟁이 전개되었다.

이제 혁명을 꾀하던 러시아-마르크스주의자가 우선 문학과 종교를 통해 신자를 허물어뜨리고 프롤레타리아 의식을 주입하여 인민의 내면 영역을 수중에 넣으려 했던 점이 이해가 갈 것이다. 반종교론의 단서는 코민테른의 27년테제*와 거의 같은 시기에 간행된 사노 마나부佐野学의 『마르크스주의와 무신론』[26]에서 찾을 수 있는데, 이에 대해 종교가와 종교학자 측은 "국체를 배반하는 결사운동의 절멸"[27]이라는 격렬한 반박의 표명으로 반응했다. 그 후 1930년대에는 핫토리 시소와 미키 기요시, 그리고 가와우치 다다히코川內唯彦 등이 참가한 종교 논쟁이 마르크스주의 진영의 내부에서, 나아가 종교학자들과의 사이에서 전개되고(『마르크시즘과 종교』),[28] 미키의 탈퇴와 핫토리의 침묵이라는 결말을 거쳐, 1931년에 코민테른의 지도하에 전투적 무신론자 동맹이 결성되기에 이른다.[29] 같은 해에 간행된 『반종교투쟁의 깃발 아래』[30]에 명시되어 있는 것처럼, 이는 세계관의 문제인 동시에 신자들을 프롤레타리아에 편입시키고 사회주의혁명으로 이끌려는 실천적 문제로서 제기되었다. 그중에서도 적으로 간주되던 종교가 프로테스탄티즘에 가장 가까운 초월적 성질을 지닌다고 여겨지던 정토진종이었다는 점은 시사하는

---

* '27년테제'는 1927년 소련의 코민테른이 결정한 일본 문제에 관한 테제의 약칭으로서, 부하린이 고안했다고 알려져 있다. 일본을 반半봉건국가로 규정했으며 부르주아혁명이 요구되었는데, 이로 인해 이전까지 일본공산당의 중추적 역할을 담당했던 후쿠모토 가즈오는 그 영향력을 상실하기에 이른다.

바가 적지 않다. 마르크스주의자들은 가장 신앙심이 깊은 종교가들의 진영에서 프롤레타리아를 획득하고 그 역사적 블록을 통하여 국가신도와 투쟁을 펼치고자 했던 것이다. 마찬가지로 프롤레타리아 문학 역시 내적 자연으로서의 본능을 긍정하는 자연주의 소설과의 대결을 통해 사람들의 내면을 러시아-마르크스주의라는 절대성 아래 재편하려는 시도를 보여준다.

이러한 시도들은 재편당하는 측의 사람들에게는 말 그대로 비약과 다름없었다. 전위가 절대적 진리의 수행자이고 프롤레타리아가 그 진리에 잠겨야만 하는 신체로 판단되는 한, 인민은 지금까지의 허위의식에 가득 찬 자기의 정체성을 포기하고 새로운 절대적 권위 아래에서 입을 굳게 다문 채 그저 복종만을 해야 했다. 두말할 필요도 없겠지만 코민테른이나 일본공산당의 권위를 의심하는 자는 이단이었다. 입당하는 사람을 당이 결정한다는 논리 또한 은총 사상에 한없이 가까웠다. 여기에서 기독교적 논리를 발견하기란 그다지 어렵지 않다. 그런데 이와 같은 불균등한 이원론을 전제로 전면적인 개종이냐 아니냐를 강요하는 국면에 접어들면, 러시아-마르크스주의는 자칫 한발만 잘못 내딛으면 일거에 고스란히 붕괴되어버릴 위험에 처하지 않을 수가 없었다. 고바야시 히데오와 미키 기요시는 당시에 이미 이 점을 꿰뚫어보고 있었다. 고바야시는 다음과 같이 지적한다.

사상이 작가마다의 독특한 해석을 용납하지 않는 절대적인 양상을 띠고 있을 때, 실은 이것이야말로 사회화된 사상의 본래 모습인데, 새로운 작가들은 그 참신한 모습에 취하지 않을 수 없었다. 이때만큼 작가들이 사상에 의지하고 이론을 믿으며 창작하려고 애쓴 적도 없었는데, 또한

이때만큼 작가들이 자기 육체를 무시한 적도 없었다.[31]

　당시 고바야시는 대립 관계에 있던 프롤레타리아 문학과 자연주의 문학 쌍방을 논적으로 삼는 입장을 취하고 있었다. 그가 보기에 자연주의 소설은 사람들을 개인의 육체적 정동에 몰입시키고 마르크스주의는 사상의 절대성에 매몰시키기 때문에, 양자 모두 개개의 내면에 깃들어 있는 불가사의함, 고유성과 대치하는 것을 방해하고 있었다. 특히 마르크스주의 지식인들에게 나타나는 개인 육체의 말소와 획일적인 사상에의 몰입은 오히려 마르크스주의라는 사상과의 대결을 회피하게 하며, 내면이라는 "방약무인한 괴물"[32]로부터도 눈을 돌리게 만든다고 보았다. 그들은 자신을 민중에 주입해야 할 의식의 체현자로 상정하는데, 이로 인해 마르크스주의 이론과 자신 사이에 놓여 있는 간격을 뛰어넘었다는 착각에 빠지게 되었고 신체의 외부에 우뚝 서 있는 이론에 동화되기에 이르렀다. 게다가 그 이론이란—일찍이 다이쇼 교양주의를 이끌던 사람들과 마찬가지로—인식 불능의 무한한 것에 열려가기는커녕 자신의 명증성 내부에 갇혀 있었다. 아니, 오히려 다이쇼 시대의 폭주하는 신체적 무의식과 왜소해진 자의식의 틈새에서 내면의 불안을 느끼고 있었고, 그래서 그와 같은 명증성의 외관을 칭송하는 사상에 실로 종교적 정열을 가지고 뛰어들었던 것이라고 해야 할까? 이때 개종되어야 할 신체로 상정되었던 프롤레타리아의 존재는 지식인의 불안감을 봉하고 스스로의 우월성을 철석같이 믿게 만드는 역할을 담당했다. 사상의 외부성이란 그렇게 쉽게 칭송할 만한 것일까?
　이와 비슷한 문제를 미키 기요시는 종교와 마르크스주의의 투쟁에서 지적한다. 미키는 독일 철학과 니시다 기타로西田幾多郎의 철학, 그리고 마르크스주의를 실존적 불안감을 바탕으로 결부시키는 새로운 마르크스주의 철학의 기수로 이름을 날리고 있었다. 미키가 "종교는 저 존재의 전체에 관계한다"[33]는 규정을 통해 문제시하려 한 것은 마르크스주의의 실천적 사상처럼 인간 존재를 모두 계급투쟁으로 환원시키는 것은 너무 단순하며, 그렇게 간단히 획일화할 수 없는 불확실하고 고유한 영역이 인간의 내면에 존재하는 것은 아닌가라는 점이었다. 그러한 고유함을 고바야시가 "숙명"[34]이라 불렀다면 미키는 "종교"라 이름 지었다. 여기서 미키가 어떠한 종교를 염두에 두고 있었던가는 확실치 않다. 그러나 우리는 종교의 실체적인 정의에 구애받기보다는 이를 통해서 미키가 말하고자 한 것이 무엇인지에, 그러니까 이 단어가 도달하는 곳에서 나타날 의미에 집중해야 한다.

소위 계급투쟁이나 하부구조로는 해소하지 못할 독자적인 영역을 종교라 이름 붙인 미키는, 다른 한편으로 자본주의가 막다른 길에 내몰린 당시의 상황에서는 그러한 영역이 인간의 소외 상태를 반영한 일그러진 모습으로 존재하며, 거기서 바로 종교적 차원을 포함한 계급투쟁이 필요해질 것이라 보았다. 그런데 이러한 견해는 자연변증법론자이며 하부구조 반영론·무신론의 입장에 서는 핫토리 시소 등에게 격심한 비판을 받았고, "유물론이라 하더라도 [……] 사회적 구조의 역사적 특수성에 의존한다"[35]며 마르크스주의를 비롯한 모든 사상의 절대화를 거부하는 미키의 주장은 배척되었다.

그리하여 마르크스주의자가 반종교·문학론을 통해 살펴보고자 한 내면은 명쾌하고 절대적인 진리인 양 외부에 준엄하게 서 있는 러시아-마르크스주의에 의해 충전되어야 하는 종속적인 위치로 굴러 떨어졌다. 서구 마르크스주의의 깊은 영향을 받았으며 레닌이나 엥겔스의 권위에 대해 비판적이었던 미키가 프롤레타리아 연구소에서 추방된 사건은, 일본의 마르크스주의가 코민테른의 지도하에 러시아-마르크스주의를 절대적 진리로 추앙하는 사상적 태도와 표리일체를 이루는 것이었다. 그들은 자신이 떠받드는 사상이 러시아를 경유한 마르크스주의의 한 형태에 불과하다는 사실을 잊은 채, 레닌과 스탈린의 마르크스주의라는 유일한 진리가 자신을 비추고 있다고 생각했다. 이제 마르크스주의가 논하는 내면은 계급투쟁의 절대적 진리 아래에서 동질화되어야만 하는 것으로 전락했다. 종교라는 단어를 통해 미키가 드러내려 했던 내면의 모호함과 예측의 어려움은 잊혀갔다.

현실의 모호함을 비판하고 거기에 빛을 비추어야 했던 마르크스주의의 초월적 비판력이 도리어 다양한 목소리가 분출되는 장소였던 내면을 억압해가기에 이른 것이다. 그들 최대의 대결 목표였던 천황제가 이와 동일하게 강경해져간 것에 마치 보조를 맞추듯이 말이다. 이는 멀지 않은 미래에 전향의 이름으로 정신에 대한 육체의, 이론에 대한 일상의, 서양에 대한 일본의 굴복이라는 전복을 초래하게 된다. 물론 이것은 당대의 마르크스주의자들을 힐난하면 그걸로 충분한 문제가 아니며, 그와 같은 형태로 사상과의 관계를 빚어낼 수밖에 없었던 당시 사회의 담론 배치가 앞에서 본 것처럼 메이지 시대부터 이어져온 것이라는 점에 주의를 기울일 필요가 있다.

그런데 이와 같은 사태에 마주한 마르크스주의가 종교를 배제하고 일상적 신체성을 간과하리라는 점을 예측한 것은 반종교투쟁의 표적이 되었던 종교학자들이었다. 당시의 일본 종교학은 1세대인 아네자키 마사하루에서 2세대인 우노 엔쿠宇野円空, 후루노 기요토古野清人 등으로 학문의 중심이 옮겨가고 있었으며, 그 내용 또한 독일 낭만주의 철학의 영

향에서 인류학과 사회학을 축으로 하는 종교민족학으로 이행하는 중이었다.[36]

미키가 물러난 이후 러시아-마르크스주의자와 종교학자가 상호 대립하며 전개한 논쟁에서 마르크스주의자가 비판하는 종교 개념이란 고전적 기독교의 영향을 받은 구시대적인 종교 진화론에 불과하며, 그러한 비판은 기독교 내부, 특히 프로테스탄티즘에 대해서만 타당성을 지닌다는 점, 게다가 마르크스주의의 반종교론적 발상 자체가 결국엔 그 모태가 된 기독교 문화권 내에 그치는 것이며 일본 사회에서는 유효하지 않다는 점이 분명해졌다. 우노나 후루노의 종교학은 말리노프스키 Bronisław K. Malinowski의 인류학과 뒤르켐의 사회학에 근거하여 종교의 집단적 성질과 일상에 보이는 의례 행위의 중요성에 착목하는데, 개인주의와 합리주의에 대한 근대 비판적 색채를 짙게 띠고 있었다. 그리하여 그들은 근대적 세계의 바깥, 마르크스주의자가 상정하는 기독교적 세계관의 바깥에 있는 농촌 등 일본 사회의 심부를 시야에 넣을 수 있었다.[37]

이 장의 주제인 인간의 내면에 입각하여 말하자면, 우노 등이 전개한 종교학은 내면을 애매모호하며 비非관념적인 신체와 근본적으로 닮아 있는 장소로 새롭게 파악하고자 하는데, 이는 관념론적 철학에 뿌리를 두고 있던 아네자키 마사하루의 종교학에 대한 반정립이기도 했다. 마르크스주의자와 종교학자 들의 논의가 결렬되고 만 것은 당연하다고도 할 수 있는데, 이러한 종교민족학의 담론은 정신과 신체의 양극화, 다이쇼 무렵부터 계속되어온 도시와 농촌, 의식과 무의식의 이분법에 더욱더 박차를 가하게 되었다. 여기서 잊어서는 안 되는 것이 종교학자가 이러한 양극화 경향에 충분한 주의를 기울였는가 하면 그렇지도 않다는 사실이다. 그들 역시 자신이 다루는 이론으로 일상의 종교 세계를 보충할 수 있다고 믿어 의심치 않았으며, 그들의 담론도 어디까지나 이론 차원에서만 존재하는 것이었음에도 불구하고 일상이나 신체를 논하면서 그것이 보편적 진리 욕구를 담은 이론이 될 수 없다는 점에 대해서는 어떠한 자각도 가지지 못했다. 그들 또한 1920년대에 신칸트파가 제기한 '인식의 국소성'이라는 족쇄를 간단하게 벗을 수 있으리라 믿고 있었다.

자신의 담론에 새겨져 있는 전체화의 욕구를 의식하지 못하면 이번에는 담론화된 신체가 내면을 은폐하게 된다. 앞서 본 프롤레타리아 문학자에 대한 고바야시 히데오의 표현을 빌리자면, "절대적인 모습"을 띤 사상에 어떻게 대처해야 하는가라는 문제에 각자가 나름대로 대응했지만, 결국 그들은 모두 이러한 곤경에서 벗어나지 못했던 것이다. 언어는 비록 일상과 이론이 아무리 절대적이라 하더라도 그 반영에 머무르지 말고 그것을 어그러뜨리는 위상을 보유해야만 할 터이다. 러시아-마르크스주의 역시 언어의 바깥에 있는 절대적 권위에 종속하고 말았다는 점에서는 자연주의 문학과 조금도 다르지 않았다. 고바야시는 이어서 다음과 같이 논한다.

지식계급의 작가들은 문학 속으로 돌연 침입해 들어온 사상이란 것을 다루는 데 있어서 당혹감을 느꼈다. [……] 마르크스 사상으로 인해 현실을 바라볼 수 있게 되었으나, 그 사상에 홀린 청년들이 연출한 자세와 태도의 적나라함이 — 자신에 관해서건 타인에 관해서건 — 진정 작가의 심안에 비치기 위해서는 아직 시간이 더 필요했다.[38]

실제로 종교민족학을 떠받들던 종교학자들은 1930년대 말이 되면 국민이 일상생활의 바탕에서 종교적인 열정을 가지고 국체에 봉사한다는 일본 정신론에 흡수되고 만다. 1938년에 우노가 니시혼간지* 계열의 출판사에서 펴낸 『전환기의 종교』에는 아래와 같은 구절이 등장한다.

오늘날 국체라 하여 일본 정신이 강조되고 있는바, 일본인의 공사의 생활은 우리 조상들이 가지고 있던 깊은 신앙, 신기神祇에 대한 깊은 감사의 마음을 근본으로 영위되어야만 한다. [……] 이는 동시에 일상의 개인적 생활에서 관청과 공공의 시정운동에 이르기까지 전면적으로 행해지지 않으면 안 된다. 그렇게 되어야 비로소 단순한 축제나 의식이 아닌 진정한 생활로서의 신불에 대한 봉사가 철저하게 이루어질 것이다.[39]

일찍이 그들이 행했던 근대 비판은 일상이라는 획일화된 새로운 외양의 담론에 회수되었고, 고바야시가 제기했던 초월적 절대성과의 거리 두기, 미키가 논했던 내적 불안으로서의 종교와 대면하기 등의 과제는 잊혀갔다. 우노 등이 제시한 내면이 일상성이라는 담론 밑에서 국가권력에 의해 채워져가는 모습을 보면서, 우리는 자연스레 비서양적 전통 종교로 제도화되어간 당시 국가신도의 모습, 혹은 토착적인 것으로 회귀해간 러시아-마르크스주의자의 전향을 떠올리게 된다.

1930년대 중반에는 종교 논쟁과 반종교투쟁이 모두 자취를 감추고 도시 지식인들 사이에서는 도모마쓰 엔타이友松円諦 등의 종교 부흥 붐이, 민중 사이에서는 유사 종교가 유행한다.[40] 쓰루후지 이쿠타鶴藤幾太

---

* '니시혼간지西本願寺'는 교토에 있는 정토진종 최대의 사찰이다.

등에 의해 신종교* 연구가 처음으로 착수된 것도 바로 이 무렵이었다.[41] 자본주의는 교착상태에 빠져갔고, 사람들의 불안은 지식층이건 서민층이건 — 전자는 관념을 통해서, 후자는 집단적 신체성을 통해서 — 모두 종교로 흘러들어갔다. 그리고 급기야는 신종교와 기성 불교는 물론 종교계 전체가 일본주의에 빠져들게 된다. 메울 수 없는 내면의 불안을 마치 일본주의라는 담론으로 잠재우기라도 하려는 듯이.

러시아–마르크스주의와 역사

절대적인 것으로 여겨진 사상이 일본에 침투하지 못하자, 이번에는 그에 동화되어 있던 지식인들이 현실에 대한 패배라는 앙갚음을 당하게 되었다. 바로 이 지점에서 일본적인 것이 보편성으로 무장한 사상의 절대성을 막아내는 방패로 등장했다. 그리하여 과거에 부상했던 문제, 곧 도시와 농촌의 격차, 자본주의사회가 다다른 궁지라는 문제가 일본 또는 아시아의 특수성이라는 '정신/신체' '서양/일본'의 이항 대립을 뒤집어놓은 형태로 다시금 그 모습을 드러내게 되었다. 마르크스주의 역사학이 아시아적 생산양식을 아시아적 정체성停滯性론으로, 자본주의를 봉건적 특질의 잔존으로 논한 것은 우연이 아니다.[42] 스스로를 정신에 비유한 지식인들이 신체로 여겨진 일본 사회로부터 복수를 당한 것이다. 물론 복수는 인민에 의한 것이 아니라 지식인들이 자의식 속에서 스스로에게 부여한 곤경이기도 했다. 이렇게 공산당의 괴멸과 거의 같은 시기에 — 절대적 외부였던 당의 권위가 사라진 공간에서 — 마르크

---

* '신종교'는 막부 말기에서 근대 초기에 걸쳐 등장한 새로운 종교들을 총칭하는 단어로서, 일본의 민중종교는 대부분 여기에 포함된다. 참고로 신종교는 종교학에서, 민중종교는 역사학에서 주로 사용하는 용어다.

스주의 역사 연구가 본격적으로 시작되었다.

지금까지 마르크스주의 역사학은 1927년 무렵의 노로 에이타로와 핫토리 시소의 근대사 연구를 그 출발점으로 삼는다고 이야기되어왔다. 하지만 노로는 경제학, 핫토리는 사회학 출신이었고, 1932년부터 이듬해에 걸쳐 출판된 『일본 자본주의 발달사 강좌』[43]로 결실을 맺는 이들의 연구는, 책의 중요 집필자가 하니 고로를 빼면 히라노 요시타로와 야마다 모리타로山田盛太郎 같은 도쿄제국대학의 경제학부 교수였다는 점에서 알 수 있듯이 자본주의 정치경제 분석에 중점을 두고 있었다. 그들과 논쟁을 펼쳤던 노농파조차 도쿄제국대학 경제학부를 거점으로 삼고 있었으며, 하니 또한 일반적인 역사학자라기보다는 ─ 미키와 마찬가지로 ─ 서구 마르크스주의에 정통한 별난 역사학자였다.

그러나 이 단계에서도 이미 일본 자본주의의 봉건적 정체성, 다시 말해 마르크스주의의 이론적 구조에 취합되지 않는 특질이 논의되고 있었으며, 도시와 농촌의 격차 및 농촌이 가진 봉건적 성질이 문제시되고 있었다.[44] 이는 1932년 무렵의 종교 논쟁에서 반종교투쟁 운동이 전개되던 시기와 대체로 중첩되는데, 당시는 일본공산당의 혁명 전략이 일본의 봉건적 성질을 명확한 주제로 내세우던 시기에 해당한다. 반종교론에 속하는 미키·핫토리 논쟁과 종교학과의 논쟁이 모두 32년테제 이전에 벌어졌던 것으로 계몽적 색채를 강하게 띠는 데 반해, 자본주의 논쟁은 32년테제와 겹치며 전개되었기 때문에 정체성으로 표명된 것을 어떻게 이해할 것인가의 문제에 많은 노력이 할애되었다. 다만 여기서 발견된 일본적인 정체성은 서양에 비해 후진적인 것으로만 파악될 따름이었다. 일본의 고유성이란 보편적인 것으로 상정된 서양과의 비교를 통해 성립한 특수성과 다름없었는데, 이는 러시아-마르크스주의가 지닌 서양 근대주의적인 특질을 잘 보여주는 것이기도 했다.

이렇게 정치경제적인 자본주의 분석의 형태로 일본의 정체성을 논하던 러시아-마르크스주의가 본격적으로 역사 연구의 분야에 발을 들여놓은 것은 1933년 전향의 시기, 즉 일본적인 것을 새롭게 고찰해야만 했던 시기였다. 그것은 앞에서 보았듯이 종교와 문학의 영역을 통해 절대적 초월성으로서 자기를 확립했던 러시아-마르크스주의가 현실의 일본인 앞에서 논리의 무력함을 통감하고 패퇴해간 시기이기도 했다. 이미 우노 엔쿠가 지적한 바 있듯이 지나치게 기독교적으로 도식화된 추상성 탓에 일본의 러시아-마르크스주의는 사람들의 내면 획득에 실패했고, 자신의 내부에 잠재된 비서양적인 것에 대한 전율은 격심해지는 관헌의 탄압과 더불어 그들 대부분을 일본주의로 돌려놓았다.

처음부터 일본적인 것이 실재하지는 않는다. 그들의 비대하게 서양화한 주체 형성에 회수되지 못한 이름 없는 영역이 그 자신의 음화로서 손쉽게 일본적인 것으로 반전되고 상상되었던 것이다. 서양과 일본, 이론과 신체, 도시와 농촌 등은 평행한 위치에 놓이고, 좌절된 반종교투쟁 대신에 먼저 경제 분석이 일본적인 것의 비밀을 파헤치는 도구가 되었다. 뒤이어 1934년 말부터 와타나베 요시미치는 유물론연구회의 동료들을 모집하여 고대 노예제 연구에 주안을 둔 연구회를 발족하고, 그 성과를 1936년에서 이듬해에 걸쳐『일본 역사 교정』[45]으로 세상에 선보인다. 와타나베의 회고에도 나와 있듯이 이 책은 근대의 자본주의 분석과 같은 사회구성체 분석에 더하여 국체의 기원을 해명하는 역사적 지향성의 문제를 파고들었다는 점에서,[46] 종래의 마르크스주의적 연구에서는 그 예를 보기 힘든 것이었다.

참고로『일본 자본주의 발달사 강좌』와『일본 역사 교정』은 마르크스와 엥겔스의 연구에서 나타나는 두 경향, 곧 『자본론』의 경제 분석과 『가족, 사유재산 및 국가의 기원』의 사적유물론이 지닌 기원적 지향성을 각각 강조하고 있었다.[47] 전자가 본래성을 가장한 채 현현하는 역사 현상을 역사적으로 해체한다면, 후자는 도리어 역사적 본래성의 논리 — 여기서의 주제와 관련시켜 말하자면 천황제의 연원보다도 본래적인 '우리' — 에, 즉 일본 민족의 기원을 복원하려는 논리에 연결되는 것이었다. 이 본래성에 대한 지향이 마르크스주의와 역사학을 결부시킴으로써 마르크스주의 역사학이 성립할 수 있었다. 물론 역사라는 담론은 그 용례가 시사하는 것처럼 절단과 연속성, 갱신과 기원의 쌍방을 포함하는 양가적 장소다. 와타나베 등은 기원적 지향성을 주무르는 작업을 통해 천황제가 주장하는 역사적 본래성이라는 근거를 절단하고자 한 것이다.

이는 서양적인 초월성에 좌절하는 가운데 비서양적인 것을 일본적 토착성이라 이름 짓고 거기에 몰입해간 사람들이 내포한 양가성이기도 했다. 와타나베에게 아시아적 생산양식이란 더 이상 정체성론이 아니라 서양으로 환원되지 않는 일본의 고유성에 관한 문제로 거듭나게 되었다. 공산당의 소멸과 그에 따른 코민테른으로부터의 해방, 그리고 전쟁에 의해 일종의 쇄국 상태에 놓여 있던 일본 사회에서는 이미 서양에 지도되어야 할 후진국이라는 발상 자체가 불필요한 것이 되어 있었다. 하시우라 야스오橋浦泰雄, 이시다 에이이치로石田英一郎 등 많은 옛 러시아-마르크스주의자들이 야나기타 구니오의 문을 두드린 것도 바로 이 시기였다.[48] 야나기타 또한 당시를 기점으로 자신의 학문을 민족학에서 떼어내고 상민을 위한 '민속학'을 본격적으로 제창하기에 이르렀다.[49]

일본적인 것과 대면하면서 마르크스주의는 천황제와 동일한 논리,

그러니까 역사적 본래성에 의거하는 것으로서 사람들의 내면을 충전하려 했다. 당연히 여기에 본래적 민족이라는 관념이 미끄러져 들어오기란 어려운 일이 아니었다. 천황제 국가와의 차이는 그 본래적인 어떤 것을 천황제에서 찾느냐 아니면 다른 종류의 원시 공동체를 그려보느냐에 불과했고 — 지배하는 진영의 논리를 환골탈태시킨다는 의미에서는 탈구축적으로 보일 수도 있겠지만 — 이처럼 기원적 논리의 내부에 마르크스주의자 자신이 갇혀 있는 이상, 천황제라는 일본에서 가장 오래된 역사적 유서를 지닌 존재에게 결국 패배하고 말 위험성 또한 대단히 높았던 것이다.

다이쇼 시대에서 쇼와 시대[1926~89] 초기에 걸쳐 양극화했던 정신과 신체, 이론과 일상, 도시와 농촌이라는 문제군은 서양과 일본이라는 대립항이 가한 박차에 의해 결국 후자의 압도적인 우위 속에서 — 전자가 결국은 스스로 만들어낸 자의식에 불과한 탓에 — 대립항 그 자체가 붕괴하고 전자는 후자로 흡수되어갔다. 물론 신체·일상·농촌처럼 본래성을 덧입고 있는 단어 또한 날것 그대로의 현실은 아니며, 본래성이라는 단어에 물든 역사적인 것에 불과했다. 이러한 담론에 내면을 점거당한 쪽은 민중이라 불리는 일반 사람들이 아니라 스스로 붕괴하는 담론에 채여 넘어졌던 지식인들이었다.

3. 일본 종교사의 성립

일본 종교사의 틀

마르크스주의가 일본의 역사에 눈길을 줄 수밖에 없게 된 시기에,

그 역사를 매개로 일찍이 반목하던 마르크스주의와 종교가 결합하게 되었다. 그리고 일본 종교사라는 담론이 엥겔스식 사적유물론을 토대로 등장하는데, 아키자와 슈지秋沢修二와 나가타 히로시永田広志가 1935년에 간행한 『현대 종교 비판 강화現代宗教批判講話』를 그 대표적 작품으로 꼽을 수 있다. 집필자인 아키자와와 나가타는 한때 반종교투쟁의 중심 인물로 활동했으며 유물론연구회의 회원이기도 했다. 특히 책의 주요 부분을 집필한 아키자와는 당시 종래의 반종교론이 지닌 약점을 극복하기 위해 와타나베와 함께 일본 고대에 관한 연구를 한창 추진하는 중이었다. 공산당이 궤멸한 후 유물론연구회는 학술적인 연구 단체에 머무른다는 조건하에 초겨울의 따뜻한 날이라 불리던 1930년대 중반의 경제 상황 속에서,[50] 와타나베 요시미치나 핫토리 시소 혹은 나중에 다룰 사키 아키오佐木秋夫와 후나야마 신이치船山信一 등에게 — 자연변증법적 유물사관의 세계관을 공유하는 — 교류 장소를 제공하고 있었다.

우선 아키자와 등의 작품을 논하기 전에 일본 종교사의 구조가 어떻게 성립했는지에 대해 간단히 살펴보자. 메이지 39년(1907), 아네자키 마사하루는 사비로 출판한 영어책자 *The Religious History of Japan, an Outline*(『일본 종교사 개설』)을 지니고 세계 유람에 나섰다. 이 책은 — 실제 성립의 문제는 차치하고라도 — 일본 종교사라는 명칭에 어울릴 만한 실체를 구체적으로 기술한 최초의 학술적 시도였다. 흥미로운 점은 이 책이 서양 독자를 상정하여 영문으로 쓰였다는 것인데, 오카쿠라 덴신岡倉天心의 일본 미술사나 니토베 이나조新渡戸稲造의 무사도처럼 일본 종교사라는 표상 역시 서양 세계를 의식하여 만들어졌음을 여기서 엿볼 수 있다. 이 책에서 아네자키는 주로 불교, 신도, 기독교, 유교의 네 종교가 혼합하는 와중에 기왕에 존재하던 일본다움이 발전해가는 도정을 묘사한다.

> 일본 종교사의 재미있는 점은 종종 잡다한 외국의 영향을 받으면서도
> 이를 국민정신에 동화시키고, 그러한 교섭에서 다양한 결과를 가져오는
> 측면에 있다.[51]

역시 여기에서도 일본다움이 일본 종교사의 역사 서술을 성립케 하는 기본 요인을 이룬다. 여기에 '종교'사라는 이름이 새겨져 있는 한, 불교나 기독교 혹은 유교처럼 교조와 경전 같은 서양적인 종교 개념으로 파악할 수 있는 것만이 기술의 중심을 이루어야만 했다. 나아가 동시에 '일본' 종교사의 틀에 부합되어야 할 필요가 있는 이상 이들 종교를 포섭하는 토양인 일본적 종교가 상정되어야만 하고, 이에 따라 신도가 일본다운 토착종교로 등장한다. 서양적 종교 개념에 어울리지 않는 민간신앙이 여기에 채택되는 일은 없었으며, 오직 프로테스탄티즘적인 믿음 belief 중심주의만이 종교의 전제가 될 수 있었다. 이러한 가치 평가가 다이쇼 시대에 우노 엔쿠 등에게 비판받았던 사실은 잘 알려져 있다.

이와 같은 일본 종교사의 담론이 등장한 것은 메이지 40년경인데, 메이지 20년 무렵에 종교 개념, 그리고 메이지 30년 무렵에 종교학이 성립한 것에 비교해보면 시기적으로 꽤 늦은 등장이었다는 점을 알 수 있다. 이러한 지연은 종교와 일본이라는 민족적 담론의 접합의 어려움, 즉 기독교, 불교, 신도 등의 각 종교를 네이션의 틀 속에 집어넣기가 얼마나 어려웠던가를 말해주는 것이리라. 정확히 이와 같은 시기에 내무성이 지휘한 삼교회동*이 열리고 여러 종교가 국체에 협력한다는 성명을 발표한다.[52] 이처럼 국가권력과 종교가 서로에게 접근해가는 상황에 대

해 종교의 자유의 이념에 반한다는 격렬한 비판이 일어난다. 바로 이러한 시기에 그와 같은 운동의 제창자이기도 했던 아네자키가 일본 종교사의 토대를 만든다. 이때 커다란 역할을 한 것이 여러 종교를 각각의 범주를 넘어 일본 사회에 동화시키는 일본다움이라는 특수하고 선험적인 장소의 상정이었다.

아네자키의 종교학에 여실히 드러나듯이, 이 장소는 일본이라는 세속 사회가 종교와 대립하기는커녕 도리어 종교를 적극적으로 내포한다는 신념하에 처음으로 서술될 수 있었다. 그의 종교학은 세속 사회의 중핵에 종교를 고정시키는 담론을 제공하면서도 죄의 개념과 상통하는 현세 비판을 결여하고 있었기 때문에, 종교가 사회에 내속하면서도 사회와의 갈등을 겪지 않는 정태적이고 초월적인 것으로 자리매김하게 되었다. 여기에 모순이 없다면 사회와 종교의 관계가 시간적 변화를 겪을 일도 없다. 따라서 아네자키가 묘사하는 일본 종교사에는 기복이 거의 드러나지 않으며, 그래서 오히려 많은 사람들을 매료시키는 일도 없었다. 일본 국내의 종교학자 가운데 이런 시도를 체계적으로 계승하려는 사람은 그 후로 당분간은 등장하지 않았다.

마르크스주의 역사학과 종교의 결합
이와 같은 앞선 시도의 성과와 과제에 입각하여 일본 종교사의 틀을 일거에 성립시키고자 한 것이 1935년 아키자와와 나가타의 『현대 종교 비판 강화』였다. 아키자와 스스로가 "먼저 종교의 기원과 그 역사적 발

---

* '삼교회동三教会同'은 1912년 일본 정부가 신도, 불교, 기독교의 대표자들을 모아 개최했던 회의로서, 여러 종교들에게 국민 교화의 목적에 봉사할 것을 요구했다.

전 과정(특히 일본에서)에 관한 유물사관적 연구를 통해 종교 그 자체의 '본질'을 과학적으로 규명하는 것, 다음으로 현대 일본에서 보이는 여러 가지 형태의 '종교'의 이론적 기초에 대한 유물론적 비판"[53]이라 요약하는 것처럼, 이 저작은 무신론의 입장에서 반종교투쟁을 이어받고 있었다. 그렇지만 그는 반종교투쟁에 대한 비판으로서 일본공산당에 대한 과도한 정치적 종속, 서양적인 정교분리관에 빠져서 종교가들과의 연대를 소홀히 하는 점, 아편적 관념론에만 외곬으로 집착하여 각 종교의 특수성과 역사적 조건에 대한 분석이 빠져 있는 점 등을 일찍이 지적한 적이 있는 데서 알 수 있듯이,[54] 무신론의 관점을 취하면서도 종교 사상과 그 운동을 다시 한 번 꼼꼼히 바라보려는 자세를 가지고 있었다. 일본 종교사의 체계적인 서술은 주로 2장과 3장을 중심으로 전개되고 있다. 다음은 그 목차다.

제2장 일본에서 종교의 발달—메이지유신까지
　　일본의 원시종교, 씨족종교/국가적 민족종교의 성립/불교의 전래와 민족종교의 동요/나라 시대의 불교/헤이안 시대의 종교/무가정치의 확립과 신흥 제 종교/잇코잇키*/기독교의 도래와 보급/도쿠가와 시대의 제 종교
제3장 현대 일본 종교의 제 형태와 그 역할
　　일본 자본주의와 종교/부르주아 무신론/현대의 신도/현대의 불교/현대의 기독교

---

* '잇코잇키—向一揆'는 농민의 무장 반란과 투쟁을 의미하며, 특히 불교의 일파인 잇코슈—向宗가 일으킨 반란을 총칭한다.

서술에 관해서는 두 가지 특징을 지적할 수 있다. 하나는 잇코잇키에 대해 "농민전쟁 자체는 다분히 종교적 색채를 띠고 있었다"[55]고 평가하는 것처럼, 계급투쟁은 과거의 역사에서 종교적 형태로 나타난다는 이해에 근거하여 일본 종교사를 계급투쟁사의 선구적 형태로 새롭게 파악하는 점이다. 다른 하나는 가령 무신론자인 나카에 조민中江兆民을 "개별 종교의 역사적 연구나 구체적 비판에 개입하지 않았고 승려단에 대한 비판도 전개하지 않았다"[56]고 평가하듯이, 무신론의 계보를 비판적으로 더듬어보는 점이다. 일본 역사에서 계급투쟁과 종교 비판이 어떻게 전개되었는가를 구체적으로 조사하려는 이러한 시도는, 당시에 철학적 저작인 『무신론』(1936)을 정리하는 한편으로 와타나베 등과 『일본 역사 교정』의 기획에 종사했던 아키자와였기에 가능했던 것으로 생각된다. 참고로 무신론의 계보를 일본의 근세·근대사에서 탐구하는 움직임은 1936년에 공저자였던 나가타의 『일본 유물론사』에서 체계화되었고, 전후 후나야마 신이치의 작업으로 이어졌다.[57]

　이처럼 계급투쟁과 무신론의 전사前史를 모색하기 위해서 일본 사회에 접근하는 작업은, 일본 종교사의 토대를 존립시켜주는 동시에 마르크스주의자와 아카데미의 역사학자들에게 서술의 가능성을 열어주는 담론을 제공했다. 이는 마찬가지로 역설적이지만 일본공산당의 궤멸이 가져온 교조적 하부구조론으로부터의 해방의 산물이었다. 마르크스주의자의 경우에는 근대의 정치경제 분석과 고대의 역사 지향적 서술 사이에 갇힌 채로 중세가 손댈 수 없는 암실처럼 결락된 상태가 계속되었지만, 일본 종교사의 경우에는 중세를 농민반란이 각성한 시대로 파악함으로써 원시·고대에서 근대에 이르는 통사적 서술을 ──그 조악함은 제쳐두고라도—한발 먼저 시작할 수 있었다. 마르크스주의 역사학의 중세사 연구는 1940년대에 이시모다 쇼 등이 등장하기를 기다려야 했다.

한편 아카데미 역사학 측에서도 도쿄제국대학 국사학연구실을 거점으로 체계적인 일본 불교사를 구상해온 쓰지 젠노스케辻善之助의 지휘 아래 일본종교사연구회가 결성되었으며—개별적 주제를 산발적으로 다룬 것이긴 하지만—『일본 종교사 연구』가 1933년에 출판되었다.[58] 서문에 "종교는 사회적 존재다"[59]라고 강조되어 있는데, 이런 시점은 종래의 국사학에서는 찾아볼 수 없던 것으로서 마르크스주의의 반종교 논쟁에서 받은 영향으로 보인다. 당대의 경향에 대해 사키 아키오는 다음과 같이 논한다.

1930년 무렵부터 급속히 추진된 유물론적 종교 연구는 국제적인 무신론 발전의 성과를 섭취·소개하는 데 그치지 않고, 일본 종교사의 대강의 전망을 정리하고 인도 및 지나*에 관한 연구에도 활발히 진출하기에 이르렀다. 〔……〕 특히 일본 종교사 연구에 관해서는 그 외의 진보적 연구자들에 의해 사회경제사적 연구도 심화되고 있다. 그 중심에는 사원寺院 경제사의 연구가 있다.[60]

여기서 말하는 사원 경제사란 도쿄제국대학 출신의 역사학자 다케우치 리조竹内理三 등의 실증적 연구를 가리킨다.[61] 그들의 기초적 연구

---

* '지나支那'는 중국으로부터 보편적 성격을 제거하려 했던 근대 일본에서 주로 사용되었던 별칭이다.

는 도쿄제국대학 국사학과 출신이며 와타나베 문하의 마르크스주의자인 이시모다 쇼가 전쟁 중에 쓴 저작 『중세적 세계의 형성』의 마중물이 된다. 다른 한편으로 마르크스주의자 사키 아키오는 1938년에 『니치렌日蓮』을 간행한다. 사키는 아네자키 문하의 종교학자이지만 유물론연구회에 참가하고 있었으며, 1937년에는 『종교학설宗教学説』을 출판하여 아네자키와 우노의 학문이 각각 관념론과 파시즘적 전체주의로 이어진다고 엄중히 비판한 적도 있었다. 『니치렌』에서 사키는 국수주의적인 니치렌 해석에 반대하고 그를 계급운동의 선도자로서 위치 지으려 하는데, 여기에서 국가적 "폭압 체제"를 비판하는 와중에 종교적인 것의 가치가 "인민적 입장"을 대변하는 것으로 무의식중에 칭송되는 경향을 확인할 수 있겠다.[62]

이러한 경향은 전후에 같은 유물론연구회 출신의 역사학자인 핫토리 시소의 『신란 노트親鸞ノート』(1947), 나아가 무라카미 시게요시村上重良의 민중종교·국가신도 연구로 계승되어갔다.[63] 이들은 천황제나 국가신도 등의 국가권력을 외부로 규정하고 여기에 대항하는 계급투쟁의 주체로서 선한 종교라는 도식을 도입하는데, 이로 인해 종교 비판에서는 멀어진다는 결점을 지니게 되었다. 다만 이와 같은 사고방식이 지속된 것은 전전에 그러한 사고가 등장하던 바로 그 시기에, 정부가 국민의 내면을 속박하기 위해 쇼와 15년(1940)에 설치한 신기원*으로 이어지는 국가신도 체제를 통해 사상과 종교를 철저히 통제한 탓이리라.[64] 전후의 국가신도 연구가 이 시기에 성립한 이미지를 기점으로 논의를 전개한 것은

---

* 메이지 초기에 제사와 선교 등을 담당하던 '신기관神祇官'(1869년 설치, 1872년 폐지)에 대한 부흥운동이 일어나자, 이에 발맞추어 1940년에 '신기원神祇院'이 국가기관으로 설치되었다. 그러나 별다른 움직임을 보여주지 못하고 패전과 함께 폐지된다.

그들 연구의 기본 체제가 당시 상황 속에서 태어났음을 고려해보면 조금도 이상한 일이 아니다.[65]

아키자와 나가타의 『현대 종교 비판 강화』를 제외하면 아카데미즘이나 마르크스주의 모두 그저 일본 종교사 안에서 개별적 주제들을 언급한 연구만이 보일 뿐이다. 그런데 그러한 개별 연구가 등장하게 된 것도 무신론과 계급투쟁을 축으로 하는 마르크스주의 역사학의 시점에 의해 종교를 일반적인 사회 현상으로서——역사의 역동성을 낳는 계급운동의 표출로서——일본사의 본질적 요소로 간주할 수 있게 되었기 때문일 것이다. 분명 아네자키의 일본 종교사는 종교를 세속 사회에 결부시키는 토대를 제공해주었으나, 종교에 별반 관심이 없는 사람이 보기에는 종교를 좋아하는 인간이 머릿속에서 그린 정태적 서술에 불과했다. 마르크스주의 역사학의 해석은 이러한 일본 종교사를 세속 사회의 본질적 현상으로서, 그것도 계급투쟁이라는 사회 모순을 지렛대로 삼는 변증법적 동태로서 그 의미를 바꾸어갔다. 그리하여 역사라는 시간의 흐름은 변함없이 지속되는 것이 아니라 과거에서 현재로, 그리고 미래로 생산양식의 새로운 변화와 함께 열려가게 된다. 합리적 의식에 틀어박히든가 비대화한 무의식에 삼켜지는 것 이외에 다른 선택지가 없었던 다이쇼 시대의 지식인들은 이제 무한의 변화에서 내면의 탈출구를 발견하게 되었다.

하지만 계급투쟁의 계보를 일본의 전통 안에서 구하려는 발상 자체는——마르크스주의 역사학의 고대사 연구와 마찬가지로——종교의 역사를 통해 역사적 연속성을 확인하려는, 역사적 기원으로 되돌아가려는 역사적 지향성의 충동을 간직한 것이기도 했다. 계급투쟁과 무신론이라는 가치 규범을 모든 역사 현상을 설명할 수 있는 절대적 진리로서 그 역사 현상의 외부에 위치시키고, 이를 일본의 전통으로 읽어내는 발상이 여기에서도 여전히 확인되는 것이다. 마르크스주의자들은 이러한 과정을 통해 천황제와는 다르면서도 그 이상으로 오래된 역사적 전통에 뿌리내린 절대성을 가지고 자신의 내면을 충당하고자 했다. 그리고 무한히 변화하며 미래를 향해가는 시간의 흐름이란 것도, 최종적으로는 사회주의혁명과 종교의 소멸이라는 영원한 진리 앞에서 움직임이 정지될 운명에 놓여 있었다.

여기에도 신체와 관념이라는 형태로 굳어버린 이항 대립의 존속이 보이는데, 일찍이 외부에 우뚝 서 있는 이론을 거부하는 가운데 표현 불가능한 내부가 태어났다면, 지금은 그 내부가 오히려 절대성의 얼굴을 가장하고 반대로 서양적 이론이란 특수한 것에 불과하다는 주장을 펼치기 시작했다. 땅속에 묻었을 터인 초월적 권위가 이제 그 반전물의 내부에서 토착이라는 겉옷을 입고 걸어 나온다.

지성의 슬픔은 그것이 발전하는 과정에서 언제나 사물의 법칙 파악으로부터 사물의 일부분이 빠져나간다는 점에 있다. 〔……〕 이 '미지'의 철벽에 부딪치고, 그 충격에 적지 않은 수의 훌륭한 과학자들이 종교로 전향했다는 점을 감출 수는 없다. 〔……〕 합리주의는 '신비'와 '불가지'를 끊임없이 생산하는 동시에 그것과 직면한다. 합리주의는 종교로 흐르는 근대적 수로의 하나다.[66]

미키 기요시의 벗이었으며 1940년대 초엽에 마르크스주의에서 이탈했던 하야시 다쓰오林達夫는 이와 같이 반종교투쟁을 총괄한 적이 있는데, 앞서의 지적은 그러한 비판적 극복을 계획했던 일본 종교사에도 그대로 들어맞는다. 거듭 논해왔지만 내부라는 담론이 외부가 반전된 부산물과 다름없고 지식인이 개념과 떼어놓을 수 없는 존재인 이상, 이 내부적인 것에도 마찬가지로 절대성이 칠해지는 것은 피할 수 없는 일이었다. 하야시의 지적처럼 합리성이 비합리성을 낳는다면, 마르크스주의자가 상정하는 일본 본래적인 무엇이나 우노 등이 말하는 신체적 일상성이라는 것 또한 합리성의 내부에서 가시화된 것에 불과할 터이며, 그러한 공간을 조성하는 합리성 자체를 몰아내었다고 과신하는 순간 그 합리성은 토착적인 무엇 혹은 신체적인 어떤 것에 빙의된 채 다시 절대적인 모습으로 나타날 것이다. 비합리적인 것은 자신의 그림자와 다름없으며, 외부와 내부, 정신과 신체, 서양과 일본 등 모든 이항 대립은 내 안에 서식하면서 묻어버릴 수도 이해할 수도 없는 어떤 유령인 것이다.

> 내가 사랑하는 존재를 상실한다, 하지만 나는 프로이트가 올바른 애도의 작업이라 부른 것을 완수하지 못한다, 그리고 죽은 자는 계속 내 안에 둥지를 튼 채로 있다, 오직 본 적 없는 타자로서만, 이라는 겁니다. [……] 나는 죽은 타자를 온전히 내재화하지 못한다, 그런데 그 타자는 나의 내부에 보존되어 있다, 그것은 나에게 시끄럽게 달라붙어 있다, 그러니까 살아 있는 사자死者인 것이다, 라는 겁니다.[67]

일찍이 미키가 종교를 통해, 그리고 고바야시가 문학을 통해 제기했던 마르크스주의라는 사상적 절대성과 표현할 수 없는 내면을 어떻게 다룰 것인가의 문제는 1940년대가 되어서도 여전히 주제화되지 못한 상태로 방치되어 있었다. 유물론연구회는 이미 1938년에 해산 명령을 받았고, 마르크스주의자들은 더욱 깊은 고립에 빠져 들어갔다. 이러한 상황에서 일본적인 것으로 향했던 마르크스주의자들이 스스로의 지향성에 발이 얽히고 민족적인 것에 무릎을 꿇게 된 것은 필연적인 이치였다. 실제로 아키자와는 히라노 요시타로 등과 함께 대동아공영권 논자로 변질되어갔고, 와타나베 요시미치도 비록 천황제는 거부했지만 일본 민족의 이름으로 서양과 싸운다는 대의에는 크게 동요하고 있었다.

미국 제국주의에 민족적 예속을 강요받고 [……] 일본 인민의 자유는 여전히 억압되어 미제의 군사 지배로 인한 민족의 고난은 틀림없이 파멸 상태에 이르리라고 생각했다. [……] 내 안에 뭉게뭉게 피어나는 이 심정이 다름 아닌 내셔널리즘이란 것은 분명히 의식하고 있었다. 그 내셔널리즘을 이성으로는 몇 번이나 강하게 부정하고 배척했지만, 일본의 군대가 마구잡이로 당하고 '옥쇄'하는 정경이 감옥의 창에 떠오를 때마다 [……] 일본군의 전승을 기대하는 마음이 참으로 자연스레 끓어올랐다.[68]

그런데 여기에는 다음 절에서 보게 될 것처럼 사상이 비약하는 그 순간의 좁은 틈새 또한 잠재해 있었음을 기억해두자.

전중에서 전후로

전중에서 전후로의 이행기에 해당하는 1940년 중반, 두 개의 신란론이 마르크스주의자 혹은 구 마르크스주의자에 의해 서술되고 있었다. 미키 기요시의 『신란』과 핫토리 시소의 『신란 노트』가 그것으로, 모두 패전 직후에 간행되었다. 종교 논쟁의 결과 마르크스주의 진영을 떠나게 된 미키는 전쟁 말기에 정부로부터 적대시되는 고립 상태 속에서 신란론을 쓰고 있었다. 종교 논쟁 당시에는 개별적인 종교가 아닌 종교 일반을 논했던 미키는 그 후 일본적인 것에 관심을 쏟게 되면서 고찰의 대상으로 신란을 택하기에 이른다.

무엇보다도 신란 사상의 특색이 체험적, 인간적, 현실적이라는 것에 있다는 점에는 논쟁의 여지가 없다. 우리는 그의 종교에서 대단히 깊은 '내면성'을 발견하게 된다. 〔……〕 내면성이란 공허한 주관성이 아니라 도리어 가장 객관적인 육체라고도 할 수 있는 충실함이다. 초월적인 것이 내재적이며 내재적인 것이 초월적인 장소에 진정한 내면성이 존재한다.[69]

이와 같은 종교 이해의 틀은 1930년의 그것과 크게 다르지 않다. 여기에서도 내면의 문제는 초월적인 어떤 것을 외부에 실체화하는 것이 아니라, 내면에서 초월성으로 빠져나가는 회로로 설명되고 있다. 여기에 나타나는 특징은 "죄악의 의식"[70]인데, 이를 — 마르크스주의로부터 획득한 역사 파악에 근거하여 — 지금이라는 이 순간에 삽입하면서 사유를 펼쳐나가는 것이다.

말법末法의 자각은 스스로의 죄에 대한 자각에 있어서 주체적이고 초월적인 것과의 만남을 의미한다. 이때는 어떤 사람이라도 자기를 저급한 범우凡愚로 자각하지 않을 수 없다. 아미타불의 본원本願은 이런 우리를 구제해줄 것을 약속한다. 여래가 구제하는 대상은 바로 이러한 악인이다. 이를 '악인정기惡人正機'라 부른다.[71]

1940년대의 일본 사회를 '말법'으로 파악하는 미키는 각자가 말법과 범우를 자각함으로써 만인에게 도래할 구제에 한 줌의 희망을 건다. 여기서 종교는 역사의 외부에 절대적인 것으로 투영될 수 없으며, 말법이라는 역사적 특수성 속에서 내면을 통해 각자에게 위화감을 가져오는 동시에 초월적인 것을 꿰뚫어가는 과정으로 이해된다. 메이지 중기에 내면이 성립하고 얼마 지나지 않아 쫓겨났던 기독교의 죄의식이 역사화된 내면의 안으로 다른 의미를 가지고 돌아온 것이다. 죄의 자각 혹은 타력他力의 관념을 통해, 내부에야말로 이질적인 외부가 있으며 절대적인 간극을 지닌 외부 또한 내부로 옮아간다는 논리가 자리를 잡게 된다. 이리하여 지금까지 일본 종교사가 빠져 있던 일본적인 어떤 것이라는 함정, 혹은 계급투쟁이라는 절대성은 내면을 동화시키는 것이 아니라 도리어 이화시키는 계기로 변한다. 이것이 프로테스탄티즘에 가까운가 아니면 정토진종에 가까운가는 본질적인 문제가 아니며, 그 언어의 저편에서 드러날 공간이 중요하다.

　미키의 글에 자극을 받아 과거의 논적이었던 핫토리 시소는 전쟁이 끝난 지 얼마 되지 않은 1947년에 『신란 노트』를 발표한다. 교단 비판과 계급투쟁의 관점에서 신란을 평가한 이 책은 아키자와 슈지에서 사키 아키오에 이르는 과거 유물론연구회의 일본 종교사론의 계통을 잇고 있다. 가령 "루터나 칼뱅이 말하는 신의 은총은 신란에게 있어서 더욱 무차별적이고 철저하다"[72]라고 말할 때, 은총은 절대적인 것과 자기 내면 사이의 거리를 지시하지 못하고 계급의 평등성 안으로 용해되어버린다. 결국 이러한 착상은 1930년대의 시점과 거의 변함이 없는 것으로, 패전 후의 핫토리의 입장이란 그 이전의 마르크스주의자나 종교학자들에게 곤경을 안겨왔던 내면의 불가사의함에 대한 진지한 고찰과는 거리가 있었다. 정토진종의 사원에서 태어났던 그에게 이러한 태도는 마지막까지 포기할 수 없었던 마지노선이었다는 점 역시 무겁게 받아들여야 할 현실일지 모르겠지만.

이렇게 미키와 핫토리가 시작한 종교 논쟁은 약 15년의 세월을 거쳐 신란의 이름 아래에서 또다시 어긋난 대화로 돌아온다. 그런데 의도치 않게 두 사람의 궤적을 교차시키는 시도가 패전 직전의 미키의 집필과 거의 같은 시기에 한 마르크스주의 역사학자에 의해 모색되고 있었다. 바로 도쿄제국대학 국사학과를 졸업한 후 와타나베 요시미치의 휘하에서 고대·중세사를 연구했던 마르크스주의자 이시모다 쇼다. 그는 전형적인 마르크스-레닌주의자로 분류되지만, 미키 기요시의 마르크스주의적 실존철학과 헤겔 철학의 색채를 강하게 띠고 있었으며 — 스스로의 평가는 제쳐두고라도 — 러시아-마르크스주의로부터 이단시되었던 죄르지 루카치와 비슷한 사상을 지니고 있었다. 유물사관에 주체성의 마디를 엮어 넣기 위해 1944년에 집필한 역작 『중세적 세계의 형성』에서 그는 정토신앙에서 신란에 이르는 흐름을 "개개인의 번뇌와 죄악의 자각에 기초한 체험적, 반성적"인 종교로 자리매김한다. 신란에 대한 이와 같은 인식은 도쿄제국대학 국사학과의 동급생이었던 이에나가 사부로의 『일본 사상사와 부정 논리의 발달』(1940)[73]과 다나베 하지메의 영향을 받은 것이며,[74] 근대 일본의 내면에 관한 고찰에는 — 미키 기요시의 이름이 직접 언급되지는 않는 것과 마찬가지로 — 비록 본문에는 등장하지 않지만 니시다 기타로의 철학이 커다란 그림자를 드리우고 있었다. 참고로 이에나가는 일본 사상사를 기술하기 위한 가치 기준을 니시다 기타로의 자각 개념에서 가져오지만 이를 역사의 외부에 존재하는 절대적 척도로 파악한 점에서 곡해가 있었는데, 니시다야말로 신칸트파가 지적한 인식의 국소성이라는 제약을 인정하고 마르크스주의에 대항하는 가운데 절대적인 것을 내 안에서 찾으려 고군분투한 매우 드문 사상가로 평가되어야 한다.[75]

『중세적 세계의 형성』의 주제는 기나이 지방*의 한 장원을 무대로 이시모다가 '영웅'에 견준 무사들이 고대 장원제라는 중앙 권문세가에 의한 착취 체제를 종식시키고, 지역의 농촌 공동체에 입각한 새로운 중세 사회를 개척해가는 모습에서 그 가능성과 한계를 읽어내는 데 있다. 이 고대 말기의 혼돈스러운 이행기를 천황제적 권위에 굴하지 않는 "강한 집단성과 발랄한 개인의 주체성"을 빚어낸다는 의미에서 헤겔을 따라 영웅시대라 부르고, 이러한 중세적 정신의 결정으로서 "서사시적인 것과 정토교적 왕생사상"을 예로 든다.[76] 그 가운데서도 『헤이케 이야기』**는 이 양자를 아우르는 것으로서 일상적 의지 및 현세를 긍정하는 성격과 내성의 깊이를 겸비한 작품으로 높이 평가된다.

오늘날 실증적 뒷받침을 결여한 이시모다의 영웅시대론이 논급되는 경우는 전무하다고 말할 수 있다. 다만 실제적인 타당성을 떠나서 영웅시대론을 통해 그가 그려내고자 한 의도를 추측해본다면, 이시모다 역시 우리가 지금까지 보아온 내부와 외부의 혼종성을 — 근대주의적인 어휘를 사용하면서도 — 실증사학으로는 포착할 수 없는 시간의 틈새에서 발견하려 한 것은 아닐까? "농촌적·민중적인 낡은 '이야기'의 정신과 도시 귀족적인 산문 정신의 결합" "귀족적이지 않으면서 무사 문학도 아닌 문학의 중세적 세계." 이질적인 두 개의 세계가 교차하며 가

---

* '기나이 지방'이란 오늘날의 나라, 오사카, 교토 남부 등의 지역을 가리킨다.
** 『헤이케 이야기平家物語』는 겐지 가문과의 권력 다툼에서 패한 헤이시 가문의 영화와 몰락을 그린 이야기로서 가마쿠라 시대에 성립된 것으로 여겨진다.

져오는 시간의 틈새, 여기에 "개인의 반성과 내면화"가 의식과 신체, 공동체와 개인의 어긋남과 함께 찾아오는 것이니까.[77]

그가 거듭 강조하는 '외부'란 도시를 가리키는 동시에 정치권력과 표상력을 의미하는 것이기도 했다. 외부와 관계함으로써 농촌이라는 폐쇄된 내부와 지역 공동체는 자신들을 속박하는 고대 권력을 내부에서 붕괴시킬 수 있다는 것이다. 정치나 표상력은 처음에는 민중의 외부에 있는 보편적인 것으로 위치 지어지는데, 이것이 민중의 내부 세계로 기입되어갈 때 변혁이 이루어진다. 이는 외부나 내부의 어느 한쪽을 일방적으로 절대화하지 않으며 양쪽을 모두 이화시키는데, 그 결과 내부와 외부의 경계선은 동시적인 변화를 맞게 된다. 이제 텍스트는 과거의 실체적 역사를 그리고자 했던 당사자의 의도를 전복하고 몽환적인 공간으로 격리되어간다.

전통을 바르게 자각하고 관습을 법·도덕으로서 역사에 주장하는 것만이 역사의 창조에 참여하는 길이다. 시골 양반이 이를 이루기란 불가능하다. 자각이 자기를 넘어선 것과의 대립을 통해서만 찾아오듯이, 지역성은 오직 그것을 극복하고 있는 비非지역적 인간에게만 구체적인 의미를 가져다준다. 즉 지역성은 토지를 처분할 수 있으며 지역을 버리고 이주할 수 있는 영주계급에게만 비로소 문제가 되는 것이다.[78]

이때 역사의 시간은 러시아-마르크스주의의 하부구조론과 같은 필연적인 시간의 흐름이 되기를 그만두고 "우연이 최대한의 생명을 가지고 약동하는 장소,"[79] 순간의 다발이 된다. 찰나의 우연에 도박을 감행하는 것, 이시모다가 말하는 주체성의 의미는 여기에 있다. 그래서 그에게 고대적 세계란 것은 "수백 년 전의 사실을 유일한 근거"[80]로 삼아 사람들의 내면을 얽매는 역사적 지향성의 상징이었으며 부정되어야 할 대상이었다. 여기에 『중세적 세계의 형성』이 종래의 마르크스주의 역사학, 나아가 일본 종교사와 근본적으로 단절하는 지점이 있다. 만약 이시모다의 영웅시대론에 서사시에서 나타나는 현실 긍정의 정신만이 있었다면 이러한 비약은 불가능했을 터인데, 아마도 정토종이 담당했던 반성적 의식과 죄의 자각이 이시모다에게 그러한 사고를 가능하게 해주었던 것 같다.

이시모다의 문제 제기는 러시아-마르크스주의에게 1920년대부터 아포리아로 존재했던 도시와 농촌의 격차를 어느 쪽이 더 정체적이고 어느 쪽이 더 진실한가라는 양자택일로 해결하는 방법 이외에, "도시와 농촌의 살아 있는 관계"[81] 및 양측의 접촉으로 생겨나는 균열이야말로 적극적으로 내면을 주체화하는 계기를 만든다는 새로운 해석법을 알려준다. 더 이상 내면은 그저 채워져야 할 어떤 것, 자아의식의 합리적인 자명성으로 닫혀 있는 어떤 것이 아니다. 미키가 지식인의 내면이 가진 실존적 문제를 논의의 기점으로 두었고, 핫토리는 어디까지나 계급 집단으로서의 정치적 인간에 집착했다고 한다면, 러시아-마르크스주의와 니시다 철학의 사생아라 할 수 있는 이시모다는 고대와 중세, 공동체와 개인, 도시와 농촌이라는 대립의 메타포를 부정적으로 기워내고 두 항을 뒤섞으려는 시도를 했던 것이다. 이시모다는 『헤이케 이야기』, 『단니쇼』,*『조에이시키모쿠』**를 합쳐서 중세적 정신세계라 이름 짓는

---

* 『단니쇼歎異抄』는 가마쿠라 시대의 불교서로서 신란에게 수학한 유이엔唯円이 쓴 것으로 알려져 있다.
** 『조에이시키모쿠貞永式目』는 가마쿠라 시대의 기본적 법전이다.

데,[82] 이처럼 그의 저작은 역사학, 종교학, 문학의 영역을 초월할 가능성의 문턱 바로 앞까지 도달해 있었다.

그런데 이와 같은 이시모다의 시도가 가능해진 것은 아이러니하게도 전위당에 의한 혁명과 모든 저항이 궤멸되고 그로 인해 일본공산당과 코민테른의 권위가 사라진 1944년의 특수한 상황이었다. 영웅시대가 역사적 공간에 나타난 비현전非現前의 시간이었다고 한다면, 이시모다의 사고 또한 그러한 역사의 틈새가 부여한 계시였다. 그렇지만 거기에는 연대 가능한 민중도 없었을뿐더러, 이시모다는 단지 강제적인 고립의 상태에 빠져 있을 뿐이었다. 그래서 비非역사적인 시간에 떠오른 그의 영웅시대가 과연 지식인의 고독한 관념적 영위에 그치고 말 것인지, 아니면 현실에 대해 어떤 강도를 가질 수 있는지의 문제가 되새겨지는 일 또한 없었다. 당시 사람들에게는 — 발언을 금지당했던 지식인은 말할 것도 없지만 — 신체적 폭력의 정도를 더해가는 천황제 파시즘 혹은 다른 어떠한 사상도 하루하루를 버텨내야 하는 고생에 비하면 공허한 언어에 지나지 않았다. 이런 상황에 대해 이시모다는 다음과 같은 말을 던진다.

구로다*의 악당은 스스로에게 패한 것이다. 이타바에노소마** 사노***의 피와 의식이 중세의 지자무라이****에게서 완전히 사라졌다고는 그 누구도

---

* '구로다黑田'는 지금의 미에 지방에 있는 도다이지東大寺 소유의 장원인 '구로다쇼黑田庄'를 의미한다.
** '이타바에노소마板蝿杣'는 구로다쇼의 모체가 된 지역이다.
*** '사노寺奴'는 절에서 일하는 사람으로서 고대 율령제의 신분제에 근거한다. 이시모다는 고대의 관습이 이처럼 중세에도 오래도록 계속되었음을 지적한다.
**** '지자무라이地侍'는 지방의 유력 백성으로서 그 지역의 영주에 의해 사무라이 지위를 얻은 자를 말한다. 이시모다는 지자무라이가 고대적 지배를 계속하는 도다이지에 대한 중세적

장담하지 못한다. 〔······〕 지자무라이가 악당이 되는 것을 그만두고 장민庄民이 스스로 사가진지의 토민*에 불과하다는 생각을 그만두지 않는한, 고대는 몇 번이라도 부활한다.[83]

이윽고 전후가 시작된다. 별안간 찾아온 점령군이라는 외부와 함께. 미키는 종전 직전에 옥사했고, 핫토리나 와타나베를 대신하여 전후 역사학의 입안자로 등장한 이시모다는 자신의 사고를 사회적 실천으로 옮기기 위해 전후 사회의 소용돌이 속으로 뛰어든다. 전쟁 말기라는 시간의 간극에서 태어난 영웅시대론은 전위의 일본공산당, 영도되어야 할 민중, 미합중국이라는 외부, 내부로서의 일본 민족의 전통과 같은 역사적 현실에 끌려다니게 되었고, 영웅은 언제부턴가 민족의 영웅으로서 역사적 본래성을 갖춘 실상으로 변질해가기에 이르렀다.[84] 서사시가 지닌 일상 긍정의 의지만이 전면에 대두했으며, 한때 죄에 대한 의식과 쌍을 이루었던 반성적 의식은 떨어져 나가고 말았다. 그가 호소 대상으로 삼았던 대중이라 불리던 사람들은 그 곁을 그저 스쳐 지나갈 뿐이었다. 고대가 부활하리라는 염려가 이시모다 자신의 내면을 통해 현실이 되어버린 것이다.

그 후 1960년대가 되면 마르크스주의 역사학에서는 민중사가, 1970년대 후반부터는 야나기타에 대한 재평가가, 그리고 1980년을 전후하여 종교학의 신종교 연구가 시작된다.[85] 여기에는 근대의 합리성이 잃어버렸던 일상적 신체의 회복이라는 이야기가 함께 등장한다. 일본 종교

민중반란의 지도적 위치에 서지 못하고 그저 악당이 되고 만 점을 지적한다.

* '사가진지寺家進止'는 절이 토지, 재산, 인간 등을 자유롭게 지배하고 처리함을 말하고, '토민土民'은 장원 내에 거주하는 일반 공민을 가리킨다.

사의 담론도 구심력을 상실하고 제도화되지 못한 채 마르크스주의 역사학, 종교학, 니시다 철학, 불교사 등으로 녹아들어갔다. 이제 잔해만이 남은 일본 종교사는 다양한 담론이 출몰하는 묘비명으로 전락하는 신세가 되었다.

여기까지 이야기를 함께해온 우리는 더 이상 종교학, 역사학, 문학 등 기존의 지적 담론 내부에 자신이 서 있지 않다는 점을 깨닫게 될 것이다. 지금까지의 담론에 대한 귀속감을 씻어냈을 때, 내면적인 것은 우리들 한 사람 한 사람의 앞에 어떤 모습으로 나타나게 될까? 물론 내면의 실체 따위는 존재하지 않는다. 경계선은 순식간에 휩쓸려가고, 내부는 외부로 모습을 바꾸며, 아무리 간절히 빌어본들 옛날 그대로의 풍경은 남지 않는다. 너무나도 허망하게 허물어지고 변해가는 자신의 내면을 목전에 두고 허둥지둥할 것이다. 그럼에도 불구하고 언어가 지닌 힘에 올라타서, 결여태가 불러오는 갈망의 현실감과 이를 충전하려는 다양한 담론의 틈새에 자신의 몸을 드러내가며, 이질적인 공간을 지금 이 순간에 현현시키려는 시도를 멈추어서는 안 될 것이다.

그는 이때 자신의 몸 안에 하나의 크고 기묘한 구멍 비슷한 것이 뚫려 있다는 점을 알았다. 그리고 그 커다란 동굴에는 가늘고 깊숙한 살의 주름막이 무수하게 있는데, 그것들은 이제는 완전히 말라비틀어져서 습기가 도달하기만을 기다리고 있었다. 그래서 그는 그 건조한 주름막을 적시지 않으면 안 되는 것이다. 그런데 그는 대체 어떻게 하면 자기 내부의 이 주름에 습기를 머금게 할 수 있을까? 내 안에서 꿈틀대는 기대나 불안이나 분노 혹은 산뜻한 아침 공기 [······] 이런 모든 것들을 그러모은

다손 치더라도 그의 내부가 쾌적하게 젖는 일은 없으리라.[86]

    사람의 목숨이 끝나지 않는 한, 잿빛 먼지로 변한 후회와 향수라는 이름의 건망증도 지워지지 않는다. 역사와 종교는 여기에서 되풀이되고 또 되풀이되어 다시 그 모습을 드러낸다. 그래, 나와 당신의 틈새에서.

3부 죽은 자와 산 자

죽음과 노스탤지어
─야나기타 구니오의 『선조 이야기』에 관해

나는 내가 당신에게 〔……〕 지나치게 많은 걸 원했다고는 생각지 않습니다. 〔……〕 나는 늘 상대와 무언가를 공유하고 싶다, 두 사람의 생활 속에 무언가 공통의 의미를 가지고 싶다, 하고 바랐습니다. 그건 바로 망막한 세상 속에 뚜렷한 못 하나를 박고 싶다는 의지였습니다. 그 못을 하나하나 박음으로써 단순한 시간의 흐름이 아닌 역사라고 부를 만한 것을 만들고 싶었기 때문입니다. 더 나아가 우리는 그로써 처음으로 우리 주변에 펼쳐진 무한한 공간, 우리를 곧 죽음 속으로 사라지게 할 무한한 시간을 견딜 수 있을지 모른다고 느꼈기 때문입니다. 그건 어려운 일인지도 모릅니다. 하지만 꼭 해야만 하는 일이었습니다. ── 시바타 쇼柴田翔, 『그래도 우리의 날들されどわれらが日々』*

죽은 자란 누구인가

죽은 자의 기억. 그것과 어떻게 마주할 수 있을까? 야나기타 구니오가 15년전쟁 말기에 전장에서 죽어가는 사람들을 추도하기 위해 『선조이야기先祖の話』를 쓴 사실은 널리 알려져 있다.

적어도 나라를 위해 싸우다 죽은 젊은이들만큼은 어떻게 해서든지 불도가 말하는 무연불**로 따로 떼어놓아서는 안 된다고 생각한다. 물론 국

---

* 시바타 쇼, 『청춘』, 이유정 옮김, 태동, 2000, pp. 190~91.
** '무연불無緣佛'은 공양할 가족이나 친족이 없는 죽은 자의 영혼을 말한다.

가와 각 지방에는 슬픔을 달래주는 제장祭場이 있고 영혼을 모실 장소가 마련되어 있으나, 각각의 집에서 뼈와 살을 맞대던 정을 무시해서는 안 된다.[1]

죽은 사람을 위해서? 아닐 것이다. 살아남은 자들이 자신을 위해서 죽은 자의 명복을 비는 것이다. 사회학자 뒤르켐이 지적한 대로 장례식이란 죽은 자를 보내는 산 자들이 내일을 살아가기 위해서 행하는 애도 의식이다. 죽음을 눈앞에 둔 자는 죽음의 위기에 임박해 있기 때문에 희박한 가능성이라도 살아남기 위한 도박을 감행한다. 살아남은 사람들은 죽은 사람을 어떻게 기억하고 어떻게 잊을 수 있을까? 우리는 여기서 잠시 과거에 묶인 채로 두려움에 사로잡혀 옴짝달싹 못하게 된다 — 어째서 당신이 지금 여기에 없는 거지? 일찍이 르낭Ernest Renan은 기억하는 것이란 망각하는 것이라고 말했다. 잊지 않으면 새롭게 기억할 수도 없다. 하지만 사람은 이를 스스로의 의지로 선택할 수 없다. 기억이란 마음속에 들러붙어서 잊고자 해도 쉽사리 잊히지 않지만, 잊고 싶지 않은 것은 도리어 간단히 퇴색하고 만다. 내 안에 있으면서 잡을 수 없고, 움켜쥐려 하면 도망치는 기억. 함께하고픈 심정을 배반하는 어긋남, 그리고 그 엇갈림이 낳는 함께하고픈 마음.

내가 사랑하는 존재를 상실한다, 하지만 나는 프로이트가 올바른 애도의 작업이라 부른 것을 완수하지 못한다, 그리고 죽은 자는 계속 내 안에 둥지를 튼 채로 있다, 오직 본 적 없는 타자로서만, [……] 나는 죽은 타자를 온전히 내재화하지 못한다, 그런데 그 타자는 나의 내부에 보존되어 있다, 그것은 나에게 시끄럽게 달라붙어 있다, 그러니까 살아 있

166

는 사자인 것이다, 라는 겁니다.[2]

이는 전장에서 죽은 사람에게만 해당되는 말이 아니다. 지금도 소박해 보이기만 하는 일상 속에서 반복되고 있지 않은가? 생이별한 사람들, 그들은 이제 여기에 없다. 함께 살아가면서도, 가령 길에서 마주치거나 옆자리에 앉게 되더라도 진심으로 마음을 나누는 순간은 찾아오지 않는다. 여기에 실로 매우 절실하고 압도적인 리얼리티가 있는 게 아닐까? 그런 의미에서 죽은 자란 전사자와 같이 신체적인 죽음을 맞이한 자만을 가리키는 것은 아니다. 지금 살아 있는 우리가 온전히 표상할 수 없는 모든 존재의 이름이며, 말을 건네도 대답 없는 사람들 모두를 가리킨다. 우리네 마음속을 흘깃 바라만 보아도 금세 알 수 있듯이 산 자와 죽은 자를 가르기란 불가능하다. 죽음은 우리의 바깥에 있는 것이 아니라 내 안의 '리얼리티'로서 눈앞에 나타나버린 어떤 이해 불가능한 것이다.

나는 너무도 선명히 그녀를 기억했다. 그녀가 내 페니스를 살짝 입에 머금은 채 머리카락을 내 아랫배에 드리우던 광경을 나는 아직도 기억했다. 따스한 온기와 숨결, 애절한 사정의 감촉을 나는 기억했다. 나는 그 일을 마치 5분 전에 일어난 일처럼 선명하게 떠올릴 수 있었다. 그리고 내 곁에 나오코가 있어서, 손을 뻗으면 그 몸을 잡을 수 있을 것 같은 느낌이 들었다. 그러나 그녀는 거기에 없었다. 그녀의 육체는 이미 이 세상 어디에도 존재하지 않는다.[3]

전후를 묻는다는 건 과거가 아니라 지금 이 순간을 묻는 것이다. 이 물음은 과거에 저지른 잘못이 시간의 저편에서 현재를 제약한다는 외재적인 형태가 아니라, 우리 안에 동일한 문제가 모습을 달리하면서도 여전히 잠재해 있다는 깨달음에서부터 출발해야만 한다. 죽은 자로서 등장하는 타자와의 대화 불가능성이라는 눈앞의 수수께끼를 방관한다면, 야나기타가 제기한 문제는 15년전쟁이 야기한 특수한 사건으로서 그저 사후적 논의 대상에 그치고 말 것이다. 그와 같은 사건에 대한 초월 의식, 뒤집어 말하면 소외 의식이 있기 때문에 나와는 상관없다는 안심과 함께 네이션을 상상하려는 갈망이 — 나와 멀리 떨어져 있는 과거를 억지로 지금과 연결시키는 가교로서 — 자라난다. 우리가 멀리 떨어진 것에 동화될 때 가까이 있는 것들은 보이지 않게 된다. 가까이 있는 것을 보지 않으려고 멀리 떨어진 것에 동화하는 것이므로. 공적인 역사의식이 발생하는 이유도 여기에 있다. 공적 역사를 논하면서 각자의 내부에 출몰하는 죽음을 가두어버리는 것이다. 가까운 곳에 있으면서도 동시에 우리의 손이 닿지 않는 곳에 있는 것, 바로 죽음이다.

죽음과 고독의 그림자

『선조 이야기』를 보자. 이 책은 전몰자를 애도하기 위해 가정의 제사를 중심으로 조령신앙祖靈信仰을 체계화한 것이다. 조령신앙에 대해 야나기타는 다음과 같이 설명한다.

우선 죽었다 해도 영혼은 이 나라 안에 머물며 멀리 가지는 않는다고 생각했던 것, 두번째로는 이승과 저승 사이의 교통이 빈번하기에 단지 봄, 가을의 정기적인 제사만이 아니라 어느 한쪽의 의지로 초대하거나 초대받는 것이 그렇게까지 어려운 일은 아니라고 생각했던 것, 세번째로는 살아 있는 사람의 임종 시의 염원이 사후에는 반드시 달성된다고 생각했던 것, 그리고 이때 자손을 위해 세운 이런저런 계획들이 두 번, 세 번의 거듭된 환생을 거쳐 같은 사업으로 지속된다고 생각하는 사람이 많았다는 점이 네번째다.[4]

야나기타에 의하면 백중과 정월은 각각 신도와 불교의 행사로 여겨지지만, 실은 그 밑바닥에 일본 특유의 신앙, 곧 '고유신앙'으로서의 조령신앙이 존재한다고 한다. 양묘제*의 예에서 알 수 있듯이 사후에 영혼이 가는 곳은 산 속인데, 이 영혼이 봄이 되면 마을에 내려와 밭의 신이 되고 가을에는 다시 산으로 올라가 산신이 된다고 한다. 이러한 야나기타의 조령 이해에 따르면, 사자는 동시에 신이자 조상이고 두려울 것이 조금도 없는 영적 존재가 된다.

이와 같은 견해의 실증적 타당성에 대해서는 이미 수많은 의문이 제기된 바 있으며, 오늘날 이를 그대로 믿을 수도 없는 노릇이다.[5] 그러나 야나기타의 해석이 타당하지 않다고 해서 다른 정답이 있다고 단언할 수도 없다. 현실은 리얼한 것이지만 그러한 리얼리티가 진실인 한편으로 붙잡을 수 없는 망령이 곧잘 실체가 되기도 하며, 이와 같은 실체의 결여는 충족을 시도하려는 트라우마가 되어 작동하기 때문이다. 트라우마에 떠밀리는 현실은 인식의 구조인 담론으로 길어 올린 후에야 그 모

---

* '양묘제兩墓制'는 시신을 매장하는 묘지와 제사를 위한 묘지를 따로 두는 것, 즉 죽은 한 사람의 묘지를 두 곳에 만드는 것을 말한다.

습을 드러낼 수 있다. 그렇다면 야나기타를 언표 행위로 몰아넣은 트라우마란 어떤 것이었으며, 이에 대한 대처는 어떠했는가를 살펴볼 필요가 있을 것이다.

『선조 이야기』가 집필되기 시작한 것은 1944년 11월이었는데, 1945년 3월의 도쿄대공습,* 같은 해 4월부터 5월에 걸쳐 벌어진 오키나와전투**를 거쳐 패전 직전인 7월에 원고가 완성되었다. 고유신앙에 관한 야나기타의 담론은 하야시 마코토林淳의 지적처럼 "오래전부터 전해지는 일본인의 신앙이 여기저기 흩어진 단편들이나 잔존하는 외래 종교를 긁어모은 것이 아니라 어떤 완결된 덩어리임을 분명히 하고, 이를 통해 지역을 넘어서 모든 일본 국민이 자각해야만 하는 고유신앙 본래의 형상을 드러낸"6) 점에서 화행론적인 유효성을 지니고 있었다. 그가 당시에 이러한 담론을 『선조 이야기』로 정리했던 것은, 죽음을 맞이한 자는 죽음을 두려워할 필요가 없으며 살아남은 자 역시 사자의 혼을 걱정할 필요가 없다는 점 — 왜냐하면 그들은 우리와 함께 국토에 머무를 것이며, 우리에게 일본 민족과 이를 지탱하는 이에***라는 영혼이 돌아올 장소가 있는 한 몇 번이고 계속하여 현세에 돌아올 것이기 때문에 — 을

---

* '도쿄대공습'은 미군이 자행한 도쿄에 대한 대규모 폭격을 총칭하는 말이다. 도시를 목표로 벌어졌기 때문에 셀 수 없는 민간인 피해가 발생했다. 특히 3월 10일의 대공습 때는 38만 발, 1,700톤이 넘는 미사일이 투하되었고, 사상자가 12만 명, 피해자가 1백만 명을 넘은 초유의 도시 공습으로 기억되고 있다.

** '오키나와전투'는 미군을 중심으로 하는 연합군과 일본군이 오키나와에서 벌인 치열한 전투를 말한다. 이 전투로 인한 양군의 사망자 수는 대략 20만 명에 달하는데, 그 과반수가 오키나와의 민간인이었다.

*** '이에家'란 집, 가정, 가족 등을 의미하는데, 이 글에서는 일본이라는 국가와 국민의 기초 토대가 된 이에 제도(1898년에 제정된 일본의 가족제도로서 가정을 구성하는 최소 단위를 호주와 가족으로 나누어 호주에게 가족의 통솔권을 부여하는 가부장적 제도다. 천황제 가족 국가의 기본 논리를 구성했으며 전후에 폐지되었다)의 의미로 사용되는 경우가 많다. 제도를 의미할 때는 '이에'로, 일반적인 가족을 의미할 때는 가족, 집안, 가정 등으로 번역했다.

국민에게, 그리고 다름 아니라 야나기타 자신에게 설파하기 위해서였다. 이는 동시에 일본 고유의 신앙이라는 등질적인 발화를 통해 이에를 기초로 한 일본 국민이 상상될 가능성을 제공하는 것이기도 했다. 본문 가운데 「64절. 죽음의 친밀함」에서는 죽음은 결코 두려움의 대상이 아니고 우리의 죽음은 고독하지 않다는 두 가지 점이 강조된다.

죽음을 두려워하지 않는 동양인을 서양인이 의아하게 생각하는 것은 어제오늘 일이 아니긴 하지만, 이에 대한 그럴듯한 대답 역시 아직 찾아보기 힘들다. 〔……〕 삶과 죽음이 서로 절대적으로 멀리 떨어져 있다는 점에는 차이가 없으나 여기에는 거리와 친밀함이라는 두 가지 문제가 아직 고려되고 있지 않았던 것 같으며, 적어도 이에 대한 불안만큼은 거의 완전히 극복한 시대가 우리에게 있었던 것이다. 〔……〕 신앙은 단순한 개인의 터득 문제가 아니라 오히려 수많은 공동의 사실이었다는 점을 이번 전쟁처럼 뼈저리게 증명한 적은 일찍이 없었다.[7]

이 책에 그려진 영혼의 세계를 야나기타가 진심으로 믿었는지 어떤지의 문제는 누차 논의되어왔다. 다만 그러한 질문 방식 자체가 텍스트의 위상을 시야에 넣지 못한 매우 소박한 의문에 불과하다는 점을 깨달아야 한다. 고대인의 신화에서도 알 수 있듯이 언어란 결코 현실의 모방에 그치지 않는다. 정체를 알 수 없는 현실에 이름을 부여하고 불안을 억누르는 것도 가능하지만, 반대로 이를 통해 현실에 잠재된 불안이라는 심지에 불을 댕길 수도 있다. 현실이란 확고한 자명성으로 존재하는 것이 아니며, 언어로 규정되면서도 그로 인해 생겨나는 이름 모를 잔여를 동시에 포함하는 이중성을 지닌다. 인간은 죽음에서 피할 수 없는 공포를 느끼기에 반대로 죽음을 논하고자 하며, 영원한 생명을 믿지 못하기에 반대로 영원한 진실을 논하려 한다. 마치 그런 것이 존재라도 하는 양 말이다. 텍스트는 현실에 대해 뒤틀려진 위상을 보유함으로써 고유의 의미를 가질 수 있게 된다. 이러한 이중적인 현실에 어떠한 언어를 끼워 넣을까, 그리고 어떻게 하면 언어를 사고로 주조해낼 수 있을까라는 고민이 표현 행위를 하는 데 결정적인 의미를 가진다. 야나기타의 언어는 개별적 언표 행위인 담론 내부에 잠재되어 있는 이질성을 드러낼 수도 있고, 균질하고 통합적인 담론으로 변해갈 수도 있다.[8]

야나기타의 기억을 더듬다 보면 죽음과 고독에 대한 두려움이 그의 생애에 어두운 그림자를 드리우고 있음을 알게 된다. 그는 어렸을 적에 몇 번인가 가미가쿠시*에 가까운 체험을 하게 되는데, 이는 "망연한 기분,"[9] 즉 자기 상실의 감각을 중핵으로 하는 것이었다. 그리고 열세 살 무렵 시모사의 도네 강 언저리에 있는 지장당**에서 본 에마***는 그 불안을 더욱 확고하게 만드는 것으로서 평생에 걸쳐 야나기타를 따라다녔다.

그것은 산모가 머리띠를 졸라매고 갓 태어난 아이를 짓누르는 비참한 그림이었다. 장지문에 비친 여인의 그림자에는 뿔이 나 있었다. 그 옆에 지장보살이 울며 서 있는 그림의 의미를 어린 마음에 이해하고 서늘한

---

* '가미가쿠시神隠し'는 어느 날 갑자기 사람이 사라지거나 실종되면 신에 의해 숲이나 산 속의 신역으로 끌려갔다고 여기는 민간전설을 말한다.
** '시모사'는 오늘날의 치바 현 부근의 옛 이름이고, '도네 강'은 군마 현의 오미나카미 산에서 발원하여 관동 지방과 치바 현을 거쳐 태평양으로 흘러드는 강으로 일본을 대표하는 하천 가운데 하나다. '지장당地蔵堂'은 지장보살을 모셔놓은 곳이다.
*** 신사에 참배할 때 기도하는 내용 등을 목판에 적거나 그려서 봉납하는데, 이 목판을 '에마 絵馬'라 한다. 고대에 직접 말을 바치던 것에서 유래했으며, 후에 흙으로 만든 말상이나 나무에 말의 그림을 그려 대신하게 되었다.

찬기를 느꼈던 때를 나는 지금도 기억한다.[10]

당시 야나기타는 집안 식구도 줄일 겸해서 고향인 하리마*를 떠나 둘째 형이 살던 시모사에 맡겨지게 되었다. 그 시절에는 그런 가정이 적지 않았으며, 그의 본가인 마쓰오카 집안 역시 행복한 가족은 아니었다. 신경쇠약으로 자시키로**에 가두어진 아버지, 두 번에 걸친 장남의 이혼과 이혼한 처의 자살, 차남의 병사, 가족 내의 갈등으로 히스테리 증상을 보이는 어머니 등, 집안이 거의 풍비박산에 다다른 지경이었다. 야나기타가 스무 살이 되었을 무렵에는 부모가 모두 비슷한 시기에 세상을 등졌다. "양친을 잃고 쓸쓸한 기분에 빠져 있던"[11] 그가 마쓰오카라는 성을 버리고 야나기타 가문에 양자로 들어간 것은 그로부터 몇 년이 흐른 뒤였다.

마비키***가 그려진 에마의 에피소드에 단적으로 나타나듯이, 야나기타에게 죽음이란 불길함으로 가득 찬 것이었고, 도망치고 싶어도 그럴 수가 없는 것이었다. 이러한 죽음에 대한 공포는 『선조 이야기』를 집필하던 당시의 도쿄공습에 대한 반응에서도 확인할 수 있다. 그가 살던 주변에는 피해가 미치지 않았음에도 불구하고, 야나기타는 일기에 다음과 같은 마음의 동요를 적고 있다.

오늘 한밤중이 지났을 즈음에 공습, 전부 130기 정도라고 함, 도쿄의

---

* '하리마'는 오늘날 효고 현 서남부 지역의 옛 이름이다.
** '자시키로座敷牢'는 일반적으로 사설 감금 시설을 말한다. 오늘날의 감옥과는 달리 형벌을 목적으로 하는 것은 아니지만 외부와의 연락이 차단되고 수감자의 자유가 구속된다. 메이지 시대에 주로 정신이상자들을 가둬두기 위해 지어졌다.
*** '마비키間引き'는 생활고 때문에 갓 태어난 아기의 목숨을 빼앗는 것을 뜻한다.

하늘을 뒤덮은 것은 50기, 창문을 열면 동쪽엔 큰 불, 고사포의 벼락들. 세 시가 지날 때까지 잠들지 못한 채 떨고 있다.[12]

한편 도쿄공습에 대해 야나기타보다는 피해자에 가까운 입장에서 대조적인 기술을 보여주는 것이 소설가 사카구치 안고다. 그는 "폭격 중에는 바짝 움츠러들지만, 그때만 지나가면 금세 잊어버린다"[13]라며 서민의 끈질긴 생활력의 시점에서 도쿄공습을 바라본다. 물론 누구라도 죽음의 위기에 맞닥뜨리면 공황 상태에 빠지게 되며, 이 점은 야나기타나 안고도 마찬가지일 터이다. 여기서 물으려는 것은 거기에 표현을 부여하는 방법 및 언어를 통한 인식의 차이에 관해서다. 유년기에 자신을 감싸주는 가족이란 걸 경험하지 못했던 야나기타는 나이가 들어서도 죽음의 공포로부터 자신을 지켜주는 공동체의 존재를 느껴보지 못했다.[14] 불안을 흡수해주는 부드러운 완충지대를 가져본 적이 없었기에 공습의 위기와 마주했을 때 그의 의식은 급격히 자기 자신에게로 수축해가고 말았으며, 그토록 사랑해 마지않던 서민의 생활에는 생각이 이르지 못하는 결과를 낳고 말았다. 안고와의 분명한 차이는, 야나기타의 상민常民에 대한 지향이 결코 씻어낼 수 없는 공동체의 결여감에서 태어난 역설적인 충족의 바람이었을지도 모른다는 점에 있다. 그리고 아이러니하게도 이러한 일반적 생활 감각으로부터의 소외는, 서민들과 마찬가지로 전쟁에 휩쓸려가고만 안고와 달리 야나기타로 하여금 국책에 대해 투철한 비판적 거리를 유지할 수 있게 했다.

그런 의미에서 보자면 야나기타가 경험한 가미가쿠시란 통각統覺을 상실한 상태로서, 동일화할 대상을 명확히 가지지 못해서 드러나고 만 자기 안에 깃든 시공의 간극이었다고 할 수 있다. 야나기타는 "살아 있는 동안에도 신체와 영혼은 서로 다른 것이어서 종종 유리"되며, "영혼은 토지신이 관리하는 것이고 몸은 그로 인해 처음으로 중요성을 갖는다"고 하여, 영혼을 나와 공동체를 맺어주는 끈으로 해석한다.[15] 통일적 감각의 상실, 이것은 공동체로부터의 고립과 나의 죽음을 의미한다. 죽음은 늘 그의 곁을 떠다니고 있었다. 보통의 경우 그러한 간극이 보이는 일은 없으며, 혹은 보고도 모른 척하며 일상을 영위한다. 그것이 생활의 지혜인 것이다. 그러나 야나기타는 불행히도 일상에 드러난 균열 앞에서 두 다리가 굳어버린 채 이를 그저 응시하지 않을 수 없었다. 그런 그에게 이와 같은 균열을 메워줄 인식 구조로 여겨진 것이 히라타 국학의 유명관이었다.* 십대 중반에 입문했던 와카의 스승 마쓰우라 하기쓰보松浦萩坪로부터 야나기타는 다음과 같은 세계관을 배운다.

서로의 눈에는 보이지 않지만 너와 나의 이 공간도 가쿠리요**인 것이다. 우리의 말을 듣고 있다. 하는 짓을 보고 있다. 그래서 나쁜 짓을 할 수가 없는 것이다.[16]

물론 나는 히라타 국학이 일본 민속의 본질을 체현하고 있다든가, 야

---

* '히라타 아쓰타네平田篤胤'는 복고신도復古神道(고신도古神道)를 제창한 에도 말기의 국학자로서 가다노 아즈마마로荷田春満, 가모노 마부치賀茂真淵, 모토오리 노리나가本居宣長와 함께 흔히 4대 국학 학자로 불린다. '유명관幽冥観'은 사자의 영혼의 행방을 논한 것으로서, 앞선 세대인 모토오리 등이 죽은 자의 영혼은 황천 세계로 건너간다고 본 것에 비해, 히라타는 이를 받아들이면서도 황천 세계는 현세와 격리된 다른 곳에 있는 것이 아니라 바로 우리 주변에 있으며, 죽은 자의 영혼은 비록 세상을 떠나지만 우리와 그리 멀지 않은 곳에서 현세를 지켜본다고 보았다. 히라타에 따르면 이러한 죽은 자의 영혼들은 제사를 통해 산 자들과 교류한다. 훗날 일본 민속학에 커다란 영향을 끼친 것으로 알려져 있다.
** '가쿠리요隠世'는 사후 세계인 신역을 가리키며 황천 세계도 이곳에 속한다.

나기타가 이를 잘 알지도 못하면서 그대로 수용하고 있다는 식의 논의를 전개할 생각은 없다. 오히려 그러한 담론에의 가담은 죽음이 늘 곁에 있다는 공포를 친근한 것으로 느끼게 하는 계기를 낳는다는 점을 논하려는 것이다. 『선조 이야기』를 비롯한 고유신앙론에서 그러한 가까움과 친밀함을 연접시키는 고리 역할을 행하는 것이 가족 또는 네이션이라는 점을 추측하기란 어렵지 않다. 잘 알려져 있듯이 야나기타에게 일본 민족이란 그저 개인들의 균질한 집합이 아니라 이에를 기초로 하는 수평적 공동체였다.

그가 말하는 이에란 "선조와 자손 간의 교감"을 이루어주는 장소이며, 제사의 대상인 선조는 "자기 집안이 제사 지내지 않으면 어디에도 모실 사람이 없는 영혼," 곧 조령을 가리킨다.[17] 선조가 "가문 최초의 단한 사람"[18]이나 적자만을 가리키지 않는 한, 모든 사람의 영혼은 가령 야나기타처럼 비록 집안의 적자가 아니거나 집안이 풍비박산 지경에 이른 경우라 할지라도 남아 있는 친족의 이에를 통해 빠짐없이 모셔질 수 있게 된다. 따라서 『선조 이야기』에서 죽은 자를 제사 지내는 주체는 정부가 관장하는 야스쿠니신사가 아닌 각각의 이에로 그려진다. 이는 당시 정부가 선전하던 국가를 위해 몇 번이고 다시 태어나서 싸운다는 '칠생보국七生報國'이라는 정치 슬로건을 민중의 입장에서 전유하여 죽음의 친밀함이라는 일상적인 감정의 발로로서 재해석하려는 시도였다. 야나기타가 죽음을 비관적으로 바라보는 불교는 물론 국가신도가 제시하는 이념과도 대치하고 있었음은 널리 알려져 있다. 근대적 정교분리의 이념을 표면상의 이유로 내세워 신사를 서양적인 국민도덕 속으로 집어넣고 황실과 연관이 있는 인격신만이 상주할 수 있는 장소로 한정하는 정부의 방침은, 신사를 각 이에의 조령이 왕래하는 장소로 파악하는 야나기타가 보기에는 국민 본래의 신앙심을 무시하는 처사와 다름없었다.

국가신도라고 해서 그 실제 내용이 정부의 생각과 완벽히 합치하는 것은 아니었고, 야스쿠니신사와 메이지신궁을 보더라도 건물의 건축에 참가한 사람이나 참배객의 바람은 서로 제각각이었는데, 이것이 정부의 공적 담론에 균질적으로 장악되는 경우는 없었다. 그렇지만 "다수의 우리 동포는 감각의 영역에서는 이를 시인했지만 실제로 이에 대해 사고하거나 언어로 표현하는 기회만큼은 얻지 못했다"[19]는 야나기타의 염려에서도 알 수 있듯이, 개념화된 담론 ─ 특히 제도와 연관된 담론 ─ 은 실제로 존재하는 다양한 움직임을 각자의 개념적 인식으로부터 차단시켰고, 자신의 행위가 지닌 의미를 특정한 권위적 담론에 무리하게 끼워 맞추고 난 후에야 이해하게 되는 일그러진 사태를 빚고 말았다. 우리가 균질한 담론을 주제화해야만 하는 이유는 그러한 담론과 거기에 오롯이 회수되지 않는 것 사이의 틈새를 비틀어 열기 위해서다. 다만 이와 같은 야나기타의 화행론적 작업 또한, 그가 서양적 이론을 충분히 숙지했던 지식인이었기 때문에 ─ 그러한 서양적 이론에 대해 비판의 목소리를 내는 것 역시 ─ 가능했다는 점과 관련시켜 고찰해야만한다. 자신의 비판적인 언표 행위에 씌워진 자기 언급성을 인정할 때야말로, 스스로의 언표 행위가 표출되는 과정에 대한 자각을 가질 때야말로, 언어는 서양적 이론의 충만함에서 출발하면서도 그 제약을 붕괴시켜나갈 가능성을 지니게 될 것이다.

이렇게 집필되기 시작한 『선조 이야기』는 1945년 7월에 탈고되었다. 그런데 인쇄를 준비하던 와중에 전쟁이 끝났으며, 그해 12월에는 신도지령神道指令이 내려져 주요한 논파 대상이었던 국가신도가 너무나도 간단히 소멸하고 말았다. 사회 상황이 야나기타가 생각지도 못한 방향으로 흘러갔던 것이다. 이러한 변화 속에서 야나기타 또한 달라진 상황에 대응하기 위해 1945년 10월부터 새로운 서문을 써 내려갔고, 이듬해 4월이 되어서야 이를 추가한 책자를 가까스로 출판하게 되었다.

새로운 서문에서 야나기타는 "어떤 일이 있어도 변하지 않는 예전의 모습을 지금이야말로 확인할 수 있다"[20]며, 책의 주제가 죽은 자에 대한 애도보다 전후의 사회 상황 속에서 커다란 변화를 겪어야만 했던 이에의 구조, 그리고 그 중핵을 이루는 조상 제사의 보존 문제에 있음을 전면에 내세운다. 이제 죽은 자는 이에로부터 위로를 받아야 하는 전몰자에서 이에를 지키는 '선조'로 그 모습을 바꾸게 된다. 전중기에 집필된 저작이 돌연 전후의 사회 상황 속으로 내던져지는 경우는 야나기타뿐만 아니라 이시모다 쇼의『중세적 세계의 형성』(1944년 집필, 1946년 간행), 마루야마 마사오의『일본 정치사상사日本政治思想史』(1940~44년 집필, 1953년 간행) 등, 전후 인문·사회과학의 방향을 규정하는 데 심대한 영향을 끼친 여러 작품들이 마찬가지로 겪을 수밖에 없었던 문제기도 했다.

전중기, 즉 절대적인 권력을 쥐고 있던 정부에 대항하는 한편으로 아시아를 위해 서양 각국과도 싸운다는 이데올로기 공간 안에 있던 그들은, 자신의 언표 행위에 신빙성을 부여하려는 한 내셔널리즘 담론의 내부에 서식하면서 그 안에서 다른 공동성을 어떻게 구상할 것인가라는 전략을 취할 수밖에 없었다. 그런데 별안간 대일본제국의 공식적 내셔널리즘 담론이 연합군의 힘에 의해 외부에서부터 정치적으로 소거되었고, 그들의 공동성에 대한 논리가 전중기 내셔널리즘의 그림자에 덮인 채 어떤 공적 권위로서 유포되기 시작했던 것이다. 여기에 내부적인 문화투쟁이 공유되지 못한 채 외부의 정치적 압력으로 형성된 전후 담론 공간의 함정이 있다.

시간과 공동성의 수사학

아직 민속학의 이름을 내걸지 않았던 1910년(메이지 43년), 젊은 농업 행정 관료로 근무하던 와중에 저술한 『도노 이야기』에서도 야나기타는 변함없이 죽음과 공동체의 문제를 고민하고 있었다.

> 『도노 이야기』에는 무수한 죽음이 무뚝뚝하게 그려져 있다. 민속학은 그 시작부터 시체 썩은 내를 풍기는 학문이었다. 죽음과 공동체를 빼고 전승을 논하기란 불가능하다. 이것은 근대·현대 문학의 본질적 고립에 깊은 충격을 줄 것이다.[21]

이러한 미시마 유키오三島由紀夫의 통찰에서도 알 수 있듯이, 이 책에서 야나기타는 엄청난 수의 죽음을 논하면서도 결코 애도는 하지 않는다. "두려운 낯섦이라는 감정은 공포감의 한 특이한 변종인데, 오래전부터 알고 있었던 것, 오래전부터 친숙했던 것에서 출발하는 감정이다."[22]라는 프로이트의 말처럼 친밀함 속에는 불길함이 숨어 있다. 두메산골에 잠복한 이질적인 것에 대한 공포. 그는 세련된 근대적 문장을 이용하여 전승을 도노 마을에서 분리시키고, 그러한 공포를 ——"가능하다면 이 이야기를 통해 평지 사람들을 전율시키고자"[23]——도회지의 지식인들에게 맛보여주려 한다. 야나기타와 함께 시가를 짓기도 했던 다야마 가타이가 이보다 조금 앞선 시기에 자연주의의 선구를 이루는 소설 『이불』(1907)에서 합리적 정신으로 제어할 수 없는 신체로부터 끓어오르는 연애 감정에 압도되어가는 모습을 성적 욕망이라는 회로를 통해 묘사했던 것에 비해, 야나기타는 메이지 말기의 『도노 이야기』에서 근대적 자아와 표리일체를 이루는 신체적 정동이 아니라 개인에게 소속되지 않는 토착의 풍경을 찾아서 농촌과 산촌 주민의 생활에 눈을 돌렸던 것이다. 이는 앞서 보았던 『선조 이야기』와 마찬가지로 이에를 기초로 삼는 공동체에 대한 지향성의 표명이라 할 수 있는데, 그러한 공동성이 죽음이나 산인山人처럼 이질적인 것의 침투에 항상 노출되어 있는 장소라는 점에서 결정적인 차이가 있었다. 『도노 이야기』에 그려진 세계가 얼마나 불안과 공포로 가득 차 있는지에 대해서 요시모토 다카아키는 아래와 같이 논한다.

우리는 『도노 이야기』의 산인 이야기가 전하는 '공포의 공동성'이라는 것이 본질적으로 시간에 대한 공포와 공간에 대한 공포의 확장에 의해 규정되어 있음을 이해할 수 있다. 들리는 소문이나 믿거나 말거나와 같은 이야기가 손을 뻗치는 시간적 확대는 여기서는 백 년이 될까 말까 한 정도다. 그리고 공간적 확장은 도노 주변에 있는 촌락 공동체를 벗어나지 못한다. 그 이전의 시간과 그 이외의 공간은 모두 다양한 의미를 지닌 미지의 공포로 가득 찬 세계다. 이 세계가 바로 공동체의 금제禁制가 소외시킨 환상의 세계이며, 기지既知의 세계란 이쪽에서 이런저런 율법들로 단단히 묶어둔 산간의 촌락들을 가리킨다.[24]

『도노 이야기』는 이계異界에 대한 이중적 구조를 지니고 있다. 하나는 도노 마을의 이계로서 산인의 세계이며, 다른 하나는 독자인 도시 교양층의 이계로서 도노 마을이다. 이 이계에 관한 두 층위는 결코 인식 구조로 회수될 수 없는 여백을 내포한 장소로서, 우리가 사는 세계를 다시 정립시키는 장소이기도 하다. 야나기타와 다야마는 서양 근대적인 합리적 자아의 자명성이 실은 끊임없는 불안과 불가해에 노출되어 있다는 점을 상기시키려 한 측면에서 공통성을 가진다. 다야마는 근대적 도시 공간의 일상 안에 사랑이라는 내 뜻대로 되지 않는 정동이 있음을, 그리고 야나기타는 그러한 도시 공간의 바깥에 죽음으로 둘러싸인 전율의 세계가 있음을 발견했던 것이다.

민속학적인 것에 대한 야나기타의 관심이 서정시에 기대어 노래하는 연애 감정과의 결별과 동전의 양면을 이루고 있음은 —— 성적인 주제를 다루려 하지 않는 그의 학문적 성격과 함께 —— 자주 거론되어왔지만, 여기에는 어디까지나 근대적 자아 안으로 침잠하는 자연주의 문학과는 다른 회로를 통해서 근대 합리주의로는 달래지 못할 불안과 대면하려는 독자적인 사고의 논리가 있었다. 이렇게 근대적 자아를 철저하게 상대화하는 야나기타의 논법은 그가 작품 속에서 그려내는 시간 감각에 농후하게 덧입혀져 있다. 그 점에서 이구치 도키오井口時男의 설명은 정곡을 찌른다.

야나기타가 말하는 '무시無始의 소리'란 객관적인 역사의 어딘가에 정해진 위치를 갖는 시간이 아니다. 그것은 진정 '무시'인 것이며, 시작도 끝도 없는 '상常'의 상태인 것, 그리고 흔해 빠진 것, 지금 여기에서 그 누구라도 '단지 조금만 마음을 기울이면 반드시 생각해낼 수 있는' 것이다. 그러므로 이러한 소생은 '그리움'의 감정을 유발한다. 그 '그리움'을 독자에게 환기시킬 수 있는가 어떤가에 야나기타 글의 성패가 달려 있는데,

반대로 말하자면 그러한 '그리운' 기억을 공유하는 것이 바로 '상민'인 것이다.[25]

야나기타는 천황제나 역사학에 흡수되지 않는 독특한 시간 의식 — 고대를 향해 쭉 뻗어나가는 소급적 시간이 아니라 몇 세대만 건너뛰어도 망막한 기억에 에워싸이고 마는 시간 감각 — 을 지니고 있었다. 야나기타가 묘사하는 상민의 세계란 기껏해야 근세 혹은 무로마치 시대〔1336~1573〕 정도에만 적용될 법하다는 비판이 역사학자들로부터 제기된 적이 있으나, 그의 목적은 서력이나 기전체처럼 명확한 연차로 나뉘는 시간 의식을 민족적인 기억으로 편성하는 데 있지 않았다. 야나기타는 오히려 문자 기록에 지배되는 시간 관념이 상실된 곳에서 나타날 — 이는 물론 단순히 문자로 기록되지 않은 역사를 가리키는 것은 아니다 — 우리 내부에서 고동치는 표현 불가능한 시간의 흐름을 표현하려 했다. 이는 곧 우리를 끊임없이 불러내는 노스탤지어라는 감정의 덩어리이며, 야나기타에게는 결코 이룰 수 없는 공동체로의 회귀라는 열정에 계속하여 불을 지피는 현전 불가능한 장소이기도 했다. 여기서 그의 문체가 분석적인 학문의 형식이 아니라 심정의 서술에 능한 근대 문학의 조류에 따르고 있었다는 점을 잊어서는 안 된다.

여기서 환기되는 감정이란, 본질적으로 떨어져 있는 서로 다른 마음과 마음이 감응하면서 각자의 내부에 억눌려 있던 생각이 복받쳐 오르고, 그것들 — 희로애락의 어떤 형태이건 간에 — 을 열어젖힐 교류의 장소에서 자라날 심적 에너지를 가리킨다. 이러한 의미에서 노스탤지어란 아직 알지 못하는 상대방에게서 발견될 친밀함의 예감이며, 본 적 없는 사람들을 서로 끌어당기는 직감이기도 하다. 그러나 이는 비록 그

당사자들에게는 왕왕 합일의 경험으로 느껴지겠지만, 어디까지나 서로의 관계가 약분 불가능성 위에 성립해 있기 때문에 환기될 수 있는 타자에의 작용인 것이며, 그러한 약분 불가능성이 불러오는 마음의 공명인 것이다. 이러한 노스탤지어가 불러일으키는 감정이 감상적 동일화의 소용돌이에 빨려 들어가고 마는가, 아니면 차이가 촉진시키는 공감으로 변용되어가는가의 문제는 각각의 발화 행위가 스스로의 트라우마와 어떻게 거리를 유지하는가에 따라 결정된다.[26]

따라서 이 망막한 시간 감각은 양가적인 의미를 지니게 된다. 이것이 약분 불가능한 공동성과 호응하는 한, 여기서 상기되는 시간은 하나로 통일되지 않고 끊임없이 어긋나는 다층적 시간으로 나타날 것이다. 비록 현대 소설이긴 하지만 다와다 요코多和田葉子의 다음 문장은 다층적인 분립의 감각을 잘 포착하고 있다.

〔같은 열차 안에 있으면서도〕 자고 있는 중에는 우리 모두 외톨이가 되는 것은 아닐까요? 꿈속에서는 창문으로 뛰어내리는 사람도, 출발지에 남겨진 사람도, 이미 목적지에 도착해버린 사람도 있습니다. 우리는 처음부터 같은 공간에 있는 것이 아닙니다. 자, 땅의 이름이 침대 아래에서 무서운 속도로 달려가는 소리가 들리죠? 한 사람 한 사람 모두 다른 거예요. 다리 아래에서 땅을 빼앗아가는 속도가요. 누구도 내릴 필요는 없어요. 모두 여기에 있으면서 여기에 없는 채로, 각자가 제각각 달려가는 거예요.[27]

도노의 이야기가 그러하듯이 공동체의 이야기들은 통일적인 시간의 축을 가지지 못하는데, 각각의 이야기가 독립한 채 산재하면서 다양한 시간의 흐름이 분립하는 가운데 가지각색의 형태로 서로에게 영향을 주고받는 관계 안에서 공존하기 때문이다. 사람들은 동일한 이야기를 다르게 해석하여 전유할 수도 있고, 거기에 자기 나름대로의 다른 기억을 덮어씌울 수도 있다. 수많은 죽음은 동화될 수 없는 존재로서 잠들지 못한 채 계속해서 공동체의 자명성에 대해 물어오는 여백이 되고, 이민족으로서의 산인 또한 식민지하의 조선과 중국 사람들에 겹쳐지는 표상으로서 이질적인 것에 공동성을 열어가는 회로가 된다. 물론 이것이 만약 자의식의 구체球體 속에서 자아내는 낭만적 행위에 불과하다면, 제아무리 타자를 이야기해본들 이질성에 노출될 일이 없는 자위행위로 전락해버릴 터이지만 말이다.

야나기타는 우여곡절을 거친 끝에 1920년대 중반이 되면 자신의 학문을 서양의 보편성에서 분리시키고 일본 고유의 '민속학'을 자칭하기 시작한다.[28] 산인으로 대표되는 불가해한 존재를 일본 국토의 내부로 엮어 넣는 작업은 정지되고, 그의 표현은 닫힌 국민 공동체로 전환되어 간다. 이제 야나기타의 노스탤지어는 이에와 상민이라는 내부를 향해 닫히기 시작한다. 내부를 향해 닫혀간다는 것은 외부에 대한 배제만을 의미하는 것이 아니다. 내부가 동질화되어 질식하고 말 위험성 역시 가지게 되는 것이다.

야나기타의 학문에 이러한 변화를 가져온 다이쇼 시대의 사회적 요인으로서, 자본주의의 진전에 따른 농촌과 도시의 사회 격차 증대와 지연적 공동체에서 괴리된 대중사회 안에 잠복한 내적 불안을 들 수 있다. 그리고 동질성에 대한 지향을 더욱 강하게 보여주는 『선조 이야기』의 경우에는 15년전쟁을 거치면서 늘어만 가는 죽은 자의 수, 공습과 미군의 오키나와 상륙 등을 통해 환기된 죽음에 대한 불안, 계속되는 전쟁의 피폐감 등을 들 수 있겠다. 국가 체제는 점점 더 강화되어가는 데 반해 그 내부 국민의 불안감은 오직 증대해갈 뿐이었다. 이러한 다이쇼 시대 이후의 사회 상황 속에서, 야나기타는 자신의 학문을 통해 정체성의 위기에 처해 있는 사람들에게 일본인의 고유신앙이라는 동질성을 부여하여 불안을 진정시키고자 했다. 죽음과 고독이라는 뿌리 깊은 트라우마를 안고 있던 야나기타에게도 이와 같은 언표 행위는 그가 항상 희구해왔던 공동성과의 일체화를 추진하는 데 있어서 안성맞춤의 기회를 제공해주었다.

여기서 애도 행위는 결정적인 의미를 가지게 된다. 『도노 이야기』에서 진정되지 못했던 사자의 영혼은, 『선조 이야기』에서는 "일정한 세월이 지나면 조령은 개성을 버리고 융합하여 하나가 된다"[29]고 하여 어느 새인가 개성을 잃어버린 채 거대한 공동체에 조령으로서 흡수되고 만다. 이것이 야나기타가 한 "오랫동안 조상신이 되어 이에를 지키고 이 국토를 지키려 한다"[30]는 말의 의미였다. 이때 애도는 차이를 소거하고 이를 공감의 공동체 안에 가둬버리는 행위로 변질한다. 그리하여 죽음의 불안은 공동체에서 보이지 않는 완전한 외부로 쫓겨나고, 공동체의 성원들이 바라보는 지평에는 그 어떤 불협화음을 일으킬 만한 존재도 있을 수 없게 된다. 이 공간을 지배하는 시간 관념 또한 온갖 개성을 상실한 동질적인 시간에 흡수되고, 모든 것들은 애매함 속으로 삼켜진다.

거기에는 ─ 사카이 나오키가 "공감의 공동성"[31]이라 부른 ─ 공동체의 묵계를 자명한 것으로 여기는 자장이 작동하며, 약분 불가능성을 지닌 사람은 그 존재 자체가 처음부터 없었던 것으로서 말소되어버린다. 가끔 그 존재를 쫓아낸 후에 그를 떠올리게 되는 경우가 있는데, 공동체 내부의 사람들은 이를 도리어 기분 좋은 경험으로 기억하게 되고 추방된 자가 끌어안고 있던 갈등이나 불가해한 측면은 지워진다. 역설적이게도 야나기타가 확립한 민속학이라는 학문은 그 자신이 무엇보다도 두려워하던 것, 즉 타자와의 연결을 잃어버리는 상황에 처하여 타자를 살아 있는 사자로서 묻어버리는 담론을 재차 생산했던 것이다. 이것이 죽은 자에 대한 진정한 애도일까?

  아무도 나를 구제할 수 없는 것이다. 바로 내가, 누구도 구제할 수 없었던 것과 똑같이. 〔……〕 세상에는 눈물을 흘릴 수 없는 슬픔이라는 것이 존재하는 것이다. 그것은 그 누구에게도 설명할 수 없고, 설사 설명할 수 있다 해도 그 누구도 이해할 수 없는 종류의 일인 것이다. 〔……〕 그렇게 나는 내 언어를 폐쇄하고 내 마음을 닫아갔다. 깊은 슬픔이란 눈물이라는 형태를 취하는 것조차 불가능한 것이다.[32]

이제 하나의 근본적인 물음을 제기해야만 한다. 야나기타가 고유신앙론에서 말하려 했던 가족, 그리고 선조란 그의 언어 안에만 존재하는 공허한 담론에 불과했으며, 따라서 이를 가지고 죽을 때까지 그를 괴롭혔을 죽음과 고독을 치유하기란 불가능했던 것이 아닐까? 그의 언어는 오히려 달랠 수 없는 트라우마로부터 시선을 돌려버리게 만든 것은 아닐까? 여기서 매우 중요한 역할을 한 것이 그의 언표 행위의 형태였다.

말기의 눈

이구치 도키오는 야나기타의 문체에 관해 흥미로운 지적을 한다.

야나기타 구니오는 다른 무엇도 아닌 바로 '나'라는 시점을 소거하고 처음부터 '우리'라는 집합성의 위치에서 문장을 쓰고 있다. '나'를 소거함으로써만 우리 안의 이름 없는 '상민'은 공동성의 지평으로서 편재할 수 있는 것이다. 야나기타의 문장과 함께 태어나는 얼핏 무한정으로 보이는 '상민'은, 야나기타의 문장 기술 능력에 의해 그 범위가 한정된다.[33]

확실히 야나기타의 문장에는 기묘한 조작이 엿보인다. '나'라는 고유명을 소거함으로서 근대 도시 공간에 살고 있는 독자들 앞에 공동성을 드러내는 조작이 그것인데, 이를 가능하게 한 수행적performative 서술의 힘은 바로 야나기타 구니오라는 근대 서양적 교육을 받은—다야마 가타이 같은 문학자에 필적하는 필력을 지닌—근대적 개체의 체현자에게서 나온 것이었다. 언표 행위자로서의 신체성을 은폐함으로써 야나기타는 그의 발화 행위를 둘러싼 구체적 상황에서 이탈하여, 이에를 기반으로 하는 균질한 공동체에 동화하는 담론을 출현시킬 수 있었다. 『도노 이야기』에서는 아직 촌락 내의 각각의 인물과 이에가 구체적으로 논해지고 있으며 상민으로서 균질화되지도 않았다. 그러나 이때도 이미 미나가타 구마구스南方熊楠에 의해 야나기타의 산인론은 비현실적인 동경에 불과하며, 여기서 논급되는 공동성 역시 성적인 차원의 일상성을 결여하고 있다는 비판이 이루어지고 있었다는 점을 기억하자.

요시모토 다카아키가 "쌍환상"*이라 표현한 성적 관계는 개인과 개

---

* '쌍환상對幻想'은 요시모토 다카아키의 조어로서 1968년에 간행되어 당시의 젊은이들에게 커다란 인기를 얻었던 작품 『공동환상론共同幻想論』에서 사용되었던 개념이다. 국내 독자에게도 친숙한 요시모토 바나나의 아버지인 요시모토 다카아키는 사회계약설이나 국가를

인의 관계이면서 동시에 이에의 기반을 이루는데, 여기서 피어나는 정동을 매개로 눈앞의 타자와 관계하려는 욕망이 생겨난다. 이는 야나기타가 다야마나 시마자키 도손島崎藤村 같은 자연주의 문학과 단교했을 때 벗어버렸던 구체적인 감정의 세계이기도 하다. 나는 다야마처럼 심정을 토로하는 편이 옳다는 말을 하려는 것이 아니다. 그들 역시 타자와의 관계에서 태어나는 감정을 '자신의' 성욕으로 왜소화해버린다. 하지만 필요했던 것은 성적인 충동을 자기 안의 수습되지 않는 타자에 대한 지향성으로서 파악하는 작업이 아니었을까? 그리고 이것이야말로 야나기타가 말하는 '이에'의 내실을 이루고 있을 터이다.

인간은 혼자서 살아가지 못하며, 그렇다고 해서 타인에게 동화되지도 못한다. 그래서 함께 살아가려고 하는 것이다. 차이란 자기동일성으로 완결된 개체와 개체 사이의 다름을 의미하는 것이 아니다. 자기 내부에 어떤 어긋남을 품을 수밖에 없는 개인들이 그러한 일그러짐으로 인해 타자를 원하게 되고, 거기서 생겨나는 공존의 장소가 또 다른 불일치를 만들어내는 작용을 가리키는 것이다. 여기에서 벌어지는 피할 길 없는 엇갈림은 타인과 관계하려는 의지, 그리고 표현의 욕구를 환기

계급 착취의 도구로 보는 마르크스-레닌주의의 기능주의적 해석을 거부하고, 마르크스의 소외론과 프로이트의 리비도 개념을 결합시켜 국가를 공동환상의 산물로 정의하는 독자적인 논의를 전개한다. 요시모토는 하부구조 결정론만으로는 예컨대 전전의 천황제 국가 등을 설명할 수 없으며, 거기에는 어떤 소외된 환상이 존재한다고 여겼다. 촛불은 양초에서 생겨나지만 양초를 분석한다고 해서 촛불의 의미를 알 수 있는 것은 아니며, 신체를 해부하고 연구하더라도 그 사람의 성격과 정신을 알 수 있는 것은 아니다. 이처럼 하부구조의 영향을 받으면서도 거기서 소외된 상부구조의 특질을 요시모토는 공동환상이라 불렀다. 공동환상은 개인의 자신에 대한 환상인 자기 환상과 개인의 타자에 대한 쌍환상이 국가와 법 등으로 확대된 것을 가리키는데, 이 중 쌍환상은 가족 간의 성적 관계에서 소외된 환상을 나타낸다. 요시모토는 이 쌍환상이 가족과 가정을 지탱하는 토대라 간주하며, 국가는 이것의 무한한 전개라 여긴다.

시킨다. 언표 행위란 관계성 속에서 태어나는 것이며, 타인의 존재로 인해 비로소 생겨나는 지향성이다. 『선조 이야기』가 간행된 1946년, 사카구치 안고는 패전 후의 혼란기를 살아가기 위한 방도에 대해 다음과 같이 이야기한다.

인간은 본디 생각한 대로 생활할 수 있도록 되어 있지 않다. 사랑하는 사람에게는 사랑받지 못하고, 원하는 물건은 내 손에 들어오지 않고, [……] 꿈은 언제나 무너지는 것이지만 체념이나 통곡은 무너져가는 꿈이라는 사실 위에 존재할 수 있는 것으로, 사유로서 독립적으로 존재하는 것은 아니다. 인간은 무엇보다도 생활하지 않으면 안 되는 것이며, 생활 자체가 생각할 때 비로소 사상에 육체가 깃든다.[34]

물론 안고처럼 생활을 실체시해서는 안 된다. 그가 앞선 전쟁에서 국책에 빠져들었던 원인도 여기에 있는데, 사상과 생활이라는 이항 대립의 메타포가 쉽게 전도되고 마는 측면을 지니고 있다는 점은 1930년대의 전향과 같은 예를 통해 이미 널리 알려져 있다. 생활을 실체화하거나 사상과 일치시키는 것을 피해, 언어와 그 여백인 현실의 틈새에서 나타나는 트라우마를 응시하는 것이 중요하다. 죽음과 산인은 바로 여기에 서식하는 것이며, 이러한 틈새에서 펼쳐질 풍경이야말로 표현을 지탱할 수 있다. 이때 현실과 언표 행위 사이에 뒤틀림이 일어나고, 균질한 담론에 결코 회수되지 않을 표현의 자립성을 획득할 수 있게 된다.

야나기타가 산인의 세계에 이별을 고하고 상민의 세계에서 일본 민속학을 세우기 시작했던 1927년, "나의 언어는 바람 속의 노래처럼 사라진다"[35]는 말을 남긴 채 아쿠타가와 류노스케가 목숨을 끊는다. 그 또한 야나기타가 『도노 이야기』를 발표했을 무렵 마찬가지로 자연주의 문학과는 분명히 구분되는 형태의 소설 — 왕조王朝물로 불리며 고대 설화를 소재로 삼는다 — 을 쓰기 시작하고 있었다. 근대가 아닌 공간에 가탁하는 점에서는 야나기타와 매한가지이지만, 그의 시선은 오직 인간의 이기주의에 쏠려 있었다. 마치 그를 둘러싸고 어지럽게 뒤얽혀 있던 가족 관계에 혼을 빼앗기기라도 한 것처럼. 예컨대 왕조물의 첫번째 작품인 「라쇼몽」에 등장하는 노파는 다음과 같은 인상적인 대사를 내뱉는다.

그렇게라도 하지 않았으면 굶어 죽었을 테니 어쩔 수 없이 한 것이겠지. 그러니 지금 내가 하던 짓도 나쁘다고 생각지 않아.* 이 짓이라도 하지 않으면 굶어 죽을 수밖에 없으니까 어쩔 수 없이 하는 짓이야.³⁶⁾

여기에는 자아라 불리는 자의식의 차원이 아니라 개체로서의 존재 그 자체가 가져오는 고통, 그러니까 타자에게 상처를 주지 않고서는 살아갈 수 없는 우리의 본질에 대한 날카로운 추궁이 있다. 개인과 개인의 관계가 애정과 동시에 증오를 환기시킨다는 점을 모르는 사람이 어디 있으랴. 야나기타가 죽은 자의 진혼을 통해 틀어막고자 했던 것은 바로 이러한 현실의 혼돈이 아니었을까? 아쿠타가와의 왕조물이 일본 사회에서 구제의 형태를 탐구한 기리시탄**물이라는 작품군과 병행하여 저술되었다는 점을 잊지 말도록 하자. 아쿠타가와는 서양 근대화의 외부

---

* 이 노파는 시체들로부터 머리카락을 뽑아 만든 가발로 생계를 유지하고자 한다.
** '기리시탄切支丹'은 주로 일본의 전국 시대부터 메이지 초기에 이르는 시기의 기독교 신자들을 일컫는다.

로 도망치기보다, 도망을 허락하지 않는 압도적인 구속력으로 가득 찬 그 담론 공간의 내부에서, 서양적 자아와 함께 등장하는 토착을 가장한 담론의 간극에 자신을 내던짐으로써 어딘가로 빠져나가려고 했다.

그러나 오카니와 노보루岡庭昇가 아쿠타가와의 죽음을 두고 평한 것처럼, "인식이 철저하게 리얼해질수록 여기에 근거한 표현 공간이 과장된 현실로 변질해가는 잔혹한 이율배반"[37]이 일어나는 순간, 표현자는 자신의 표현력과 현실의 간극에 으깨져버리고 만다. 언표 행위는 오직 죽음을 추도하기 위한 것만은 아니다. 표현자를 죽음의 심연으로 끌고 가기도 하는 것이다. 아쿠타가와는 「라쇼몽」을 "밖에는 오로지 깊은 동굴처럼 새카만 밤이 보일 뿐이었다. 하인의 행방은 아무도 알지 못했다"[38]라는 유명한 문장으로 끝맺는다. 야나기타가 아직 도노 마을의 이야기에 대한 흥분을 간직하고 있던 1915년에 쓰인 이 작품은 대략 10년이 흐른 후 두 갈래의 길, 즉 표현이 가진 뒤틀림을 지워버리는 길 또는 그 틈새에서 횡사하게 되는 길과 만나게 된다. 전후의 담론 공간은 야나기타의 『선조 이야기』로부터 이어지는 완만한 흐름 안에 보기 좋게 죽음을 집어넣은 것처럼 보이지만, 다른 한편으로 제법 많은 사람들의 표현 속에 굴복하지 않는 사자들이 잠재해 있는 것도 분명한 사실이다. 지금부터 나는, 그리고 당신은 어떤 길을 가게 될까?

사령 제사의 정치학
―위령과 초혼의 야스쿠니

> '무언無言'의 측면에서 말하자면, 이를 강제당하고 있는 것은 오히려 전쟁에서 죽은 미술학도들의 그림 앞에 우두커니 서 있는 우리일지 모른다. 고요함으로 가득 찬 그들의 유작과 마주할 때 [……] 오직 '무언'의 상태로 꼼짝할 수도 없게 된 것은 지금을 살아가는 우리인 것이다. ── 구보시마 세이이치로窪島誠一郎, 『무곤칸 노트: 전몰 미술학도에게 보내는 레퀴엠無言館ノオト―戦没画学生へのレクイエム』

국가에 의해서건 가족에 의해서건, 전몰자를 제사 지낸다는 것은 대체 무엇을 의미할까? 오늘날 야스쿠니 문제가 아시아 여러 나라와의 관계에서 활발히 논해지고 있으나 ──A급 전범의 합사나 '국가'에 의한 제사가 옳은지 그른지가 쟁점으로 다루어지면서도 ── 야스쿠니에서 집행되는 제사가 어떠한 것인지, 또 그 '제사'의 내실과 그러한 행위를 빚어내는 논리란 어떤 것인지에 관한 충분한 논의는 찾아보기 어렵다. 물론 야스쿠니에 신사의 명칭이 부여되고 있는 이상 이러한 행위는 '종교'적인 것으로 인정되며, 따라서 수상의 참배 행위는 정교분리 문제에 저촉된다고 여길 수 있다. 여기서 말하는 정교분리의 이념이란 정치적 영역을 관할하는 국가가 개인의 내적 문제인 종교 영역에는 관여하지 않는다는 것으로서 근대 서양의 세속화 사회에서 유래하는 개념인데, 그렇다면 야스쿠니신사에서 행해지는 사자의 제사는 그러한 서양적인 이념과 어떤 관계가 있을까? 일본인들이 막부 말기의 개국 이래 서양적으로 제도화된 사회에 살고 있는 것은 분명한 사실이지만, 그렇다고 모든 것이 서양화되었다고는 볼 수 없으며 나아가 서양화라는 것의 실체를 단순한 일원론으로 파악하기도 불가능하다. 그렇다면 당연히 종교와 국가라는 서양적 이념으로는 간단히 분리되지 않는 문제가 야스쿠니신사의 중핵을 이루는 제사 행위 그 자체에 포함되어 있다고 보는 것이 타당하지 않을까?[1] 물론 정교분리의 원칙은 현실의 정치체제를 감시하는 이념이고, 이에 근거하여 야스쿠니의 문제를 철저하게 비판하는 것은 일본 사회가 서양적 정치체제를 기반으로 형성되어 있는 한 불가결한 작업이라 할 수 있다. 하지만 야스쿠니의 제사에 일본이 서양화를 이룰 때 생겨난 일그러짐이 포함되어 있다고 한다면, 서양화의 문제로 오롯이 환원되지 않는 야스쿠니신사의 논리를 적출하여 그 한계와 가능성을 — 서양적 범주에 적합한지 어떤지를 묻기 이전에 — 우선 분명히 해둘 필요가 있지 않을까? 이 장은 그와 같은 도래할 고찰로 안내하기 위한 준비 작업이 될 것이다.

초혼과 위령*

오늘날의 논의에서는 거의 언급되고 있지 않으나 야스쿠니신사는 원

---

* '초혼招魂'이란 말 그대로 죽은 사람의 영혼을 불러내는 것을 의미하며, '위령慰靈'은 사자의

래 초혼사招魂社로 불렸던 것에서도 알 수 있듯이 초혼 의례를 제사의 한 축으로 삼고 있었다. 초혼은 당시 "그때그때 재천在天의 영혼을 불러내어 신찬神饌을 즐기게 하는"(1878년 12월 9일 초혼사 관할 육군성 제1국장 의견서) 행위로서 일반에 널리 알려져 있었는데, 야스쿠니신사 또한 이를 다음과 같이 손수 규정하고 있었다.

합사제合祀祭 전날 청불식을 행하며 그날 밤에 초혼식을 행한다. [……] 초혼식이란 우선 초혼장에 제단을 설치하고, 좌우에 오쿠샤를 두며 정면에는 도리이를 세워서 그 양측에 오색 비단을 감아놓을 마사가키를 두고 니와비에 불을 놓는데, 육해군 장교 및 각 성省의 총대總代를 군대가 경고警固하는 상태에서 구지가 네기 이하를 이끌고 신령을 초제招祭하여 폐백과 신찬을 바치며, 그 후 항오行伍를 갖추어 초제한 신령을 본당으로 옮겨서 진제鎭祭함을 말한다.* 그리고 다음날 임시 제전을 행한다. 이를 합사제라 칭한다. 이 합사제를 집행하는 날에는 반드시 칙사勅使

넋을 위무하는 것을 말한다. 본문에서도 언급되듯이 야스쿠니신사는 원래 초혼을 주로 관장하던 초혼사로서 전쟁 등에서 죽은 자들의 영혼을 불러내어 그들에게 국토를 지켜줄 것을 부탁하는 의례를 담당하고 있었는데, 초혼의 의미는 죽은 자들의 넋을 기리는 위령의 의미와 반드시 합치하는 것은 아니었다. 풍작 등을 기원하기 위해 사자의 영혼을 불러내는 초혼은 그 힘을 빌린 뒤에는 영혼을 다시 돌려보내지만, 야스쿠니신사는 영혼을 그곳에 머물게 하며 그들의 넋을 달래는 기능이 주어져 있다. 이는 일본인의 사자 관념과 국가에 의한 제사의 관장, 그리고 죽은 자의 영혼이 현실의 세계 안에 존재한다는 국학의 담론 및 민속학의 논리 등이 복잡하게 작용한 결과로서, 야스쿠니신사의 본질을 파악하는 데 매우 중요한 문제를 포함하고 있다.

* '청불식淸祓式'은 액이나 죄, 부정을 씻어내는 의식이고, '오쿠샤幄舍'는 제사나 의식 등에서 임시로 설치하는 천막을 말한다. '도리이鳥居'는 신사의 입구에 세워진 기둥으로서 신계와 인간계를 구분하는 표식 역할을 한다. '마사가키眞榊'는 신사의 제단에 설치하는 제구로서, 녹·황·적·백·청의 오색 비단을 감고 3종의 신기(일본의 신화에서 태양신이 건네주었다고 하는 거울, 옥, 검을 말한다)를 걸어둔다. '니와비庭燎'는 정원에 두는 화톳불이고, '구지宮司'는 신직과 무녀를 통괄하는 신사의 장이며, '네기禰宜'는 구지를 보좌하는 신직이다.

가 참향參向하여 제문祭文을 고한다.[2]

이에 따르면 전몰자의 영혼을 야스쿠니신사로 불러들여 그대로 신사에 앉혀두는 행위가 초혼인데, 초혼식은 그전부터 모셔지던 영혼과 합사하는 합사제와 한 쌍을 이룸으로써 비로소 완성된다. 이는 앞에서 인용한 메이지 11년(1878) 의견서의 이어지는 부분에서도 확인할 수 있는데, 이 의견서를 계기로 그다음 해에 도쿄 초혼사라는 명칭이 별격관폐사* 야스쿠니신사로 개칭되었다. 앞에서 보았던 부분을 포함하여 의견서를 인용해두겠다.

〔초혼사의〕 사명社名을 보면 그때그때 재천의 영혼을 불러내어 신찬을 즐기게 하는, 소위 초혼장에 불과한 것으로 여겨집니다. 만약 실로 그러하다면 굳이 신궁이라 부를 것도 없이 감호자를 한 명 두는 것만으로 충분하겠습니다만, 이곳의 의미는 결코 그것에 그치지 않습니다. 보신** 이래 국가를 위해 충의를 떨치고 전사한 영혼이 자리 잡는 곳, 즉 영세불후永世不朽의 일대사一大社로서 매년 네 번의 대제大祭와 매달 네 번의 소제

---

* 메이지 정부는 율령의 세칙이 적혀 있는 『엔기시키延喜式』의 신사 열람에 따라 새롭게 신사의 등급을 정했다. 이에 따라 모든 신사는 그 역사와 중요성 등에 의해 관사官社, 제사諸社(민사民社), 무격사無格社의 사격社格을 부여받았다(참고로 이세신궁伊勢神宮은 모든 신사의 위에 존재하며 사격이 없는 특별한 지위를 가졌다). 그중 관사는 각각 관폐사官幣社와 국폐사國幣社로 나뉘며 각각 대, 중, 소의 격을 부여받았다. 주로 천황과 황족, 그리고 국가의 중대사에 관련된 신을 모시는 곳을 관폐사라 칭했으며, '별격관폐사別格官幣社'란 국가에 공적을 올린 충신을 기리는 신사로서 관폐사와 국폐사 어디에도 속하지 않지만 관폐소사와 동일한 대우를 받았다. 이러한 사격 제도는 일본의 패전과 함께 폐지되었지만 오늘날에도 구 사격이라는 용어로 신사의 격을 과시하는 경우가 더러 있다. 식민지 조선에 세워진 조선신궁은 여러 우여곡절을 거친 끝에 당시 관폐대사의 칭호를 부여받았다.
** 1868~69년에 벌어진 '보신전쟁戊辰戰爭'을 일컫는다. 새롭게 정권을 장악한 메이지 신정부와 구세력이 충돌한 전쟁이었는데, 메이지 신정부의 승리로 끝났다.

小祭를 지내는바, 그 충혼을 위무하는 성스러운 뜻이 닿지 않거나 다해지지 않는 곳이 없음에도 불구하고 오직 신궁이 되지 못하여 일사—社의 체재조차 갖추지 못하고 있다는 점을 부디 헤아려주시길 바라옵니다.[3]

초혼이란 "그때그때," 즉 일시적으로 영혼을 불러오는 빙령憑靈과 비슷한 일종의 강신술로 여겨졌는데 ── 뒤에서 볼 미시마 유키오의 소설 「영령의 소리英靈の声」에 묘사된 것처럼 ── 당시 민간에 퍼져 있던 국학 계열 신도에서 행한 넓은 의미의 진혼술과도 밀접한 관계가 있었다.[4] 그런데 야스쿠니신사 및 그 전신에 해당하는 도쿄 초혼사에서는 앞의 의견서에도 나와 있듯이 초대받아 내려온 영혼이 다시 지상을 떠나지 않고 그대로 신사에 머물며 제신祭神이 되어 영구히 자리 잡는다. 여기서 말하는 제신은 "메이지유신의 대업을 비롯하여 수차례에 걸친 커다란 전몰"에서 "죽음을 통해 호국의 신"으로 모셔진 국가 영령을 가리킨다.[5] 합사제는 물론이고 예대제* 등의 야스쿠니의 제사가 이러한 신들을 위령하는 데 그 목적이 있었다는 점은, 막부 말기인 분큐文久 2년(1862) 근황**의 지사들이 교토 히가시야마東山에서 집행한 초혼제 ──도쿄 초혼사의 선례가 되었다고 여겨진다 ── 에서 낭독한 다음 제문에서 이미 명백하다.

산에 가면 풀이 우거진 주검, 바다에 가면 물에 잠긴 주검. 대군大君

---

* '예대제例大祭'는 1년에 1~2회 행해지는 그 신사의 가장 중요한 제사를 일컫는다.
** '근황勤皇'은 천황에게 충성을 바친다는 의미로서, 막부를 타도하고 천황을 옹립하려던 정치운동 일반을 가리킨다.

을 위해, 대군을 위해 죽으려고 마음먹고 오미고코로*를 마음에 품고 근로하면서, 혹은 자기 몸을 바쳐서, 혹은 자살함으로써 왕의 사업에서 목숨을 잃은 사람의 수가 안세이 5년[1858]부터 지금에 이르기까지 수백 명에 이른다. 또는 3월의 눈 속을 시가를 읊으며 걷거나, 5월의 보름달 아래에서 의기투합한 충사들을 조정에서도 슬프고 안타깝게 생각하며 마음속에 그리는데, 이들의 굳세고 맑고 밝은 영혼을 이곳에 진재鎭齋하여, 나라 전체에 보답하고 황국 기초의 진호鎭護로 삼자고 여러 동지들의 생각이 빠르게 모아져서 이를 몸소 실행하기 위해 전하에게 건백하였지만 아직 이루어지지 못했다. 이대로 시간이 흘러가는 것이 안타까워서 오늘 이 좋은 날에 동지들을 모아서 먼저 제사를 올리는데, 영혼들에게 이러한 연유를 고하고 이를 행하는 것이야말로 청컨대 충의제군忠義諸君의 니기타마, 아라타마**가 서로 알고 모름에 관계없이, 모자라거나 넘치지 않게 이 제정祭庭에 하늘로부터 날아와 모여서, 동지들이 바치는 산해의 쌀로 만든 술과 밥을 즐기고 환앙歡仰의 글을 편하게 들으시며, 니기타마는 조정에 행운을 주시어 〔……〕 아라타마는 게걸음질을 치는 이적夷賊은 물론이고 만약 군함이 가까이 올 때는 토벌해주시며 〔……〕 사키미타마***는 신기神祇 용조鎔造의 이 오야시마구니****를 본의本議와 같이 고귀한 우주에 철저한 강국으로 만들어주시길 동지 모두가 메추라기가 배를

---

* '오미고코로大禦心'는 천황의 마음을 의미하는데, 단지 현재의 천황을 의미하는 것이 아니라 넓은 의미에서 천황가 전체의 가르침이나 성덕을 뜻한다.
** 신의 영혼이 지닌 두 모습을 각각 표현한다. '니기타마和魂'는 신의 온화한 측면으로서 햇살과 비, 가호 등을 나타내며, '아라타마荒魂'는 신의 두려운 측면으로서 천지이변과 질병 등을 나타낸다.
*** '사키미타마幸魂'는 니기타마의 한 측면으로서 행운을 가져다주는 것을 말한다.
**** '오야시마구니大八洲國'는 신화에 등장하는 일본의 다른 이름으로서 수많은 섬으로 이루어진 나라라는 뜻이다.

땅에 대고 기는 마음으로 황공해하며 전한다.[6]

고대 신기령*의 축사를 본뜬 이러한 형식의 제문은 현재까지도 야스쿠니신사의 제례에 답습되고 있다. 종교학자 무라카미 시게요시는 전후 야스쿠니 연구의 기틀을 마련한 획기적인 저작 『위령과 초혼: 야스쿠니의 사상慰霊と招魂─靖国の思想』(1974)에서, 막부 말기의 이러한 초기 초혼제가 메이지 12년(1879)에 개칭된 야스쿠니신사로 이행하는 과정에서 제사의 주역이 "충사자忠死者의 영혼에서 '나라國,' 곧 근대 천황제 국가로 이행"했으며, "강한 개성을 간직하고 있던 '충혼'이 점차 개성을 잃고 추상화된" "천황을 위한 사자 집단"으로서 "균질하고 무기질한 제사 집단으로 새롭게 형성"되었다고 해석한다. 무라카미는 이를 '위령과 초혼'의 대비를 통해 국가권력이 장악한 거짓된 종교(국가를 위한 위령)가 그 이전에 존재했던 일본 사회의 본래적 종교(개인 영혼의 초혼)를 짓밟아가는 과정으로 묘사한다.

하지만 앞서 본 분큐 2년의 제문에도 분명히 나타나 있듯이, 이미 막부 말기에 행해지던 초혼제의 단계에서도 천황을 위해 전사한 자의 죽음을 애석해하는 행위로서 초혼은 위령과 한 쌍을 이루고 있었으며, "오스메라구니**를 야스쿠니安國로 지배하는" 야스쿠니靖國신사(1879년 6월 25일 야스쿠니신사 사호社號 개칭에 관한 제문)로 곧바로 이어져가는 국가적 위령의 모형이 성립해 있었다. 한편 야스쿠니신사로 개칭된 후의 국가 제사를 보면, 전사자는 '호국의 신'으로서 국가에 합사되면서

---

* '신기령神祇令'은 공적인 신앙 제사의 기본적 구조를 정리한 율령이다.
** '오스메라구니大皇国'는 천황이 다스리는 대일본을 의미한다.

도—전사자 명부나 야스쿠니의 부신체인 레이지보*에서 여실히 드러나듯이—어디까지나 개인의 인격을 보유한 형태로 모셔지고 있었다. 그러니까 야스쿠니의 제사란 무라카미의 묘사와는 달리 개성의 상실과 국가적 균질성이라는 일방통행적인 구도로는 포장할 수 없는 논리를 지니고 있으며, 초혼과 국가 위령의 관계성을 야스쿠니를 지탱하는 한 쌍의 제사로서 다시금 살펴보아야 한다는 것이다. 초혼과 위령은 역사적으로 앞뒤에 배치되는 것이 아니며, 동시성 속에서 초혼이 위령으로 전환되어가는 과정을 고찰할 필요가 있다.

그 외에도 무라카미는 야스쿠니가 사람을 제'신'으로 섬기는 행위는 근대 이전에는 존재하지 않았던 점, 그리고 자기편의 병사만을 제사 지내는 것은 일본에서 오래전부터 이어져온 원친평등** 사상과도 반목한다는 점, 야스쿠니의 제사가 근대에 만들어진 것에 불과하다는 점을 맹렬히 비판한다. 이러한 주장의 타당성에 대해서는 많은 논의의 여지가 있겠으나, 어차피 역사적으로 본다면 역사적 작위성의 구속에서 자유로운 것은 있을 수 없다. 여기에서는 오히려—그러한 것들이 역사적 본래성을 띠고 있든 아니든 간에—근대 일본이라는 공간 속에서 제사가 어떤 형태로 상기되었으며 사회와는 어떻게 결부되어 있었는가의 문제를 그 관계성과 함께 동시대의 지평 안에서 묻고자 한다. 그리고 지금까지 인용한 사료에 명시되어 있는 것처럼, 초혼과 위령을 골자로 삼는 야

---

* '신체神体'란 신이 깃들어 있다고 여겨지는 영험한 물체로서 신사 등에서 모시는 숭배 대상을 말한다. 산이나 바위, 나무 등 고대로부터 고귀하게 여겨져 오던 것에서부터 거울이나 검 등 실로 다양한 신체가 있다. '부신체副神体'란 신체에 버금가는 대상이나 신체와 관련된 것을 가리킨다. '레이지보靈璽簿'는 야스쿠니신사에서 죽은 사람의 이름과 소속 등을 적어놓은 명부다.
** '원친평등怨親平等'은 불교에서 유래하는 사상으로서, 적과 아군에 차이를 두지 않고 동등한 극락왕생의 대상으로 바라본다는 뜻이다.

스쿠니의 제사가 신령과 죽음이라는 종교성으로 채워진 행위였다는 점에는 의심의 여지가 없다. 그러나 반복해서 말하지만 여기에 근대적인 종교 개념이 일본에 정착하기 이전의 비서양적인 요소가 농후하게 보이는 이상, 우선 논의해야 하는 것은 서양적 종교 개념을 전제로 그러한 종교성의 유무를 판단하는 것이 아니라, 초혼과 위령을 매듭짓는 논리에 대해 대체 어떤 해석을 내릴 수 있는가라는 그 피구속성과 가능성을 규명하는 작업일 것이다.

감정과 그 전화

15년전쟁 중 야스쿠니가 심야에 집행한 초혼제에 참가했던 유족들의 모습을 민속학자인 오리구치 시노부折口信夫는 아래와 같이 묘사한다.

멀고 먼 야산 혹은 바다와 강 사이에 귤나무 꽃의 구슬처럼 사그라져 흩어져버린 영혼을 맞이해서, 여기에 밝고 맑은 혼령을 본사本社에서 제사 지내고 받아들이려는 점을 삼가 아뢴다고 합니다. 〔……〕 달이 저물녘의 어슴푸레한 밝음에 하늘은 벌써 새하얗게 변해 있었지만 지상은 아직 어두웠습니다. 거기엔 몇 만인지 알 수 없는 사람들이 매우 경건하게, 그리고 동시에 깊은 그리움의 기분에 젖어 있었습니다. 그 사이에 희미하게 어두운 밝음 속에서 마치 파도 위에 떠 있는 것처럼, 새하얀 간누시와 지닌*의 손 위에는 이별이 올려져 있었습니다. 각 지역의 오랜 신

---

* '간누시神主'는 한 신사의 장을, '지닌神人'은 주로 신사의 잡역 등을 맡아보는 신직을 가리킨다.

사의 제사에서 보이는 밤의 고신코*를 떠올리게 하듯이, 지극히 조용히 또 무언가 하늘에 흩뿌려지며 지상에서 조금 높은 곳에 있는 하늘로 팔랑거리며 날아오르기라도 하듯이 물결치는 곳에 오하구루마**가, 그리고 오하구루마에 따르는 사람들의 열이 경건한 그리움으로 가득 찬 사람들 앞에 막 당도하고 있었습니다. 〔……〕 제 심경을, 일본 국민으로서의 심경을 말씀드리자면, 그동안 저에겐 이 이상 기쁠 수가 없을 정도로 즐거웠던 일이란 없었습니다. 다만 다시 생각해보니 지금 이 순간은 그야말로 인간으로서의 영구한 이별인 것입니다. 〔……〕 이 신들은 영원토록 살아남겠지만 나 따위는 이대로 사라져가겠지, 라는 기쁨과 동시에 깊은 인생의 사려에 가닿은 것 같은 느낌이 듭니다. 이것이야말로 국민으로서 혼의 바닥에까지 스며들어 있는 깊은 감격이라고 저는 생각합니다.[7]

철학자 다카하시 데쓰야高橋哲哉가 『야스쿠니 문제靖国問題』(2005)에서 지적한 것처럼, 이 고요하고 차분한 문장은 초혼제가 유족의 마음속에 일으키는 감정의 소용돌이, 오리구치가 말하는 "혼의 바닥에까지 스며들어 있는 깊은 감격"을 대단히 치밀하게 표현하고 있다. 이 감정의 소용돌이는 우선 초혼의 장소에 모인 유족에 대한 어떤 향수와도 닮아 있는 친밀함의 감정, 그리고 그들의 육친인 전사자가 인간에서 신으로 변해가는 그 순간이 눈앞에 펼쳐지는 광경에서 비롯한다. 의례라 불리는 신체적 행위는 종종 강렬한 정동의 반응을 불러일으키는데, 내 안에서 들끓어 오르는 무엇이라고 이름 짓기 힘든 그 감정의 소용돌이에

---

* '고신코御神幸'는 신사에서 모시는 신체를 가마 등에 태워서 가까운 지역을 순행하거나 다른 지역으로 옮기는 것이다.
** '오하구루마御羽車'는 신체를 태우는 가마를 말한다.

대해 사람들은 어떤 설명을 내리고 의미를 특정하기를 욕망한다. 야스쿠니의 초혼 유니와*는 바로 이러한 유족들의 아직 정리되지 못한 감정을 다시 한 번 끌어내는 장소인 것이다. 그 슬픔은 유족들에게는 혼자서 감당키 힘들 정도로 무거운 것이며, 따라서 대부분은 네이션이라는 공동체를 통해 그러한 비탄의 감정을 공유하길 원한다. 오리구치가 "깊은 그리움"이라 표현한 유족들의 노스탤지어는 이러한 비애를 함께 견딘다는 연대감에서 생겨난다고 할 수 있다. 그리고 그들은 이와 같은 의례의 체험을 통해 사자에 대한 뭐라 말할 수 없는 슬픔을, 야스쿠니가 제공하는 민족적 서술의 힘을 빌려 '호국의 신'이라는 명쾌한 형태로 전화轉化시키게 된다. 특히나 일본에서는 민족적인 공동체에 깃들어 있는 어떤 감정적인 것이 국가권력에 손쉽게 수탈되는 경향이 있다는 점은 잘 알고 있을 터이다. 야스쿠니를 둘러싼 현대의 많은 논의는 이러한 문제 ― 사람들로부터 심오한 감정을 환기시키고 여기에 개입하는 의례적 효력과 감정의 감화력이라는 초혼제의 작용 ― 를 놓치고 있다.[8]

이렇게 억지하기 어려운 감정을 가라앉히는 과정에 대해 정신분석학자 프로이트는 애도 행위라는 표현을 사용한다. 이는 "가슴속 비애의 심리 과정을 통해 대상과의 관계를 정돈하고, 내면에서 그 대상을 평온하고 고요한 존재로 받아들이는" 것인데, "비애라는 심리의 본질이 이미 대상과 재회할 수 없게 된 현실이 성립해버렸음에도 불구하고 대상에 대한 사모의 정이 여전히 계속되는 상태"에 있는 이상, 그러한 감정을 가지런하게 정리하기란 그리 쉬운 일이 아니다.[9] 가령 15년전쟁 중에 전몰한 한 병사의 어머니는 다음과 같이 복잡한 심경을 토로한다.

---

* '유니와齋庭'는 신을 모시기 위해 불길한 것들을 몰아낸 장소를 말한다.

참말로 자식 놈이 이제 돌아오지 않는다고 생각하면 쓸쓸해서 견딜 수가 없지만, 나라를 위해서 죽은 거고 천자님께 칭찬받는다고 생각하면 이것저것 다 잊어버릴 만큼 기쁘고 힘이 난다우. 안바이*가 아니겠소.[10]

여기에는 자식을 전쟁에서 잃은 것에 대한 절망적인 기분과, 국가를 위해 죽은 것에 대한 명예로운 기분이 미묘한 형태로 동요하면서도 공존하고 있다. 야스쿠니신사는 이와 같은 유족의 감정을 "나라를 위해서 죽은 거고 천자님께 칭찬받는다고 생각하면 이것저것 다 잊어버릴 만큼 기쁘고 힘이 난다우"라는 모범적인 감정으로 고정시키려 한다. 다카하시 데쓰야가 정확히 간파한 것처럼, 야스쿠니가 초혼과 위령의 논리를 바탕으로 유족에게 제공하는 서술이란 다음과 같다.

야스쿠니의 논리의 본질은 전사를 슬퍼하는 것이 아니라 그 슬픔을 정반대의 기쁨으로 전환시키려는 것이다. 야스쿠니의 언설은 전사의 미화, 현창의 레토릭으로 가득 차 있다.[11]

이것이 다카하시의 억측이 아니라 야스쿠니 스스로가 주장하는 내용이라는 점은 부속 시설인 군사박물관, 즉 유슈칸遊就館을 둘러보기만 하면 금세 납득할 수 있을 것이다.[12] 다른 한편으로 "자식 놈이 이제 돌

---

* '안바이塩梅'는 조미료의 일종으로서 비유적으로 사물의 정도가 딱 좋은 상태를 가리킨다. 군주의 정무를 잘 돕는다는 의미도 있다.

아오지 않는다고 생각하면 쓸쓸해서 견딜 수가 없"다는 기분이 강해지면 강해질수록 유족의 감정을 진정시키기란 도저히 불가능해질 것이다. 전쟁이 끝난 후 수많은 유족의 법회에 참가해온 어떤 승려는 그들의 기분을 다음과 같이 술회한다.

불단 옆에 젊은 나이에 죽어서 아직 앳된 모습이 남아 있는 사진이나 초상화를 두고, 전사하거나 병을 얻어서 죽은 자식의 원통함을 떠올리며, 살아 있으면 지금 몇 살입니다, 라며 나이를 세고 그랬어요. 얼마나 부조리한 죽음인가라는 생각이 들더군요. 전쟁에서 죽은 자식 덕분에 연금을 받는데 자식의 목숨과 바꿔서 살아간다는 게 너무나 괴롭고 고통스럽다고, 차라리 고생스러운 편이 나으니까 살아 있길 바랐다며 한탄합니다.[13]

이처럼 유족이 느끼는 사자의 원통함이나 사자에 대한 책무의 감정은 야스쿠니가 제공하는 전쟁 긍정의 서술에 연결될 수도 있지만, 그러한 전사로 내몰았던 국가에 책임을 추궁하는 반反전쟁의 이야기와 결부될 수도 있는 양가성을 지닌다. 국가는 이러한 감정이 지닌 양가성에 민감해질 수밖에 없는데, 야스쿠니의 제사를 통해 그 형용하기 힘든 복잡한 감정을 교묘하게 길어 올릴 수 있는 강력한 서술을 공급하고자 했다. 호국의 신은 쉽게 원령怨靈으로 모습을 바꾸기도 하는데, 그렇기 때문에 국가는 전전에서 지금에 이르기까지 신경질적일 정도로 야스쿠니의 제사에 심혈을 기울여온 것이다. 이에 반해 유족을 비롯하여 살아남은 자들이 바라는 바는 누가 어떤 논리로 제사를 관장하는가라는 형식적인 문제가 아니라, 그들 감정의 갈증을 얼마만큼 가시게 해줄 수 있는

가라는 서술의 강력함이다. 왜냐하면 캐시 캐루스의 지적대로 그들은 "트라우마에 사로잡힌 사람들"로서 "트라우마에 사로잡힌 사람들은 자신의 내부에 말로 표현할 수 없는 역사를 품으며, 스스로도 완전히 소유할 수 없는 역사를 가지는 형태로" 고통을 느끼기 때문이다.[14] 그래서 더욱 우리는 유족들의 떨쳐내기 어려운 이 감정의 장소를 어떠한 서술과 제사가 점유하려고 하는지, 그 해석 투쟁이 벌어지는 공간을 세심한 주의를 가지고 지켜보아야 한다.[15] 국가 제사 자체가 나쁜 것은 아닐지도 모르겠지만, 만일 여기에 전쟁 찬미 같은 특정한 목적에 봉사하려는 의도가 엿보인다면 그 투쟁의 공간에 적극적으로 개입할 필요도 생겨나는 것이다.

더욱이 이와 같은 해석 투쟁은 야스쿠니신사가 제사와 서술이라는 두 가지 구성 요소로 구축된 장소라는 점과도 관련이 있을 것이다. 기본적으로 제사와 서술 둘 다 죽은 자에 대한 산 자의 기댈 곳 없는 감정에 어떤 형태를 할당하는 작용을 하는데, 제사는 언어보다는 신체적 차원에 직접 작용하여 개념화할 수 없는 삶의 감정을 드러내거나 봉인하는 역할을 행하는 데 비해, 서술은 그러한 정형화되지 않는 다수성에 둘러싸인 삶의 감정을 특정한 방향으로 개념화해가는 해석 작용을 행한다. 앞에서 본 오리구치 시노부의 문장에 나타나 있듯이 초혼제 의례는 참가자에게 감정적인 향수를 자아내거나 영원의 순간을 느끼게 해주는데, 그것은 제사가 참가자의 신체를 통해 그들의 감정을 동요시키는 힘을 가지고 있기 때문이다. 하지만 제사의 주요한 부분에는 언어적 행위가 그다지 포함되어 있지 않기 때문에 참가자의 의식 속에서 이는 여전히 개념화되지 않은 채 남게 되며, 따라서 여기서 발생하는 감정은 다의성을 띤 채로 어중간한 상태에 빠지고 만다. 이런 감정의 덩어리를 명확한 특정 의미로서 개념화하는 의미화 작용이 바로 서술이라는 행위다. 오리구치의 기술을 예로 들자면, 초혼제에 맞이한 사자의 영혼을 '국가의 신'이라는 국가 위령의 대상으로 정의 내리는 장면에 바로 서술이 행하는 역할이 드러나 있다고 볼 수 있다.[16]

이런 시점에서 보자면 오늘날에 이르기까지 끊임없이 지속되고 있는 야스쿠니신사의 성격 논쟁은 ── 특히 국가 제사라는 법적 규정이 해체된 전후에 야스쿠니신사의 입장이 애매해짐으로써 논쟁은 한층 격화되었다 ── 그 성격 가운데 한 축을 담당하는 것이 온전히 개념화될 수 없는 신체적 의례로서의 초혼이라는 제사 행위인 이상, 필연적으로 제사를 통해 소환된 감정을 둘러싸고 다양한 서술의 가능성이 생겨날 수밖에 없다는 점과 깊은 관련이 있다. 한편 살아남은 자들은 그저 이러한 의미의 다의적 상태에 머무르는 것에 곤란을 느끼며, 이를 개념화하고 명확히 구조화하려는 노력을 계속하게 된다. 의미의 다의적 상태에서는 죽은 자가 산 자에게 원한을 품고 원령으로 둔갑할 가능성 또한 존재하기 때문이다. 그래서 대체로 초혼제에 모인 사령死靈에 대한 위령은 ── 이런저런 주저를 느끼면서도 ── 사령에게 일정한 의미를 부여하는 형태로 결론지어지는 경우가 많다. 어떤 때는 호국의 신이 되지만, 또 어떤 때는 평온한 내세를 보내고 있다는 식으로 말이다. 다만 ── 제사를 국가가 지내건, 유족이 지내건 간에 ── 그런 식으로 죽은 자를 위령하는 것이 과연 옳다고 할 수 있을까? 이는 우리를 향한 사자의 목소리에 귀를 닫아버리는 것은 아닐까? 본의 아닌 죽음을 맞이한 사자들이 여기서 또다시 살아 있는 자들의 일방적 폭력에 노출되고 마는 것은 아닐까?

살아 있는 자가 죽은 자에게 가하는 폭력은 초혼과 위령의 공간에서 행해진다. 그렇다면 신체 밑바닥에서 생겨난 사자에 대한 산 자의 무정형의 감정에 어떤 서술을 더하고 위령을 행하는 그 순간이야말로 현재 살아 있는 자들인 우리가 개입할 가능성, 그러니까 야스쿠니의 의미를 새롭게 독해할 가능성이 생겨나는 순간일 터이다. 뒤에서는 야나기타 구니오와 미시마 유키오 그리고 메도루마 슌目取真俊이 말하는 사자와 제사의 이야기를 통해, 살아 있는 자는 어떻게 죽은 자와 대면할 수 있는 가 — 혹은 대면해야 하는가 — 에 관해서 그 순간에 생겨나는 감정의 문제를 중심으로 살펴보도록 하겠다.

동화되는 사령/이화하는 사령

초혼제의 차분하고 고요한 분위기에 가슴 떨리는 감동을 맛보았던 오리구치 시노부의 앞선 문장이 전쟁 당시 정부의 견해와 대단히 가까웠던 것과 달리, 그의 스승이기도 했던 야나기타 구니오는 15년전쟁 말기에 탈고한 『선조 이야기』에서 정부의 야스쿠니론에 대해 다소 비판적인 논지를 피력한다.

적어도 나라를 위해 싸우다 죽은 젊은이들만큼은 어떻게 해서든지 불도가 말하는 무연불로 따로 떼어 놓아서는 안 된다고 생각한다. 물론 국가와 각 지방에는 슬픔을 달래주는 제장이 있고 영혼을 모실 장소가 마련되어 있으나, 각각의 집에서 뼈와 살을 맞대던 정을 무시해서는 안 된다.[17]

이와타 시게노리岩田重則가 지적했듯이, 여기에는 야스쿠니로 대표되는 국가적 제사가 아니라 야나기타가 중시했던 이에의 제사를 통해 전사자를 모셔야 한다는 주장이 나타나 있다.[18] 야나기타가 생각하는 사령 제사란 이에의 제사를 중심으로 하는 조령신앙을 가리키는 것이었는데, 그 이유는 다음과 같이 설명할 수 있다.

우선 죽었다 해도 영혼은 이 나라 안에 머물며 멀리 가지는 않는다고 생각했던 것, 두번째로는 이승과 저승 사이의 교통이 빈번하기에 단지 봄, 가을의 정기적인 제사만이 아니라 어느 한쪽의 의지로 초대하거나 초대받는 것이 그렇게까지 어려운 일은 아니라고 생각했던 것, 세번째로는 살아 있는 사람의 임종 시의 염원이 사후에는 반드시 달성된다고 생각했던 것, 그리고 이때 자손을 위해 세운 이런저런 계획들이 두 번, 세 번의 거듭된 환생을 거쳐 같은 사업으로 지속된다고 생각하는 사람이 많았다는 점이 네번째다.[19]

야나기타가 그렸던 조령신앙에서 사후에 영혼이 가는 곳은 산속인데, 이 영혼이 봄이 되면 마을로 내려와 밭의 신이 되고 가을이 되면 다시 산에 올라가 산신이 된다고 한다. 이와 같은 신령의 이동성, 다시 말해 신령은 언제나 신사에 머무는 것이 아니라고 생각했던 점에 야나기타의 사령신앙과 야스쿠니의 차이점이 있다. 그리고 "일정한 세월이 지나면 조령은 개성을 버리고 융합하여 하나가" 되는데, 사자는 그만 개성을 잃어버린 채 조상이라 불리는 영적 공동체 속으로 흡수된다. 이처럼 공동체의 동질성을 호소하는 점에서 야나기타의 논리는 —비록 합사의 형태를 띠지만 개인의 영혼은 유지되는— 야스쿠니의 제사보다도 더 나아간 면이 있다. 그 결과 "오랫동안 조상신이 되어 이에를 지키고 이 국토를 지키려"는 사자는 현세에 원한을 남기거나 살아 있는 자들에게 위협을 가할 일이 없는 존재로 화하며, 오직 '죽음의 친밀함'만이 강조되기에 이른다. 사자의 목소리를 선조라는 균질적 공동체에 봉입함으로써 산 자들은 사자에게 책임을 느낄 필요가 없어지고 일상의 평안함이 회복된다.

야나기타가 생각하는 이러한 전사자의 위령은 전전의 야스쿠니나 당시 국가의 견해와는 상당한 차이를 보이는 것이었지만, 전후가 되면서 야스쿠니의 제사 속으로 흡수되었고 백중의 풍습에 근거한 민간신앙적인 '미타마마쓰리'*를 낳게 된다.[20] 이는 전전에는 국가신도와 대립각을 세웠던 야나기타 민속학이 전후에는 일본을 대표하는 국민적 견해로 공인받게 되는 과정과 거의 일치하는데, 이를 단순히 정부의 정치적 의도에 따른 횡령의 산물로 이해하기보다는 『선조 이야기』로 대표되는 야나기타 민속학의 논리와 야스쿠니신사의 논리가 어떤 면에서는 유사한 공통점을 지니고 있던 결과로 보아야 할 것이다. 여기에 내셔널리즘 비판의 이론가 사카이 나오키의 다음 문장을 삽입해보면, 양자 사이에 존재하는 공통점이 선명히 부각될 것이다.

이루어진 것은 집단적인 미적 상상력과 개인의 죽음 사이에 항상 존재하는 틈을 은폐하는 것이며 집단적 표상 체계 속에 개인을 위치 짓는 것이다. 그럼으로써 죽음에 대한 공포는 굴절되고 집단적 표상 속의 주체

---

* '미타마마쓰리みたままつり'는 원래는 연말에서 정월까지 행해지는 민간의 조상에 대한 제사를 의미하는데, 야스쿠니는 1947년부터 미타마마쓰리라는 이름으로 제신을 모시는 제의를 지내고 있다.

위치에 대한 욕망으로 변했다. 다시 말해, 죽음에 대한 공포는 집단에 의해 기억되고 추앙되고 싶다는 소망으로 번역된 것이다.[21)

야나기타와 야스쿠니 측의 논리에는 죽음이 공동체에 오롯이 밀봉될 수 없다는 시점이 완전히 누락되어 있다. 양자 모두에게 위령이란 사자의 회한이 없어지는 것, 곧 소위 불교에서 말하는 성불을 의미하며, 현실에서 죽은 자를 애도하는 행위는 살아 있는 사람들이 죽은 자에게 전달하는 일방적 요청과 다름없게 된다. 우리 산 자들이 사자의 영혼의 성불 여부 — 죽음과 맞닥뜨리는 순간에 구원을 받았는지 어떤지의 여부 — 를 확증하기란 불가능하다. 따라서 — 각자의 입장과는 별개로 — 우리가 죽은 자를 제사 지낼 때 먼저 받아들이지 않으면 안 되는 출발점은, 제사 행위 그 자체가 빚어내는 불가능성이다.

우리는 죽은 자와 결코 합쳐질 수 없다는 것이 바로 죽음의 성질이기 때문이다. [……] 죽음이란 표상될 수 없고 길들여질 수 없기 때문에 주어진 집단적 표상 체계의 외부 또는 외부성이 있을 수 있다는 가능성을 의미한다. 동시에 그것은 결코 명확하게 지시되지는 않지만 실재계의 어떤 장소와 관계된다.[22)

이는 죽은 자란 산 자의 손이 닿지 않는 피안에 존재하므로 그에 대한 제사를 단념하라는 명령이 아니다. 반대로 제사라는 행위가 영원히 죽은 자에 닿지 못하기에 오히려 우리는 계속 제사를 지내야 한다는 요구인 것이다. 이런 의미에서 보자면 죽은 자를 애도한다는 것은 바로 — 자크 데리다가 말한 것처럼 — 불가능한 것의 경험과 다름없다.[23)

살아 있는 자들의 공동체는 그 안에 동화시킬 수 없는 사자의 존재로 인해 항상 자신들의 공동성이 지닌 한계를 뼈저리게 느끼게 되고, 이를 통해 사자와는 구별되는 차안의 공동성이 성립한다. 산 자가 산 자이기 위해서는 사자의 존재가 없어서는 안 되며, 사자의 제사란 또한 그들을 상기하기 위해서라도 반드시 필요한 행위인 것이다. 그렇다면 다음 과제는 과연 어떠한 형태로 사자를 제사 지낼 것인가의 문제가 되어야만 한다. 이제 더 이상 제사가 우리 산 자를 위무하는 행위로 귀결해서는 안 되며, 산 자들이 멋대로 죽은 자를 위령했다고 단언하는 일이 있어서도 안 된다. 산 자들의 공동체에 죽은 자를 동화시키지 않는, 오히려 죽은 자가 산 자의 일상을 이화시키는 관계성이 요청되는 것이다. 그리고 실은 아직 민속학자를 자칭하기 전의 젊은 날의 야나기타 구니오가 상상하던 사자와의 관계가 바로 이러한 것이었다.

『도노 이야기』에는 무수한 죽음이 무뚝뚝하게 그려져 있다. 민속학은 그 시작부터 시체 썩은 내를 풍기는 학문이었다. 죽음과 공동체를 빼고 전승을 논하기란 불가능하다. 이것은 근대·현대 문학의 본질적 고립에 깊은 충격을 줄 것이다.[24]

미시마 유키오가 간파한 것처럼 초기 작품 『도노 이야기』(1910)에서 야나기타는 거기서 논하는 수많은 죽음에 대해 조금도 애도의 뜻을 표하지 않는다. "두려운 낯섦이라는 감정은 공포감의 한 특이한 변종인데, 오래전부터 알고 있었던 것, 오래전부터 친숙했던 것에서 출발하는 감정이다"[25]라는 프로이트의 말처럼, 친밀함 속에 잠재해 있는 불길함이 그대로 방치되어 있었던 것이다. 이와 같은 불길함은 일본 민속학이라는 학문을 구축하는 와중에 야나기타 안에서 지워져갔고, 그 후—
젊은 날의 야나기타의 작품을 높게 평가했던—미시마 유키오가 소설
「영령의 소리」에서 그를 대신하여 전사자의 제사에 이러한 불길함의 요
소를 삽입시키게 된다. 우리는 여기서 산 자에 동화하는 죽은 자라는
야나기타의 이야기가 산 자를 이화시키는 죽은 자의 이야기로 환골탈
태하는 순간을 보게 될 것이다.

지금까지 차례로 보아온 오리구치 시노부의 「초혼 의식을 배견하고
招魂の御儀を拝して」와 야나기타 구니오의 『선조 이야기』가 15년전쟁 중에
쓰인 작품인 데 비해, 「영령의 소리」(1966)는 패전을 거친 뒤 전후 부흥
이 이루어진 시기에 저술되었다. 이 소설은 "더 이상 전후가 아니다"*는
주장이 들끓던 일본 사회에서, "우리는 배신당한 자들의 영혼이다"라
고 스스로를 일컫는 영령들이 소비사회의 향락에 들떠 있는 당대 사회
를 겨냥하는 내용으로 이루어져 있다. 무대는 야스쿠니가 아니라 마을
유지가 행하는 초혼식인데, 빙의한 영혼이 "말씀드리기 더할 나위 없이
황공하옵니다만 스메라미코토**께 엎드려 아룁니다. 지금 사해의 파도
는 온화하지 않으며 히노모토 야마토***의 나라는……"이라며 선율을 자

---

* 이 말은 1956년 경제기획청이 경제백서 『일본 경제의 성장과 근대화日本経済の成長と近代化』
  에서 사용한 표현으로 당시 유행어가 되었다. 패전 후의 잿더미에서 신음하던 일본 사회는
  한국전쟁 특수와 미국의 원조 등을 통해 정치·경제적인 부흥을 이루었고 다시 아시아의 중
  심으로 부상할 수 있었다. 특히 이 표현이 등장하기 한 해 전인 1955년에는 GNP가 전전의
  수준을 넘어섰고 이는 고도 경제성장의 시작을 알리는 신호탄이 되었다. 그해는 55년체제라
  불리는 자유당과 일본민주당의 보수연합, 즉 자민당의 일당 우위 체제(야당인 사회당은 헌
  법 개정에 필요한 3분의 2의 의석을 자민당이 얻지 못하게 하는 일에만 집중할 수밖에 없었
  는데, 이를 빗대어 1과 2분의 1 정당제라고도 한다)가 성립한 해이기도 하다.
** '스메라미코토すめらみこと'는 천황을 경배하여 부르는 말이다.
*** '히노모토日の本'는 해가 떠오르는 곳이라는 의미이며, '야마토やまと'는 일본 열도에 성립한
  최초의 통일 정권으로서 오늘날 일본을 가리키는 대명사로 사용된다.

아내는 장면에서 시작하며, 이윽고 참석한 자들의 의표를 찌르기라도 하듯이 피의 바다와 원한의 놀라운 광경이 눈앞에 펼쳐진다.

일본을 에워싼 바다에는 여전히 피가 떠다닌다. 일찍이 수많은 젊은이들이 흘렸던 피가 바닷물의 핵심을 이루고 있다. 그걸 본 적이 있는가? 달밤의 바다 위에서 우리는 뚜렷이 본다. 헛되게 흘린 피가 그 순간 검은 해류를 피의 색깔로 바꾸고, 붉은 바닷물이 으르렁거리며 큰소리로 떠드는 마치 사나운 짐승처럼 이 작은 섬나라 주위를 방황하며 슬프게 울부짖는 모습을. 〔……〕 저기 일본 본토에는 밤에도 꺼지지 않는 많은 등불의 집단이 바다 위에 떠 있으며, 용광로의 불꽃은 밤하늘을 태우고 있다. 거기에는 1억 백성이 새근대며 자고 있거나, 그들도 모르는 새에 차갑게 질려버린 쾌락이 요를 적시고 있다. 그것이 보이는가? 우리가 그 진실한 모습을 드러내려 했던 국체는 이미 짓밟혔으며, 국체 없는 일본은 저 부표처럼 불안하게 떠 있다.[26]

미시마가 여기서 등장시키는 것은 전후 부흥 속에서 매일의 열락을 탐하는 산 자의 공동체에는 결단코 귀속하지 않을 사자의 사나운 영혼이다. 이야기가 진행되면서 이 영령들은 자신의 정체를 2·26사건*의 청년 장교, 혹은 가미가제神風 특공대의 병사라고 고해온다. 그들은 —— 이미 국가 경영에서 분리되었으면서도 —— 전후에도 계속해서 전몰자의 영혼을 제사 지내고 있는 야스쿠니신사에 들어앉기를 거부한 채, 수십 년

---

* '2·26사건'은 1936년 2월 26일에 황도파 청년 장교들이 천황의 친정을 목표로 기도한 쿠데타다.

동안 원한과 함께 피로 물든 바다 위를 떠다니는 아라타마인 것이다. 야스쿠니신사로 개칭된 이래 "니기타마가 자리 잡은 장소"[27]로 규정된 야스쿠니에 그들처럼 국가에 원한을 지닌 아라타마가 있을 곳은 없었다. 여기에는 오리구치가 묘사한 노스탤지어로 가득 찬 야스쿠니의 초혼제와는 완전히 이질적인 초혼 의식의 위험성이 선명히 드러나 있다. 저승으로부터 강림한 이 사령들은 산 자를 보호하기는커녕, 산 자들에게 배반당한 회한이 아직도 풀리지 않았음을 누누이 강조한다. 실로 이들이야말로 산 자의 공동체에 회수되지 않는 사령이며, 그들의 시선은 바로 산 자들의 안일한 일상에 물음을 던지고 있는 것이다. 자신들은 그저 개죽음을 당한 것이 아니냐며 말이다.

미시마가 그리는 초혼 의례는 아마도 오모토교의 진혼귀신법*에서 유래한다고 생각되는데, 강림한 신령은 — 야스쿠니의 합사제처럼 — 지상에 그대로 머물 수 없으며 다시 저승으로 돌아가야 한다. 제를 지내는 주인은 어떤 신을 부를지 결정할 수 없고 사자가 그들을 가호해줄지 원망할지는 오직 사자의 뜻에 달려 있다. 「영령의 소리」에서는 빙의된 청년이 격심하게 분개하는 영령의 앙갚음에 의한 재앙을 입고 죽음을 맞는다. 그런데 이러한 초혼 혹은 진혼 방식이 특별히 보기 드문 것은 아니었는데, 이미 8세기에 편찬된 기기記紀를 보아도 아마테라스 오미카미**를 비롯한 신들의 빙의로서 초혼을 묘사하고 있음을 알 수 있다.[28] 천황가의 선조신조차도 산 자에게나 그 자손인 천황에게 길들일

---

* '오토모교大本教'는 1898년 데구치 나오出口なお를 교주로 하여 설립된 민중종교이며, '진혼 귀신법鎭魂帰神法'은 강령술의 일종으로서 데구치 나오와 함께 2대 교주 중 한 명이었던 데구치 오니사부로出口王仁三郎가 특히 영험했다고 한다.
** '아마테라스 오미카미天照大神'는 일본 신화의 최고신으로서, 천황가의 조상신으로 여겨지는 태양신이다.

수 없는 제어 불가능한 신이었던 것이다.

사자를 산 자의 기억 속에 봉합하기란 결코 용이한 일이 아니며, 가령 야스쿠니나 야나기타처럼 사령을 니기타마로서 모시려 할 때도 그러한 산 자의 생각을 전복하는 힘이 사령 안에는 깃들어 있다. 물론 소설과는 달리 현실에서 우리가 사령의 목소리를 확연한 형태로 직접 듣기란 불가능하다. 하지만 그렇다고 해서 죽은 사람의 흉중을 마음 내키는 대로 일방적으로 단정하는 일이 용납되어서는 안 된다. 비록 그들이 기쁜 마음으로 호국의 신이 되겠다는 수기를 남긴 채 떠난 경우라 해도——다음에 인용할 특공 어뢰 가이텐*의 탑승원이 남긴 수기에 보이듯이——피할 수 없는 죽음이라는 정해진 미래만을 기다리는 비정상적인 상황 속에서, 조국을 위해 목숨을 바치겠다는 하나의 뜻에 자신의 감정을 담으려는 언어가 입에서 비어져 나오는 한편으로, 실제로는 결코 그러한 언어에 담길 수 없는 복잡한 감정이 동시에 가슴속을 휘젓고 있었던 것이다.

내 가슴속에는 단지 칠생멸적七生滅敵의 양양한 적개심뿐. [……] ○○코,** 이것들은 모두 일시적이지만 나에게 있어서는 나의 이상의 여성인 승기勝氣, 이지, 투명, 청순. 나는 지금도 그 각각에 대해 참기 힘든 애정을 가지고 있다. 그건 나의 이상에 대한 애정이라 해야 할지도 모른다. [……] 지금 출격 도중, 적함이 포격에 침몰하는 도중에 이를 떠올리고, 그리고 이 애정이 그대로 조국에의 애모로 변한다면 그건 모독일까?

---

* '가이텐回天'은 태평양전쟁 말기에 일본 해군이 개발한 인간 어뢰 병기다.
** 어떤 여성의 이름을 부르고 있다.

〔……〕 나의 죽음을 나에 한정해서 보면 기러기 깃털 같은 것에 불과하다는 점은 논할 필요도 없겠지. 그렇지만 그 죽음은 일반적으로 보면 모름지기 천 근의 무게를 지니고 있을 터이다. 지금의 전쟁 국면을 타개할 수 있는 것은, 일본이 제아무리 넓고 아무리 많은 장정이 있다고 해도, 오직 육공陸空, 가미가제, 가미시오*의 세 특공부대뿐이다. 이걸 생각하면 어쨌건 나는 가벼운 죽음을 택할 수는 없는 노릇이다.[29)

그럼에도 불구하고 사자의 존재를 떠올리고 싶다면, 살아남은 자신들의 마음의 부담을 덜기 위해서가 아니라, 무엇보다 죽어간 그들의 상상조차 할 수 없는 고뇌를 상기하기 위한 의례로서 제사를 지내야만 한다.

어떠한 폭악함도 인간의 정신적 존엄까지 빼앗지 못한다는 서사를 필요로 하는 사람은 누구일까. 그것은 절멸 수용소라는 것을 직접 체험한 적이 없었던 사람들, '사건' 외부에 살고 있는 사람들, 말하자면 바로 우리가 이 세계의 일상을 안심하며 살아가기 위해 필요로 하고 있는 서사가 아니었을까.[30)

괴로운 일일 것이다. 그렇지만 산 자들이 편한 삶을 보내기 위해서 죽은 자들을 가두어서는 안 된다. 자신의 무거운 짐을 내려놓으려고 공동체의 균질한 제사에 무자각적으로 몰입해서도 안 된다. 우리는 이곳에 초대받은 죽은 자들과 우리 산 자들이 어떻게 마주할 것인가의 문제를

---

* '가미시오神潮'는 특공 어뢰 가이텐에 탑승하던 부대에 가미가제와 비교하여 붙인 명칭이다.

고민해야만 한다. 미시마의 소설은 강림한 사령에 빙의된 청년이 앙갚음에 의한 재앙을 입고 죽는 것으로 끝나버리지만, 다음에 소개할 오키나와 문학가 메도루마 슌의 소설 「물방울水滴」(1997)에서는 산 자와 전사자의 영혼의 교섭을 통한 화해가 모색된다. 우리는 여기에서 메이지유신 무렵의 제문에서 시작하여, 15년전쟁 말기의 오리구치와 야나기타의 영혼론, 1960년대의 미시마 유키오의 영령론을 거쳐 비로소 현대의 위령론에 도달한다. 특히 1945년 15년전쟁의 종결로부터 반세기라는 긴 시간이 경과하는 가운데, 전사자에 대한 제사가 살아 있는 자들에게 가지는 의미도 커다란 변화를 겪는다.

위령에서 상기로

메도루마의 소설 「물방울」은 15년전쟁의 오키나와전투에 종군하고 간신히 목숨을 건진 오키나와인 퇴역 군인 도쿠쇼의 신체에 이상이 생겨 자리에서 일어나지 못하게 되는 장면에서 시작한다. 그의 다리가 크게 부풀어 오르더니 엄지발가락 끝에서 물방울이 떨어지기 시작했던 것이다. 그날 밤부터 여러 상이군인의 영혼이 줄지어 나타나서는 번갈아가며 엄지발가락에 달라붙어서 흘러나오는 물방울을 마셔댄다. 몸을 움직일 수가 없었던 도쿠쇼는 처음에는 이 믿기 힘든 광경을 두고 대체 무슨 일이 벌어진 건지 이해하지 못한 채, 그저 발가락 끝에 달라붙은 상이군인들을 쳐다볼 뿐이었다.

머리가 함몰된 군인이 뒤에서 무릎으로 눌렀다. 젊은 군인은 미련을 남기며 일어나 겁에 질린 눈길로 도쿠쇼를 응시하다 머리 숙여 인사하고 는 가슴을 누른 채 벽으로 사라졌다. 쭈그리고 앉은 군인이 정신없이 엄 지발가락을 빤다. 함몰된 상처 부위에서 파리가 날아올랐다. 파리는 잠 시 군인의 머리 주변을 돌다가 시트 위에 내려앉더니 이내 사라졌다. 그 군인도 방공호 안에서 물을 달라고 매달렸었다. 그 뒤에 서 있는 키 큰 군인도, 그 뒤에 가려져 보이지 않는 오키나와 출신 군인도, 방금 벽에 서 나타난 찌부러진 애꾸눈 군인도 모두 방공호 안에서 팔을 뻗치며 애 타게 물을 찾던 사람들이었다. 도쿠쇼는 자신이 또다시 그 방공호의 어 둠 속으로 끌려들어가는 듯한 기분이 들었다.[31]

주인공 도쿠쇼는 이들 병사가 패주하던 오키나와전투에서 자신이 참 호에 그대로 둔 채 죽도록 내버려두었던 자들이라는 것을 깨닫는다. 오 키나와전투에서 살아남은 도쿠쇼는 평화로운 일상이 돌아온 후로 언제 부턴가 미디어와 아이들에게 전쟁의 참화를 강연하게 되었는데, 이야기 를 하면 할수록 당시 체험했던 현실과는 동떨어지고 마는 어딘가 석연 치 않은 기분에 사로잡혀 있었다. 왜냐하면 그는 가장 중요한 점, 즉 자 신이 참호 안의 동료 부상병을 모른 체했다는 기억에 대해서는 한마디 도 입을 열지 않았기 때문이었다. 결국 스스로 억압해왔던 깊은 죄악감 을 상기하게 된 도쿠쇼가 이제까지 "50여 년간 숨기기 급급했던 기억과 죽을 때까지 맞서야 한다"는 점을 받아들이자, 상이군인들은 "고마워. 이제야 갈증이 해소됐어"라는 말을 남긴 채 사라져간다.[32]

지금까지 야스쿠니신사를 중심으로 사자의 제사와 그에 대한 서술을 보아왔는데, 이 소설은 「영령의 소리」와 마찬가지로 산 자의 의지와는 관계없이 죽은 자가 산 자에게 나타나고 산 자들의 일상을 이화시켜가는 구성을 취하고 있다. 밤마다 사령이 나타나는 도쿠쇼의 방을 일종의 초혼장으로 볼 수 있지 않을까? 거기서 산 자는 전쟁이 끝난 후 잊고자 했지만 억누르지 못했던 기억의 습격을 받는 것이다. 그런데 「물방울」이 「영령의 소리」와 결정적으로 다른 점은 사자와 산 자의 화해가 성립한다는 것이다. 여기서 화해란 기억의 밑바닥에 눌려 있던 사자의 상기를 의미한다. 그것은 그들의 죽음을 단지 불쌍하다고 간접적으로 동정하는 것이 아니라, "이시미네, 용서해도……"[33]라며 보고도 내버려두었던 친구의 고통이 자신의 잘못에서 비롯되었음을 받아들이고 가해자였다는 사실을 인정함으로써 성립한다. 이 소설은 이러한 형태로 스스로의 기억을 상기할 때 죽은 자의 갈증이 해소되고 그와 동시에 산 자의 은폐된 죄악감이 백일하에 드러난다는 점을 강설하는 듯하다. 그런 점에서 1997년에 쓰인 이 「물방울」이라는 소설은 전쟁에 대해 제사가 내포하는 의미가 예전의 야나기타나 오리구치의 시대로부터 크게 변화했다는 점을 시사한다고 볼 수 있다.

지진이 벌어졌던 그해 말에 의사로부터 우울증 경향이 있다는 진단을 받았다. 처방받은 약을 먹으니 금세 상쾌한 기분이 되었다. 그런데 그녀는 복용을 그만두었다. 이대로라면 아들을 잃은 슬픔까지 희미해져갈 것 같은 불안한 기분이 들었기 때문이다. (『아사히신문 석간』, 1999년 1월 7일)

이 기사는 1995년의 한신·아와지 대지진*에서 육친을 잃은 유족을

---

* '한신·아와지 대지진'은 1995년 1월 17일 효고현 고베시와 한신 지역에서 발생한 대규모 지

다룬 것인데, 겨우 4년이라는 시간이 유족으로부터 ──그들의 의지와는 반대로── 죽은 자에 관한 기억을 빼앗으려 하고 있음을 알 수 있다. 하물며 앞선 전쟁에서 반세기가 흐른 현재에 「물방울」의 주인공 도쿠쇼의 경우처럼 사자에 대한 기억을 우리 마음의 한 구석으로 밀어내버리기란 매우 간단한 일이다. 일찍이 사자의 위령이란 더할 나위 없이 소중한 사람을 잃은 산 자가 ── 물론 국가는 이를 횡령하고자 계속 노력한다 ──그 고통을 극복하기 위해 행하는 작업이었지만, 반세기라는 시간의 추이는 그러한 아픔의 치유로부터 ── 시간의 풍화작용에 의한 망각에 저항하여 ── 사자를 잊지 않기 위해 고통을 상기하는 것으로 제사의 내용을 바꾸고 있는 것은 아닐까?

또 하나 주목해야 하는 것은 여기에 그려진 사자와 산 자의 화해가 에로스적인 신체 관계를 통해 이루어지고 있다는 점이다.

이시미네 차례가 되었을 때, 〔……〕 도쿠쇼는 아무 말도 못한 채 베개에 머리를 떨어뜨리고 눈을 감았다. 차가운 두 손바닥이 부은 발목을 감싼다. 얇은 입술이 열리고 엄지발가락이 이시미네의 입으로 들어간다. 혀끝이 상처 자국에 닿을 때부터 발끝부터 고관절까지 치닫는 짜릿한 통증이 딱딱해진 음경으로 분출되었다. 도쿠쇼는 나직이 신음하며 늙은 자신의 몸에서 풍기는 비릿한 풀 냄새를 맡았다.[34]

이러한 성적 관계의 나눔은 "그전까지 명확한 윤곽을 가지고 있던 각

진이다. 사망자 6,300여 명, 부상자 2만 6천여 명과 20만 명의 이재민을 발생시켰으며 물적 피해도 14조 엔이 넘는 엄청난 재난이었다.

자의 자기동일성을 상실하고, 둘이면서 하나인 것처럼 구분이 불가능한 '분신'으로 변해가는" 일체화의 과정과 함께, "적당히 유지하던 거리가 사라지고 상대와의 극단적인 접근과 반발을 반복하는" 반작용을 가져온다.[35] 극도의 친밀함과 그로 인한 반발을 통해서 산 자는 죽은 자와 주고받는 기쁨과 슬픔의 깊은 교환을 신체의 밑바닥에서부터 경험하게 된다. 이러한 에로스적 관계만큼 야스쿠니의 국가적 제사와 멀리 떨어진 것이 또 있을까 생각되겠지만 ─ 정치적으로는 야스쿠니와 마찬가지로 황국주의의 입장을 취하는 ─ 미시마 유키오의 「영령의 소리」의 다음 구절을 읽어보면, 내셔널리즘 아래에서 죽음과 에로스가 얼마나 간단히 일치하고 마는지를 알 수 있을 것이다. 강림한 영령이 천황에 대한 연모의 정을 털어놓는 다음 장면을 보라.

'폐하에 대한 짝사랑이란 것은 없다'고 우리는 꿈속에서 확신했다. [⋯⋯] 그러한 것이 있을 수 없는 곳에 군신일체의 우리 국체가 성립하며 스메로기*가 신으로 계신 것이다. 사랑하고, 사랑하고, 사랑하고, 미칠 만큼 사랑하고 받들어라. 비록 평범한 사랑이라도 그 지순, 그 뜨거운 정도에 거짓이 없다면 반드시 폐하는 기쁘게 받아들이실지니. [⋯⋯] 넙죽 엎드려서는 말을 잇지 못한 채 어찌할 바를 몰라 허둥대겠지만 그 지복은 대체 얼마나 클 것인가. 목숨을 건 우리 사랑의 성취는 얼마나 클 것인가. 그 순간에 위엄 있고 부드러운 목소리로 단 한마디 '죽어라'라고 말씀해주시면, 우리 죽음의 기쁨은 얼마나 격렬하고 얼마나 마음속에 가득 찬 것이 될 것이냐.[36]

---

* '스메로기すめろぎ'는 황조 혹은 황통을 계승하는 천황을 의미한다.

베네딕트 앤더슨은 "민족주의자의 상상이 죽음이나 불멸에 관심이 있다"[37]고 말한 바 있지만, 이를 미시마의 경우에 대입해서 말해보면 네이션이란 에로스와 타나토스가 뒤얽힌 공동체라 할 수 있지 않을까? 다시 말해 에로스적인 관계를 끼워 넣음으로써 제사는 네이션적인 것에 회수되기 쉬워지는 것이다. 에로틱한 합일의 황홀감을 통해 네이션과 하나가 된 사람들이 죽음의 공포를 넘어서는 것처럼 죽음과 에로스는 표리일체를 이룬다. 그런 의미에서 미시마와 메도루마는 ─ 전쟁과 국가주의에 대한 견해는 서로 다르지만 ─ 죽은 자와 에로스적 관계를 맺음으로써만 깊이 있는 사령 제사가 이루어질 수 있다는 점을, 정부 또는 야스쿠니신사의 공적 견해보다도 훨씬 정확히 파악했던 것이다. 한편 전사자에게 신부 인형을 봉납하는 최근의 의식 등을 보면, 야스쿠니신사 역시 그러한 에로스적 관계를 적극적으로 수용하려는 움직임을 보여주는 것 같다.[38]

그런데 이 에로스적 관계가 나와 당신이라는 밀봉된 1·2인칭의 관계로서 성립한다면 ─ 이를 담당하는 것이 국가건 개인이건 간에 ─ 결국은 에로스를 중핵으로 하는 제사 행위 또한 상주와 망자라는 피-아의 1·2인칭 관계에 근거한 친밀함에서 벗어날 수 없게 되며, 제삼자인 타자는 여기서 배제되고 만다. 그렇게 봉합된 사자-산 자의 에로스적 관계는, 가령 야스쿠니의 경우에는 자국의 병사(들)과 그 유족(들)이라는 자폐적인 관계를 그러모으고 이를 통해 전쟁 희생자와 생존자라는 일종의 피해자와 가해자 사이의 속죄 관계를 성립시키는데, 여기에는 더 이상 당사자 이외를 포섭하는 제사가 성립할 여지가 없다. 앞에서 소개한 두 소설 「물방울」과 「영령의 소리」에는 산 자의 일상을 이화시키는 죽은 자가 등장하며, 여기에도 역시 못 본 체하며 버려진 자와 살아남은 자, 배신당한 자와 배신한 자라는 일종의 죄악감으로 가득한 폐쇄적 피해-가해 관계의 존재가 확인된다. 오늘날 야스쿠니가 행하는 제사에 전방에서 직접 관여하지 않은 후방의 전몰자나 타국의 피해자를 포함시키는 것을 두고 논의가 벌어지고 있는데, 제사가 본질적으로 내포하는 자폐적 에로스의 관계 그 자체를 대상화하지 못한다면 문제의 출구 역시 보이지 않게 될 위험성이 있다. 이를 위해서는 ── 정신의학자인 노다 마사아키野田正彰가 일본인의 아시아인에 대한 가해자 의식의 마비를 다룬 책에서 "상처 입을 줄 아는 정신"으로 표현한 것과 같은 ── 제삼자에 대한 인간적 관심을 열어갈 길이 필요한데, 아마도 이 길에서는 "알고 서로 얘기하고 그다음에 느끼는" 구체적인 실천들이 요구될 것이다.[39]

그러나 다른 한편으로 에로스적 관계란 것은 단지 황홀한 일체감만을 제공하지는 않으며, 그와 동시에 도달 불가능이라는 경험을 가져오기도 한다. 에로스적 관계의 상징적 행위인 애무를 두고 철학자인 우치다 다쓰루內田樹는 ── 친밀함과 동전의 양면을 이루는 ── 차이화의 작용이 거기에 존재함을 다음과 같이 지적한다.

나와 나의 욕망이 향하는 에로스적 타자는 어떤 의미에서는 다른 시간의 흐름 속에 있기에 각각 상대에게 늦게 도착한다. 애무의 경험은 이 '어긋남'을 단적으로 표현한다. 사랑의 행위인 애무는 이로 인해 욕망을 진정시키는 데에 목적이 있는 것이 아니다. 애무는 '사랑하는 여자'를 움켜쥐기 위해 손을 뻗는 행위이지만 그 어떤 확실한 것도 붙잡지 못한다. 애무는 욕망의 강도를 점점 심하게 만들 뿐이다. 〔……〕 애무는 '사랑받는 것'을 자신의 권능 아래에 깔아 누르고, 그것을 지배하고, 자기 마음대로 하기를 목표로 삼지 않는다. 애무는 '아직 존재하지 않는 것'을 노린다. 여기에는 아무리 만져도 여전히 만족하지 못하는 상황 그 자체가 욕망되고 있는 것이다.[40]

불가능하기에 손을 뻗는다. 닿을 수 없는 것에 접하려 한다. 그리고 더 이상 함께 할 수 없는 죽은 자에 대한 기억이 아픔과 함께 떠오른다. 이 결코 가닿을 수 없는 마음을 부단히 상기하기 위해서 제사 행위가 존재하는 것이리라. 죽은 자는 두 번 다시 만날 수 없지만 그렇기 때문에 불완전한 형태로만 상기되며, 제사의 주체인 산 자의 공동체 또한 스스로 채워질 수 없기에 그 내부에 금이 간다. 죽은 자들은 산 자의 에로스적 욕망에서 빠져나가고 그들을 욕구불만에 빠지게 함으로써 자신들에 대한 생각을 축적시킨다. 제사의 완수 불가능성이야말로 제사에 대한 산 자의 욕구를 촉발시키는 동시에 그 희망을 끊임없이 이화시키는 것이다.

만약 이때 산 자가 이 어긋나가는 피-아의 1·2인칭 관계를 자각할 수 있다면, 그 밀봉된 관계에 균열을 일으킬 가능성이 생겨나게 된다. 그리고 그들에게는 제삼자에 지나지 않았던 타자가 — 후방의 전쟁 피해자와 타국의 피해자가 — 이 1·2인칭 관계의 사이에 몸을 비집어 넣을 수 있는 틈새가 발생하게 된다. 죽은 자들은 그들에게 책무를 느껴 일방적으로 희생자로 여기는 산 자의 주박에서 해방되어, 피해자인 동시에 가해자였을 수도 있는 날것의 인간으로서의 입장을 회복할 기회를 얻는다. 그런 의미에서 야스쿠니신사 경내에 전 세계 전쟁 희생자의 진혼을 위해 세워져 있는 작은 사당의 의미를, 아시아라는 타자의 존재를 생각하기 위해서도, 일본이라는 동질화된 민족 제사의 주체를 이화시키기 위해서도, 일본 병사만을 모시는 본당과의 관계에 있어서 논의해볼 필요가 있다. 이러한 시도야말로—현재의 야스쿠니신사를 지배하는 민족적인 서술로는 결코 포섭할 수 없는—아시아의 참화에 관한 일본 병사의 다음과 같은 체험과 접합할 수 있는 가능성을 열어젖히는 것은 아닐까?

소총부대의 담력 테스트 훈련은 긴 소총의 끝에 55센티의 검을 달고 합니다. 〔……〕 이 검으로 갑자기 찌르는 겁니다. 그러면 칼이 끝까지 완전히 들어가요. 첫번째는 괜찮습니다. 두번째 병사도 찌릅니다. 다음 세번째 병사가 되면 피가 손에 묻어서 피투성이가 되죠. 그 모습이 침상에 누워도 떠올라요. 잠이 오질 않죠.[41]

전쟁에서 죽은 일본 병사가 일방적인 피해자라는 생각은 그들 죽은 자가 정의의 이름 아래 잠들었다고 믿고 싶은 마음과 표리일체를 이루고 있다. 그러나 수차례 논해왔듯이 그것은 어디까지나 살아남은 자로서의 부담감에서 나온 우리의 일방적인 논리일 뿐이다. 아니 우리가 정말로 두려워하고 있는 것은 나 또한 죽은 그들처럼 내버려지고 사람들의 기억에서 지워져갈 운명의 부름을 받는 일이리라.

'죽음은 삶의 대극에 있는 것이 아니라, 우리 삶 속에 잠겨 있다.' 그것은 분명 진실이었다. 우리는 살면서 죽음을 키워가는 것이다. 그러나 그것은 우리가 배워야 할 진리의 일부에 지나지 않았다. 나오코의 죽음이 나에게 그 사실을 가르쳐주었다. 어떤 진리로도 사랑하는 것을 잃은 슬품을 치유할 수는 없다. 어떤 진리도, 어떤 성실함도, 어떤 강인함도, 어떤 상냥함도, 그 슬픔을 치유할 수는 없다.[42]

이 상실감을 주제로 한 소설가의 발화를 우리는 조금도 몸을 옴쭉거리지 않은 채 받아들이고 견뎌가며 살아갈 수 있을까? 치유할 수 없는 슬픔을 끌어안고, 결코 보답받지 못할 마음을 타자에게 열어가면서 고통을 동반한 상기를 멈추지 않는 것. "'결단코 현실의 세계에 존재해서는 안 되는 것'을 반드시 현실의 세계에 존재하게 하는 것이야말로 '사자의 애도'가 지닌 진정한 의미다."[43] 누군가에게 도움을 요청하기 이전에 내 안에서 괴로워하며 몸부림치는 것. 산 자가 죽은 자에게 있는 힘을 다해 해줄 수 있는 위령이란 이런 것이 아니겠는가?

4부 텅 빈 제국

초법적인 것의 그림자
—— 근대 일본의 '종교/세속'

도쿄에는 중요한 역설이 있다. 이 도시에는 중심부가 있지만 그 중심부는 텅 비어 있다. 이 도시 전체는 금지된 중립의 공간을 빙 둘러싸고 있다. 이곳은 나뭇잎 뒤에 숨겨져 해자의 보호를 받고 있으며, 아무도 본 적이 없는 천황이 사는 곳이다. [……] 중앙부는 [……] 텅 빈 중심부가 도시 전체의 움직임을 유지하기 위해 존재하는 사라진 개념에 불과하다. —— 롤랑 바르트, 『기호의 제국』

탈식민지의 종교론

'종교/세속'에 관한 논의에서 최근 정교분리의 이념이 언급되는 경우가 늘어나고 있다.[1] 그 전형적인 예를 야스쿠니신사와 이슬람에 관한 논의에서 볼 수 있는데, 간단히 말해 소위 일본의 비판적 지식인들은 이 두 가지 문제에 대해 정반대의 반응을 보이는 것 같다. 야스쿠니신사의 경우에는 수상의 참배를 견제하기 위해 정교분리의 이념이 마치 금과옥조처럼 인용된다.[2] 반면 이슬람의 경우 정교분리를 서양 계몽주의가 낳은 국소적 이념에 불과하다고 보고 그 보편성에 종종 의문이 제기된다.[3] 여기에는 서양 사회의 영향 아래에 놓여 있는 비서양 사회가 자신들의 문제에 대처하기 위해서 적극적으로 서양적 이념을 도입해야 한다는 생각과, 서양적 이념은 비서양 사회의 현실과는 그다지 맞지 않는다는 견해가 동시에 존재한다. 인류학자 탈랄 아사드Talal Asad의 말을 빌리자면, 이러한 반응의 엇갈림은 비서양 세계의 사람들 역시 "'서양'이 패권을 장악한 세계 속에서 생활하고" 있으며 여기에 "근대와 전통이라는 오래된 이분법"은 존립할 수 없기에, "근대적이면서 동시에 전통적이며, 진정한 것이면서 창조적이기도 한 것"이 포개어진 공간을 살고 있음을 시사한다.[4] 이런 관점에서 보면 정교일치적으로 보이는 이슬람주의나 이슬람 부흥 또한 서양 근대의 세속화 공간에 대항하는 가운데 태어난 대단히 현대적인 현상이며, 따라서 근대 이전의 이슬람 전통과의 직접적 연속성만을 가지고는 이해할 수 없는 것이 된다.[5]

동아시아는 물론 인도와 아프리카에서의 식민지주의와 종교의 관계성에 대한 최근 연구가 웅변하듯이, 비서양 세계는 서양 열강에 의한 식민지화를 회피하는 전략으로서 자치권의 승인과 저항을 동시에 취할 수 있는 서양화의 길을 택했다. 다만 무방비한 문호 개방은 서양에 의한 철저한 문화적·정치적 착취에 노출되는 식민지로 전락할 가능성을 품고 있었다.[6] 이런 상황을 염두에 두고 바라보면, 정교분리란 비서양 사회가 서양의 종교 개념 및 그 관련 제도에 포섭되는 가운데 생겨난 문제임을 알 수 있다. 그렇다면 정교분리의 이념을 일본 사회에 관철시켜야 하는가라는 양자택일적인 발상을 대신하여, 이것이 근대 일본 사회에 언제 어떻게 도입되었으며 어떤 역할을 담당해왔는가를 구체적으로 논하는 작업이 필요할 것이다. 그리고 아마도 이 과정에서 종교를 둘러싼 일본 내의 여러 담론과 제도들의 모습이 지금까지와는 다른 형태로 드러날 것이다.

전후의 일본 사회에서 정교분리 이념은 국가 이데올로기에 의한 종교 이용을 방지하기 위한 서양 계몽주의적 보편 이념으로 제시되어왔는데, 서양에서도 정교분리가 사회제도로 실현된 경우는 거의 드물며, 이를 실현하고 있다는 미합중국과 프랑스의 사이에도 커다란 상이점이 존재한다. 서양의 내부에 나타나는 다양성에 대해 아사드는 다음과 같이 논한다.

근대 세속 국가에서조차 종교가 위치한 장소는 매우 다양하다. 가령 프랑스에서는 고도의 중앙집권 국가도 그 시민도 세속적이다. 영국에서는 국가와 국교회가 결부되어 있지만 국민은 대부분 비종교적이다. 미국의 경우는 국민은 대부분 종교적인데 연방정부는 세속적이다.[7]

비록 종교를 둘러싼 정치제도와 사회적 존재 형태의 이러한 어긋남에 관해서는 아니지만, 종교 제도의 다양성에 대해서는 대일본제국헌법 형성기의 엘리트들 —— 예를 들면 정토진종 승려인 시마지 모쿠라이島地黙雷와 정치가인 이노우에 고와시井上毅 ——도 명확한 인식을 가지고 있었다. 제국헌법의 초안을 작성했던 이노우에 고와시는 메이지 17년(1884)에 다음과 같이 설파한다.

지금 러시아, 영국의 두 나라가 행하고 있는 국교주의는 원래 수구의 극한으로서 오늘날 취할 만한 것이 아니기에 이제 와서 새삼스레 논할 필요도 없다. 그런데 종교의 자유에 관한 설에는 여러 다른 부분이 있으며, 이를 완전히 무시하고 스스로 내버리는 짓은 미국도 하지 않는 일이다. 종지宗旨에 대하여 '톨레랑스'주의를 취하는 이 나라는 용인의 형태로

국왕이 믿는 교지教旨 이외의 교지도 국민에게 허락하고 억압하지 않는
데, 마치 구교에 대한 독일의 대응과 비슷하다. 그리고 여러 교지를 인가
하고 보호·감시하며, 그 외의 교지에 대해서는 억압하지 않지만 이들을
인가받고 보호되는 것들과 구별하는 방식도 있다. 즉 프랑스가 신교, 구
교, 유대교를 인가하고 그 외를 인가하지 않는 것이 그러하다.[8]

이를 오늘날의 일반적 표현에 따라 설명하면, 당시 영국은 '국교제,'
프로이센은 '국가의 교회고권 체제,'* 프랑스는 '공인종교 체제,' 미합
중국은 '정교분리 체제'를 취하고 있었다.[9] 이노우에는 젊었을 적 프로
이센에 유학했으며 귀국한 후에는 헌법 초안을 작성하기 위해 프랑스
의 모리스 블로크가 편찬한 『국교사전國教事典』을 초역하는 등, 외국 문
헌을 자주 접했다. 시마지 또한 대교원 정책**을 비판한 「삼조교칙三條教則
비판 건백서」를 집필할 당시 공인교 형태의 프랑스에 유학 중이었다.[10]
이처럼 다양성이 인식되던 상황 속에서 결과적으로는 프로이센식의 '종
교의 관용'을 바탕으로 하는 제국헌법 제28조의 조문 ——"일본 신민은
안녕과 질서를 방해하지 않고 신민의 의무를 어기지 않는 한에 있어서
종교의 자유를 가진다"—— 이 결정되었다.[11] 여기에는 현행 일본 헌법처
럼 "국가와 그 기관은 종교 교육 및 그 외의 어떤 종교적 활동도 해서는

---

* '교회고권教會高權 체제'란 국가의 주요 공직에 성직자를 임명하고 교회와 수도원을 국가기
  구 속으로 편입시키려는 체제를 말한다.
** 메이지 정부는 1872년 존황애국 사상에 근거한 포교 정책을 실시하고 전파하기 위해 '교도
   직教導職'을 신설하고, 이를 위한 교육기관으로 '대교원大教院'을 설치한다. 교도직에는 주로
   신도가와 승려 등이 임명되었으며 각지의 절과 신사에서 신도의 국교화에 관한 교육과 강
   습, 설교를 담당했다. 하지만 신도 국교화 정책이 부진에 빠지고 교도직 내부에서도 여러 갈
   등이 발생하는 등 눈에 띄는 성과를 올리지 못하는 가운데, 대교원과 교도직은 각각 1874년
   과 1884년에 폐지되었다.

안 된다"라는 식의 조문은 명기되지 않았으며, 정교분리에 상응하는 내용은 의식적으로 회피되었다. 이렇게 대일본제국헌법이 일단 성립하자 여기에 입각한 체제는 자명한 것으로 여겨지게 되었고, 이를 근본적으로 상대화하려는 시점은 자취를 감추고 말았다. 그 후 15년전쟁의 패배와 함께 제국헌법의 종교 체제는 와해되지만, 이번에는 미합중국에 의한 종교 정책의 재편성이 이루어졌고 그와 동시에 미합중국의 영향을 받은 정교분리의 이념이 보편성을 띠고 등장하기에 이르렀다.[12]

이러한 점들을 고려해가며 이 장에서는 정교분리와 국가신도, 나아가 종교의 관계를 근대의 역사 속에서 살펴보고, 이를 근대 일본에서 '종교'와 '세속'이 분절되어가는 형태, 최종적으로는 근대 일본 사회에서 천황제가 차지하는 위치에 관한 문제로서 고찰해보고자 한다. 단 이처럼 천황제나 국가신도의 문제를 전전의 사회로 되돌려서 논하는 경우에는, 이것이 오늘날의 문제와 상황을 반영하고 있는가에 주의를 기울일 필요가 있다. 이러한 주의가 곧 일본에서 서양 근대화의 경험을 대상화하는 시도가 되리라고 믿는다.

국가신도론과 정교분리

종교학자 시마조노 스스무의 논문「전후의 국가신도와 종교 집단으로서의 신사」는 현재의 일본 사회에 파문을 일으키는 작품으로서 대단히 흥미로운 문제를 제시한다. 이 논문은 야스쿠니 문제가 사회의 커다란 관심사가 된 상황에서 발표되었는데, 시마조노는 전후의 일본 사회에도 국가신도가 그 모습을 바꾸어가면서 여전히 존속하고 있음을 지적한다.

　분명히 국가가 주도했던 전전의 국가신도와 현대의 '숨겨진 황실 제사와 운동 단체 속의 국가신도'에는 커다란 성격의 차이가 있다. 그러나 여기에는 두꺼운 연속체가 있다. 국가신도는 단지 소멸하지 않은 것만이 아니다. 실은 '해체'된 적조차 없다고 보는 것이 적절하다.[13]

　시마조노에 의하면 지금까지 '국가신도'라는 단어는 이중의 의미로 사용되었는데, 좁은 의미에서는—신도학자인 사카모토 고레마루阪本是丸나 아시즈 우즈히코葦津珍彦의 주장처럼—"비非종교로서 종교의 범주에서 벗어난" "신사신도神社神道"만을 가리키지만, 넓은 의미에서는—종교학자 무라카미 시게요시의 주장처럼—"'신사신도' '황실신도' '국체의 교의'의 삼자로 이루어지는 것," 즉 가령 전전의 교육칙어와 고신에* 등 천황제의 국민도덕적 측면—시마조노는 이를 '제사'와 '치교治敎'라 부른다—까지를 포함한다.[14] 여기에 나의 이해를 덧붙이자면, 현재의 국가신도라는 단어는 역사학자인 야스마루 요시오나 아카자와 시로 등의 또 다른 견해—국가신도는 신사신도와 천황제 이데올로기라는 양자로 구성된다—처럼,[15] 보다 다양한 해석을 포섭하는 형태로 존재한다고 생각된다.

　그 가운데 시마조노는 신도 개념이 본래 제사적인 측면까지를 내포한다는 이해에 입각하여 '국가신도'를 넓은 의미에서 파악하는 입장을

---

* '교육칙어教育勅語'는 제2차 세계대전 이전 메이지 천황의 명으로 발표된 정부의 교육 방침을 명기한 포고문이며, '고신에御眞影'는 천황의 그림이나 사진을 말한다.

취한다. 그리고 "황실 제사, 황실신도"가 바로 "현존하는 법제도 안에서 국가신도의 핵"을 이룬다고 하면서, 그 종교성을 다음과 같이 설명한다.

황실 제사는 아마테라스 오미카미의 피를 계승하는 천황의 제사로서, 국민은 제사왕祭祀王의 성격을 지닌 천황에 대한 숭경을 통해 국가적인 신들의 세계와 연결되는 체제를 이룬다.[16]

이러한 견해에서는 전후의 황실 제사 또한 틀림없는 신도적 행위이며, 모든 신도가 종교의 범주로 분류되는 현재에 국민의 상징인 천황이 신에게 제사 지내는 행위는 전후 헌법이 명시하는 정교분리의 이념에 위배된다는 결론에 도달하게 된다.

그런데 헌법학자인 히라노 다케시平野武의 지적처럼, "국가신도라는 단어는 전전에는 그다지 사용되지 않았으며, 이른바 '신도지령'에서 채택된 이후 일반적으로 사용되기에 이르렀다."[17] 그 이전, 그러니까 메이지 시절부터 15년전쟁의 패전에 이르는 동안 —— 즉 전후의 연구자들이 국가신도의 존재를 주장하는 바로 그 시기에 —— 실제로 행정 용어 혹은 학술 용어로서 국가신도가 사용된 적은 거의 없었다는 것이다.[18] 1930년을 전후하여 가토 겐치加藤玄智가 국가신도와 유사한 '국가적 신도' —— 시마조노가 말하는 넓은 의미의 국가신도에 해당한다 —— 를 주장한 적은 있지만,[19] 이는 학교 교육을 포함하여 천황제에 관한 이데올로기와 의례의 모든 것을 신도로 규정하려는 신도학자의 복고주의적 열망이 드러난 것에 불과하며, 당시에 행정 용어나 학술 용어로서 인구에 회자되는 일은 없었다고 보아야 할 것이다. 그러므로 닛타 히토시新田均나 야마

구치 데루오미山口輝臣의 연구가 시사하는 것처럼, 전후의 연구자가 국가
신도라는 단어를 전전의 사회에서 아무리 찾아보아도 발견하지 못했던
것은 당연한 이치다.[20] 국가신도란 ── 전전에 그러한 일관된 정책 기조
가 존재했음을 전제할 필요가 없는 ── 다양하고 우발적인 법령의 집적
체로서, 우여곡절 끝에 시행된 정책 과정을 파악하기 위한 분석 개념으
로 사용해야 하는 단어인 것이다. 이런 의미에서 사카모토 고레마루의
다음과 같은 비판은 핵심을 찌르고 있다.

> 메이지 4년 5월 14일(1871년 7월 1일)에 태정관*이 포고한 "신사는 국
> 가의 종사宗祀"라는 테제야말로 국가신도의 근간이며, 이 테제를 국가
> 체제에 끼워 넣는 과정이야말로 국가신도 형성 과정의 중핵을 이루고 있
> 다. 물론 이 과정에는 수많은 우여곡절이 있었고, 이러한 테제가 그대로
> 메이지 국가에 딱 들어맞았던 것도 아니었으며, [……] 국가가 모든 신
> 사(관사官社, 제사諸社)를 명실공히 '국가의 종사'로서 대우할 것이라는 의
> 미도 아니었다.[21]

국가신도라는 단어가 뒤늦게 붙은 이름인 이상, 이를 어떻게 정의하
는가에 따라서 국가신도란 언제 존재했는가, 아니면 전연 존재한 적이
없는가에 대한 결론 역시 변할 수밖에 없다. 따라서 여기서 유의해야 할
것은 국가신도라는 단어를 둘러싼 해석의 다양성을 다루는 방법이다.
즉 "국가신도란 무엇인가"라는 기존의 실체론적 함의를 얻기가 불가능

---

* '태정관太政官'은 메이지 정부 초기의 최고 행정기관으로, 1885년에 내각제도가 성립하면서
해체된다.

하므로 단어의 사용을 폐기하자는 결론을 내리기보다, 국가신도라는 단어에 각각의 연구자가 부여해온 의미를 검토함으로써 현실을 이해하는 데 어떤 유효한 시점이 제공되는가라는 발화의 효용성을 묻자는 것이다.

이를 위해서는 먼저 국가신도라는 호칭의 기점이 된 연합군 최고사령관 총사령부(이하 GHQ)의 신도지령에서 내려진 정의를 확인해둘 필요가 있다. 정식 명칭은 「국가신도, 신사신도에 대한 정부의 보증, 지원, 보전, 감독 및 공포의 폐지에 관한 건」(1945년 12월 발포)인데, 여기서는 관련된 부분만을 발췌해 살펴보자.

2.1 본 지령의 목적은 종교를 국가에서 분리하는 것에 있다.
2.3 본 지령에서 의미하는 국가신도라는 용어는 일본 정부의 법령에 의해 종파신도 혹은 교파신도*와 구별되는 신도의 일파(국가신도 혹은 신사신도)를 가리킨다.
2.5.2 신사신도는 국가에서 분리하여 그 군국주의적 내지 과격한 국가주의적 요소를 박탈한 후, 만약 그 신봉자가 원하는 경우에는 일 종교로서 인정할 것이다.

닛타 히토시는 신도지령에 보이는 국가신도의 용법 그 자체가 시마조노가 말하는 이중성을 띠고 있는 점을 지적한다.[22] 여기서 소개한 인용

---

* '종파신도' 혹은 '교파신도'란 국가신도나 신사신도가 국가의 제사를 담당하는 도덕의 영역을 구성하는 가운데 종교단체로서 기능했던 신도계 종교를 가리킨다. 1884년에 교도직이 폐지되고 정교분리의 이념이 강화되면서 신도의 포교가 불가능해지자 메이지 정부는 열네 개의 종교를 공인하는데(그 후 열세 개로 변화), 이들 종교를 종파신도 혹은 교파신도라 부른다. 여기에는 금광교, 천리교 등의 민중종교도 포함되었다

문을 정합적으로 읽는 한 ── 야스마루나 아카자와 같은 역사학자의 용례와 마찬가지로 ── 국가신도란 신사신도를 천황제 내셔널리즘에 종속시킨 정치체제와 다름없을 것이다. 다만 당시 GHQ 민간정보교육국 종교과에 근무했던 윌리엄 우다드의 회고에 의하면, 그들은 국가신도가 교육칙어나 고신에 등 국민도덕적 요소를 포함한다고 이해했던 것 같다.[23] 그러나 의미야 어찌되었건 이 신도지령은 국가신도라는 단어를 사용함으로써 일본 사회에서 신사신도와 국가의 관계를 다시금 파악하기 위한 새로운 두 가지 시점을 제공했다. 곧 정교분리의 제도적 확립, 그리고 신사신도의 종교로서의 규정이 바로 그것이다.

정교분리의 제도적 확립에 대해서는, 이미 논한 것처럼 전전의 일본 사회에서는 처음부터 국가신도 체제가 이 원칙에 위배되는지 어떤지에 대한 논의가 거의 없었다. 신기원 설치 움직임이 본격화되던 쇼와 9년(1934)에 헌법학자 가나모리 도쿠지로가 대일본제국헌법과 정교분리 이념의 관계에 대해 발언한 적은 있다. 하지만 이는 정교분리의 원칙을 가지고 당시의 헌법을 비판했다기보다는 "제국의 현재 실상은 정교분리 제도에 가깝다"[24]며 현상을 추인하는 정도에 그치는 것이었다. 종교의 자유란 "개인의 종교 활동을 국가가 방해하지 않을 것"을 의미할 뿐이며, 굳이 정교분리가 아니더라도 이를 충분히 실현할 수 있다는 점은 법학적으로도 이미 많은 공감을 얻고 있었다.[25] 이러한 와중에 일본 정부는 기존의 서양 국가의 종교 체제를 그대로 수입하는 방법을 택하지 않고, 종교에 관한 관용을 기본적 구조로 삼으면서 "국교에 대한 편향된 믿음을 강제"하지 않는다는 독자적인 형태를 수립했다.[26] 물론 전전의 일본에서 현실적으로는 천황제 및 이를 받드는 신사신도가 국교 역할을 했지만, 이들이 종교로 규정된 기독교나 불교와의 이데올로기 경쟁에 빠지지 않도록, 혹은 기독교가 아닌 것을 국교로 삼아 서양 각국으로부터 힐난을 받는 일이 없도록, 신사신도를 신민의 공적 의무인 '제사'의 영역에 할당하는 전략을 채용했던 것이다. 그러나 제사와 종교의 이와 같은 분할은 명쾌하지 못했으며, 국가권력과 유착한 제사가 사적 영역에 속하는 종교를 포섭하는 모호한 형태가 되고 말았다. 어쨌든 그 결과 국민도덕으로 규정된 천황제 내셔널리즘을 위반하지 않는 범위에서 각 종교 단체는 공인교로서 활동할 수 있게 되었다. 신사신도가 국가의 이데올로기 장치로서 적극적으로 활용된 것은 러일전쟁 이후로 보이는데, 이러한 체제가 원리적으로 확립된 것은 교도직이 폐지된 메이지 17년(1884)에서 제국헌법이 발포된 메이지 22년(1889) 사이로 보는 것이 타당하다.[27]

전전의 일본 정부가 취한 이와 같은 종교 정책이 정교분리 제도의 하위 종에 속하는 것이 아니었다는 점은 시마지 모쿠라이의 「삼조교칙 비판 건백서」(1872)에서도 확인할 수 있다. 이 글은 일본에서 정교분리의 이념을 가장 먼저 부르짖은 예로 알려져 있는데, 시마지는 "정교는 서로 다르며 본래 섞여서는 안 되는 것"이라 논하면서도, 결국엔 "정교는 서로 의존하며 [⋯⋯] 그 후에 국가는 처음으로 국가가 되고, 사람은 처음으로 사람이 될 수 있다"며 진속이체론*에 근거하여 한 번 분리된 종교가 정치에 봉사해야 한다고 주장한다.[28] 굳이 덧붙이자면, 정교분리란 "국가와 교회(종교 단체)의 제도적 결탁, 정치권력과 종교권력의 제도상 융합을 피해 양자의 영역과 권한의 분리를 요구하며, 상호 영역

---

* '진속이체론眞俗二諦論'은 진체와 속체에 관한 논리를 말하는데, 간단히 설명하자면 진체란 영구불변의 절대적 진리, 그리고 속체란 세속적 진리를 가리킨다.

고유의 자립성을 승인하는 것"[29]이기에, 시마지가 말하는 "정교는 서로 의존하"는 상태와 양립하지 못한다. 정교분리의 이념에 의거하지 않는 일본의 종교 제도에 대한 이해는 데모크라시가 주장되던 다이쇼 시대가 되어서도 그대로 이어졌는데, 천황기관설*을 제창한 헌법학자 미노베 다쓰키치美濃部達吉는 다음와 같은 의견을 개진한다.

신사신도가 하나의 종교라고 한다면, 그것은 국가적 종교이며 우리 제국의 국교인 것이다. 이 점에서 우리 국법상의 신사는 그 외의 모든 종교와는 다른 지위를 지닌다. [……] 즉 우리 현실의 국법에서 국가와 종교의 분리 원칙은 아직 이루어지지 않고 있지만, 국가는 역사적 전통에 입각하여 어떤 종교에 대해서는 특별한 관계를 맺는다. 이 역사적 전통은 헌법 제28조의 규정을 이해하는 데 있어서도 도외시할 수 없는바, 즉 이 조문의 규정은 신민의 종교의 자유를 보장하지만 반드시 국가가 모든 종교에 대해 평등해야 함을 규정한다고는 해석할 수 없다.[30]

이러한 점들로부터 전전의 일본이 정교분리의 원칙이 함의하는 '정치/종교' 또는 '도덕/종교'의 이분법으로 명확히 나누어지지 않는 사회 형태를 취하고 있었음이 확인된다. 이러한 전전의 종교 체제에 비해, 패전 직후 GHQ가 이식한 정교분리는 미합중국 헌법을 관통하는 이념에

---

* '천황기관설天皇機関説'은 국가의 통치권에 관한 헌법학설의 하나로서, 독일의 국가법인설 등에 따라 법인인 국가가 통치권을 지니며 천황이 그 최고 기관이라는 주장이다. 따라서 천황은 내각 및 여타 기관의 보필하에 통치권을 행사하게 되는데, 이는 통치권이 천황에게 직접 속한다고 보는 천황주권설과 대립각을 세웠고 '국체명징성명' 등의 등장과 함께 점차 공식적인 비판과 배제의 대상이 되었다.

근거하고 있었다. 이때가 되면 프랑스에서도 라이시테*가 시행되고 독일에서도 나치 시절에 무효화되었던 바이마르헌법을 통해 어느 정도 정교분리가 도입되는 등, 국제적으로 보아도 정교분리는 더 이상 드문 이념은 아니었다. 게다가 같은 정교분리의 원칙이라 하더라도 소련처럼 국가가 종교를 적대시하는 '적대적 분리'의 형태와 미합중국처럼 국가가 종교에 대해 호의적인 '무관심'을 유지하는 형태 등, 몇 가지로 유형을 분류하는 것이 가능했다.[31] 일본의 경우에는 정교분리의 원칙에 입각하여 국가신도의 해체가 추진되었기 때문에 적대적 정교분리로 여겨지기 쉬운데, 비록 신사신도에 대한 GHQ의 인식에 변화가 있긴 했지만[32] 최종적으로 그들은 신도지령 제1조에서 "군국주의 및 과격한 국가주의"가 "신도의 교리 및 신앙을 왜곡"시켰다는 결론을 내렸고, 신사신도 그 자체에 대해서도 기독교나 불교 같은 다른 종교와 마찬가지로 신앙의 권리를 보전해주어야 한다고 판단했다.[33] 신사신도에 대한 당시 GHQ 측의 인식을 직원으로 근무했던 우다드는 아래와 같이 정리한다.

'신도'란 인간과 자연 어디에나 존재한다고 믿어지던 영적 실체나 힘 내지는 자질을 가리키는 '신'에 대해 일본인이 가진 신앙과 습관의 집적이다.[34]

당초 신사신도를 국가신도와 동일한 것으로서 부정적으로 파악할 가능성이 높았던 GHQ 측이 이와 같은 인식에 이르게 된 배경에는, GHQ

---

* '라이시테laïcité'는 세속성, 비종교성을 뜻하는 프랑스어로서 프랑스식 정교분리를 의미한다.

민간정보교육국 종교과의 고문을 맡고 있던 종교학자이자 도쿄대학 조교수였던 기시모토 히데오岸本英夫의 역할이 적지 않았던 것으로 보인다. 그는 장인인 아네자키 마사하루와 마찬가지로 신도도 하나의 종교로서 다른 종교와 동일한 차원에서 다루어져야 한다는 종교학적 입장에 서 있었고, 도쿄대의 동료였던 신도학자 미야지 나오카즈宮地直一를 통해 신사 사회의 의향과 GHQ의 접점을 모색하고 있었다.[35] 하지만 그렇다고 해도 점령기 일본에서 정책의 최종 결정권을 쥐고 있던 것은 역시 GHQ였으므로, 무엇보다도 미합중국의 정교분리관이 그러한 결정에 커다란 영향을 끼쳤다고 보아야 한다. '시민종교'나 '교파denomination'의 개념에 단적으로 드러나 있듯이, 미합중국의 법제도는 정교분리의 원칙을 택하면서도 사회적으로는 종교——미국의 경우에는 기독교——에 대해 상당히 호의적인 자세를 보인다.[36] 결과적으로는 그러한 GHQ의 기호도 반영되어 신사와 천황제의 관계가 애매한 형태로 전후에도 계속되게 되었으며, 오늘날에 이르기까지 국가와 신사의 관계를 둘러싼 논의가 끊이지 않는 상태를 초래하고 말았던 것이다.[37] 이것은 어느 정도는 GHQ가 의도한 바지만, 또 어느 정도는 그들의 예상을 벗어나는 일이었다.

GHQ의 의도에 대해 추가적인 설명을 덧붙이자면, 전후 점령 정책에 있어서 그들이 중점적으로 내세운 방침은 천황제를 통한 일본의 개혁과 통치의 시도였다. 이를 위해 GHQ는 잘 알려진 바대로 현인신現人神으로서의 천황의 신격은 부정하면서도 천황과 국민의 관계는 이전과 같이 유지시켰다.[38] 그런데 이로 인해 신사신도를 "군국주의 및 과격한 국가주의"로부터 떼어내기는 했지만 천황제와 신사의 밀접한 관계——신사는 천황가와 관련이 있는 신들에게 제사 지내며, 천황은 황실 제사를 통해 신들에게 제사 지낸다 — 를 문제시하지는 못했기 때문에, 상징 천황제가 된 후에도 여전히 그 종교성은 온존되었다. 천황의 '신격성'만을 박탈하면 황실 제사는 "천황의 개인적인 용무"가 될 것이고— 천황은 국민의 상징이라는 공적 지위를 차지하는데도— 천황가에 대한 종교의 자유도 보장되리라고 판단했던 것이다.[39] 여기에 시마조노가 앞에서 지적한 황실 제사의 문제, "황실 제사는 아마테라스 오미카미의 피를 계승하는 천황의 제사로서, 국민은 제사왕의 성격을 지닌 천황에 대한 숭경을 통해 국가적인 신들의 세계와 연결되는 체제를" 이루는 상황이 전후에 남겨지게 된 원인이 있는 것이다.

동시에 천황제에 대한 이러한 인식의 한계는 이를 요행으로 여긴 일본의 종교학자나 신도학자 혹은 관료들이 가진 문제성을 드러내는 것이기도 했다. 돌이켜 생각해보면 전전의 일본 사회에서 천황제의 존재의 타당성에 대해 근본적인 검토를 요구한 비판은 1930년대 무렵의 마르크스주의를 제외하면 정말로 전무했다. 물론 전전에도 신사 숭경이 헌법이 보장하는 종교의 자유에 위배되는 것은 아닌가라는 의문이 몇 차례 제기된 적은 있지만,[40] 천황제 자체가 위헌적인 존재가 아닌가라는 질문은 정말이지 완벽히 부재했다. 물론 오늘날에는 그러한 비판이 어려운 일은 아니겠지만, 전전의 국가 제도가 '천황주권'을 전제로 성립해 있었고 천황제가 '초법적인'[41] 불가시不可視한 존재로 암묵리에 이해되고 있던 당시의 상황을 돌이켜보면, 그러한 인식의 한계는 어쩔 수 없는 것이기도 했다. 이노우에 에교井上惠行는 법제도사의 관점에 입각하여 이 점을 지적한다.

제국헌법 제28조의 '일본 신민'에는 천황은 물론 황족도 포함되지 않으며, 신사신도 또한 메이지 이래로 정부에 의해 '신사는 종교가 아닌 것'으로 다루어져 왔으므로, 천황이나 황족의 신앙 혹은 제사와 헌법에 관한 문제가 발생할 수 없었다.[42]

현시점에서 중요한 것은 그러한 자명성이 어떻게 성립했는가, 즉 천황제의 초법적인 성격을 발생론적으로 생각하는 일이다. 이 문제는 일본에서 종교 개념의 수용과 연동하여, 천황제에 가탁된 '토착적인 것'이 어떻게 서양적인 것의 여백으로서 상기되었는가라는 물음으로 이어져 갈 것이다. 이를 위해 신도지령이 가져온 또 하나의 시점, '종교'로서의 신사신도에 대한 규정을 살펴보도록 하자. 이는 '종교/세속'의 구분이 전전의 사회에서 어떤 형태로 존재했는가라는 천황제의 존재 형태에 관한 고찰을 포함하여, 전후의 정교분리를 전제로 한 논의와는 다른 논점을 가져다줄 것이다.

종교 개념의 동요

GHQ의 신도지령에 의해 이전까지 '제사'로 여겨져왔던 신사신도가 '종교'로 새롭게 규정된 일은 일본 사회에서 신사신도가 지닌 위치에 근본적인 변화를 가져왔다. 왜냐하면 적어도 전전에는 신사 비非종교론에 의해 종교와 제사는 다른 범주에 속한다는 표면적인 사회적 방침이 확립해 있었기 때문이다. 메이지 23년(1890) 『도쿄일일신문』에 게재된 논설은 당시의 종교와 제사의 경계에 관한 이해를 단적으로 보여준다.

제祭란 제사를 의미하는바, 부모와 조상의 분묘에서 제사 지내거나, 그 위패에 향기로운 꽃을 두거나, 아니면 기념표에 화환을 거는 것처럼 [……] 기념하고 뉘우치기 위한 것을 제라 부른다. 그리고 교敎는 종교를 의미하는데, 상제나 부처, 우상 등 예전부터 존숭해오던 것으로부터 기쁨이나 두려움을 느끼고, 여기에 귀의하고 기댐으로써 현세와 내세에서 안심입명安心立命을 얻고자 하는 것을 말한다.[43]

중요한 것은 이러한 구분이 패전 이전 정부의 신도 정책 및 신사 비종교론과 쌍을 이룬다는 점이다. 신사 비종교론은 종교와 제사를 각각 신앙의 자유가 보장된 사적 행위와 국민의 의무인 공적 행위로 구별하여 신사참배를 종교에서 분리된 제사의 영역에 두었는데, 이로 인해 신사는 기독교, 불교와의 신자 획득 경쟁을 피할 수 있었다.[44] 그러므로 이러한 구별이 어디까지나 '공사의 구별,' 즉 "신도는 우리 국체의 기초이기에 특별한 관제를 정하여 선포할 것"이라는 정치적 판단에 유래한다는 점은 동시대의 여러 지식인들 역시 잘 알고 있었다.[45] 여기서 만약 이러한 '공사의 구별'을 제외하는 경우에는, "어떤 종교라 할지라도 제사를 그 일부로 삼는 통례가 있는바, 우리는 결코 종교에 제사가 없다고 하는 것이 아니다"[46]라는 식의 양자의 유동성을 강조하는 방향으로 논의가 매듭지어지게 된다.

이처럼 정치적 배려를 걷어내면 신사신도 또한 하나의 종교일 뿐이라는 인식은, 신자들에게 국민의 의무로서 신사 숭경이 종교의 자유의 권리를 침해할지도 모른다는 불안을 끊임없이 불러일으켰다. 다이쇼 15년(1926)에 열린 종교제도조사회에서 정토진종의 승려인 하나다 료운花田凌雲은 다음과 같은 걱정을 토로한다.

현재 일본의 각 신사에서 행해지는 기도 행위와 같은 것은 종교가 아니라는 그런 말씀에 대해서 저는 아직 잘 이해가 안 갑니다. 〔……〕 이 신사 숭경이란 것은 일본 국민 모두가 해야만 하는 일입니다. 〔……〕 그런데 그 순결한 국민 사상을 고스란히 통일할 수 있는 권위와 기준을 넘어서서, 게다가 종교의 의의 혹은 이와 유사한 의의를 가지고 여기에 기도 등을 포함시킨 채로 국민 앞에 제시하는 것에는 종교 신념의 여하에 따라 상당한 의문이 들 것입니다. 〔……〕 모든 종교를 〔……〕 보호하는 것은 적어도 종교 자유의 법치국으로서 반드시 행해야만 하는 일이라 믿고 있습니다.[47]

여기서 확인해두어야 하는 것은 신사 비종교론이나 종교와 제사의 구별이란 것이 ─ "신사가 종교인가 아닌가에 대한 법률상의 명문은 없는 것으로 알고 있습니다"[48]라는 하나다의 지적처럼 ─ 법률상으로 명확히 규정되지 않았다는 점이다. 헌법과 법령에는 "안녕과 질서"에 반하지 않는 한에 있어서 종교의 자유를 허락한다는 점만이 명기되어 있을 뿐이었고, 신사가 종교인지 제사인지, 더욱이 종교와 제사란 대체 어떻게 정의되는가라는 점들이 ─ 후에 간행될 『신사본의神社本義』(신기원, 1944)나 『국체의 본의国体の本義』(문부성, 1937) 등 정부의 선전물들처럼 ─ 법률의 조문으로서가 아닌 그저 하나의 견해로서 주장되고 있을 뿐이었다. 어떤 법적 규정이 없는 채로 ─ 정확히는 없기 때문에 ─ 종교와 제사를 둘러싼 신사에 대한 논쟁이 줄기차게 계속되었다. 따라서 종교의 자유는 신사를 어떻게 규정할 것인가에 의해 그 범위가 큰 폭으로 좁아지거나 넓어질 수 있었으며, 실제로 전전의 사회에서는 시대의

변화와 함께 종교의 자유의 범위도 변동을 보이고 있었다.[49] 나아가 거듭 주의할 것은 이와 같은 '제사/종교' 혹은 후술할 '도덕/종교'의 경계선이 만일 확정되어 있었다손 치더라도, 그것만으로 당시의 사회 체제가 정교분리였다고 보아서는 안 된다는 점이다. 다시 한 번 확인하지만 정교분리란 정치에 종교 단체나 종교가 간섭하고 있는가라는 양자의 관계성을 묻는 개념이다.

이러한 상황 속에서 당시 지식인들의 커다란 관심사가 된 것이 '종교'라는 개념이었다. 제사와 밀접한 관계에 있는 이 개념은 정의하는 방법에 따라 신사신도의 성질, 그리고 종교의 자유의 범위에 커다란 영향을 줄 수 있었다. '종교'는 'religion'이라는 영어 단어의 번역인데, 이것이 정착되어 사용되기 시작한 것은 기독교가 묵인되고 국민의 신앙 대상으로서 여러 종교들이 경합 관계에 놓이기 시작한 메이지 10년(1877) 무렵이었다.[50] 앞에서 본 『도쿄일일신문』의 논설에 실린 "상제나 부처, 우상 등 예전부터 존숭해오던 것으로부터 기쁨이나 두려움을 느끼고, 여기에 귀의하고 기댐으로서 현세와 내세에서 안심입명을 얻고자 하는 것"이라는 견해는 종교에 대한 호불호를 떠나 공통된 암묵의 이해였다고 보이는데,[51] 메이지 20년대 중반을 지나면 지금까지 논해온 것처럼 신사 정책과 종교의 자유의 문제가 겹치게 되고, '종교란 무엇인가'라는 문제에 "엄밀한 정의"[52]를 내리려는 자세가 두드러지게 나타나기 시작한다. 그 가운데 메이지 20년대 중반에는 이노우에 데쓰지로井上哲次郎 등에 의해 비교종교가, 메이지 30년대에는 아네자키 마사하루나 가토 겐치에 의해 종교학이라는 학문적 담론이 일본에도 등장하기에 이른다.[53]

일본에서 종교의 정의에는 두 가지 계통이 있는데, 그 주축을 이루는 것은 서양의 프로테스탄티즘을 종교 이미지의 중심에 두는 아네자키 마사하루의 관점이다.[54] 아네자키는 일본 종교학의 초석을 다진 『종교학 개론』(1900)에서 아래와 같은 정의를 내린다.

종교란 단지 일종일파—宗—派를 가리키는 것이 아니다. 모든 종교는 동일한 문명사[人文史]상의 사실로서, 인간 정신의 산물로서, 이것들 모두의 산물과 그 과정을 포괄하는 개념으로 파악되어야 한다.[55]

이러한 주장은 여러 종교에 보이는 신과 인간의 관계를 "인간 정신의 산물"로 파악하는 심리주의적 관점에 기반을 두고 있는데, 개인의 '종교적 의식'이 기준이 됨에 따라 각각의 종교와 종파는 그 차이에도 불구하고 오직 하나의 '종교' 현상의 발로로서 통일적 이해의 대상이 된다. 그 결과 종교가 세속 바깥의 신성한 어떤 것이 아니라 세속 사람들 누구나가 가진 종교적 지향성으로 여겨지게 되는 '사사화私事化'로서의 세속화[56]가 이루어지게 되었다. 이제 신성한 공간은 세속의 바깥이 아니라 인간의 내부에서 찾아야 하는 것이 되었으며, 종교의 본질을 체험에서 얻으려는 신비주의적 입장이 일본에서도 성립하기에 이른다. 아네자키가 자신의 종교 체험을 술회하는 다음 장면을 보자.

홀로 물가의 모래에 누워서 무심의 경지에 들어가면 [……] 시간은 흐르고 사람은 변하기로서니, 영겁의 맥박에는 항상 변하지 않는 '지금'의 음률이 있다. 빛이여 나를 감싸는가? 파도여 나를 부르는가? 몸이여 물에 녹거라. 마음이여 빛과 함께 뒤섞여 사라지길. 이리하여 나란 것이 나가 되지 못할 때 내 가슴에 울리는 어떤 것을 받아들여야 하리라.[57]

개인의 이러한 종교 체험을 중시하는 체험주의의 입장은 계몽주의의 보급과 그에 따른 교의적인 권위의 쇠퇴를 보완하는 역할을 했는데, 이는 신자의 직접적 체험을 통해 종교의 의의를 새롭게 확보하려한 낭만주의적 움직임이었다.[58] 이러한 입장은 얼핏 보기엔 종래의 교조적인 종교 전통과는 상이해 보이지만, 기독교 전통의 내부에서 —갈등을 겪어가면서도—교회의 권위를 보충하기 위해 등장한 것으로서 종교 체험이라는 개인의 내면을 중시한다는 점에서는 역시 '믿음belief'을 강조하는 기독교의 흐름에 서 있다고 할 수 있다. 실제로 체험주의자들은 토속적인 민간신앙을 미신화한 종교의 "병적 상태"로만 보았다.[59] 한편 아네자키와 마찬가지로 이노우에 데쓰지로의 문하에 속하는 가토 겐치는 이보다 조금 늦은 시기에 토착종교인 신도를 주안점에 두고 종교 개념의 정의를 시도한다.[60]

불교, 기독교와 같은 세계적 종교, 개인적 종교만을 안중에 두고 종교의 번역어를 변통할 뿐, 종교학상의 부족적 종교나 국민적 종교, 그러니까 국체의 종교 같은 것은 꿈에도 알지 못했던 것이다. [……] 하지만 종교학은 그 후 내외로 장족의 발전을 이루었고, 종교에 일신교, 기독교, 회교 같은 세계적 종교뿐만 아니라 자연민족의 부족적 종교나 고대에 각국의 민간에서 융성했던 국민적 종교도 당연히 포함되어야 한다는 사실이 학문상 분명해졌다.[61]

당연한 말이지만 가토의 관점에서 보면 "국가적 신도는 세계적 종교, 개인적 종교로서 종교의 범위에 포함될 자격은 없지만, 국민적 종교로서는 종교 안에 하나의 위치를 점한다"[62]는 견해, 곧 신사 제사를 종교로서 적극적으로 인정하는 결론이 도출되게 된다. 이를 위해 가토는 네덜란드의 종교학자 틸러C. P. Tiele의 학설을 따라 불교나 신도를 "신인동격교神人同格敎"라 하고, "신인현격교神人懸隔敎"인 기독교 등의 일신교와 함께 같은 종교 개념 안의 다른 범주로서 병치시킨다. 자신의 학문을 "신도의 종교학적 연구"로 이름 지은 가토다운 견해라 하겠다. 다만 가토는 개인에게 의식화된 믿음이란 것을 종교 개념의 본질로 바라보는 점에서 동문인 아네자키나 은사인 이노우에와 견해를 달리했다.

이들의 부족한 점을 보완하기 위해 등장한 것이 종교의 정의에 있어서 또 하나의 계통을 이루는 민속학자 야나기타 구니오의 신도 이해였다. 다이쇼 7년(1918)에 발표된 「신도사견神道私見」에서 야나기타는 "신사는 그저 조상이나 위인에 대한 존경의 표시에 불과하다는 단정은 그 근거가 매우 부족하다고 생각합니다"라고 하여 신을 사람으로 해석하는 신사국*의 국민도덕론적인 견해를 비판하는 한편, 신사를 종교에 대항하여 개념화하려는 신도학자의 견해에도 비판을 가하고, "교의에 계통이란 것이 없는" "각 마을의 신에 대한 현실의 사상"을 적극적으로 평가한다.[63] 믿음보다 공동체적 '실천practice'을 중시하는 야나기타의 견해[64]는 1930년대가 되면 — 아네자키와 가토 등 구세대를 대신하여 등장한 우노 엔쿠, 후루노 기요토 등 종교인류학자의 견해와 맞물려 — 비서양 사회의 종교에 대한 일반적 이해로 정착되어가기에 이른다.[65]

서양에서 이처럼 '실천'을 중심으로 하는 종교관은 식민지의 확대로 인한 미개사회와의 접촉을 통해 서양의 외부에, 그리고 서양의 내부에

---

* '신사국神社局'은 신사와 신관, 신직 등에 대한 행정 업무를 담당하던 부서다. 1940년에 신기원이 설치되자 폐쇄되었다.

도 '믿음' 중심주의와는 다른 이해가 존재한다는 인식이 되어 서서히 퍼져간 것으로 보인다.[66] 이는 애초에는 어디까지나 기독교를 정점으로 하는 진화의 사다리에서 가장 낮은 단계에 위치하는 것으로만 인식되었으나, 점차 독자적인 논리를 가지고 있다는 평가를 받게 된다. 예를 들어 탈랄 아사드는 "(감정을 포함하여) 신체적 태도를 길러내는, 즉 훈련을 통해 습관, 소망, 욕망을 길러내는 규정된 도덕과 종교적 능력의 육성"이야말로 이슬람과 중세 가톨릭의 특징이었다고 논한다. 이는 본래 "스스로 생겨나는 충동에 대한 경험이 아니라, 신체의 감각과 신체의 학습이 서로를 구축해가는 경험"에 관한 것인데, 이것이 "불명료한 의미"로서 내면에 의해 "해석되어야 하는 상징"으로 폄하되고 마는 점에 서양 근대적 '믿음' 중심주의의 폐해가 있다는 것이다.[67] 이어서 아사드는 다음과 같이 논한다.

현대 프로테스탄트의 기독교(그리고 이를 모델로 삼는 다른 종교)에 있어서는 특정한 규정의 실천을 행하는 것보다도 올바른 신조('믿음')를 가지는 것이 더 중요하다고 합니다. [……] 이제는 신조가 순수하게 내면화되어 감정의 사적인 분업이나 일상의 실천과는 분리된 특정한 마음의 상태가 된 것입니다. [……] 이리하여 신조에 관한 언명의 시스템이 이제는 '종교'의 본질을 구성한다는 생각에 이르게 되었습니다. 다른 '종교'를 비교하고 평가할 수 있는 구축물로서의 '종교'인 것입니다.[68]

오늘날에는 프로테스탄티즘적인 이해가 여전히 중심축을 이루면서도, 그러한 '믿음' 중심주의를 침식하는 형태로 '실천'적인 종교 이해가 점차 보급되는 중이다.[69] 오늘날 종교라는 단어는 이러한 다중적인 의미를 기반으로 성립한다.[70] 프로테스탄티즘의 종교 개념의 영향을 깊게 받은 근대 일본에서도 처음엔 아네자키나 가토의 종교 개념이 주류로서 정착해갔다. 그렇지만 종교 개념이 전파된 당초부터 "지금 우리나라의 신에 대해 논하려는데 [……] 입교한 사람이 없고 개종의 선조가 없다. 그저 단지 신을 공경하라고만 한다"[71]는 표현에서처럼 교의를 완비한 기독교와 일본 신도와의 차이는 인식되고 있었고, 이러한 위화감을 학문적 작업을 통해 언어화한 것이 바로 야나기타 구니오와 우노 엔쿠였다. 이는 다이쇼 15년(1926)과 쇼와 3년(1928)에 열린 종교제도조사회에서의 격렬한 논쟁이 말해주듯이[72] 당시 표면상의 사회적 방침이었던 신사 비종교론의 타당성을 의문에 부치기도 했지만, 종교 개념이 그와 같은 이중의 함의를 지니는 이상 견해가 일치하는 일은 있을 수 없었다. 이와 같은 '종교 개념의 동요'에 대해 ─오늘날의 사회까지 고려의 대상으로 삼아가며─ 시마조노 스스무는 다음과 같이 설명한다.

번역어가 확정되었다고 해서 'religion'이라는 단어가 그대로 '종교'라는 일본어로 변했다고는 보기 힘들다. [……] 현대 일본 사회에서 '종교'가 무엇을 가리키며, 특히 일본의 주요한 종교가 무엇인지에 대한 이해는 혼란스러운 상태에 있는데 [……] 그런 의미에서도 서양적인 '종교' 개념은 일본에 완벽히 정착하지 못한 것이다. 오히려 '종교' 개념을 둘러싼 곤혹이 여기저기서 느껴진다고 해야 한다.[73]

이와 같은 동요는 신사 비종교론을 통해 종교와 쌍을 이루는 언어가 된 '제사'에서도 마찬가지로 확인된다. 정부가 관장하는 제사는 메이지 유신 시기 제정일치 체제가 좌절해가는 과정에서 일반 신사 제사는 내

무성 신사국에, 궁중 제사는 식부료*에,[74] 야스쿠니 제사는 육군성에 각각 서로 다른 관할로 분리되어갔고, 정부가 통일된 의도를 가지고 관리할 수 있을 정도로 정합적이지 못했다. 물론 일본의 신들에 대한 의례로서 교의를 동반한 기독교나 교파신도 같은 '종교'와는 구별된다는 막연한 공통성은 가지고 있었으나, 각각이 관장하며 모시는 신들 ─ 천황가의 조상 및 충신, 신기령의 황신,** 영령이 된 국민 ─ 이 어떠한 관계를 형성하는지에 대해서는 정부도 국민도 명확한 인식을 가지고 있지 못했다.

이러한 불명료함은 천황제를 결합의 마디로 삼는 것 이외에는 어떠한 교의도 없는 신도에게는 당연한 결과이기도 한데, 이는 근본적인 결함이 아니라 도리어 제사의 영역에 합리적 비판을 넘어선 미결정의 여백으로서 적극적인 의미를 부여하는 기능을 행했다. 당시 일부의 지식인들 이외에는 진다이칸***의 기술을 "그렇게かのように"(모리 오가이) 존재하는 역사적 사실로서 인식하고 있었는데,[75] 이처럼 사람들은 자신이 살고 있는 세계가 구축된 형태를 샅샅이 합리적으로 이해하지는 못한다.[76] 그 가운데 신사 제사만이 종교 개념과의 관계성에서 이러쿵저러쿵 이야기된 것은, 아마 신사 제사가 국민 교화와 직접 관계하는 영역으로서 국민의 종교의 자유를 침해할 가능성을 품고 있었기 때문일 것이다. 특히 러일전쟁 후에 신사 제사는 문부성이 고취하던 국민도덕론과 결합하고 ─ 고쿠가쿠인대학의 고노 세이조河野省三가 "신도란 우리 국민도

***

* '식부료式部寮'는 1871년에 설치된 식부국式部局의 후신으로서 황실의 제전과 행사, 아악 등을 담당했다. 1884년 식부직式部職으로 개칭됐다.
** '황신皇神'은 황실의 조상신 등 존귀한 신을 가리킨다.
*** '진다이칸神代捲'은 『니혼쇼키』에서 신화에 관해 적혀 있는 부분이다.

덕을 진정한 황도로 이끌어주는 힘이다"[77]고 논한 것처럼 ─ 국민도덕을 실천하는 장소로 자리매김해갔다. '제사/종교'와 '도덕/종교'라는 대칭 개념에서 이전까지 개별적으로 파악되어온 '제사'와 '도덕'이 동일한 비종교적 영역으로 포개지게 되었던 것이다. 제사라는 비언어적 신체 실천의 영역이 도덕의 이름 아래에서 개념화되면서, 신사 비종교론은 도덕이라는 세속 영역의 내부로 편입되어갔다.

그러나 도덕이라는 단어 또한 종교와 마찬가지로 다의적인 해석의 가능성을 품고 있었다. 이노우에 데쓰지로 같은 계몽주의자에게는 종교와 쌍을 이루는 단어에 지나지 않았겠지만, 고노 세이조 같은 신도 관계자에게는 종교와의 구분을 넘어선 규정 불가능한 것으로서 국체나 천황제의 동의어에 가까운 의미로 사용되었다. 특히 1920년대 이후에 신도학자나 보수층에 의해 후자의 의미가 강조되었는데, 도덕으로 체현되는 공공 영역이 사적 영역을 포섭하고 토착종교인 신사 제사가 '세속/종교'의 구분을 넘어서면서 양자 모두 서양의 계몽주의적 논리를 무효화시키는 방향으로 흘러갔다.[78] 1940년에 신설된 신기원에서 논해진 '제정일치'는 그러한 움직임의 정점을 이룬다고 할 수 있다.[79] 다만 그 대가로 신사신도에서 민중의 일상에 뿌리박힌 민간신앙적인 요소들은 지워져갔고, 공교롭게도 신사를 천황제 내셔널리즘의 국민 교화를 위한 회로로 삼으려 한 보수층의 계획은 헛물만 켜는 결과를 맞게 된다.

정교분리의 원칙이 채용되지 않았던 전전의 사회에서는 법제도로서 '종교/정치' 혹은 '종교/도덕'의 영역 분리가 명확히 고정되어 있지 않았기 때문에, 오직 종교 개념의 정의를 내리는 방법만이 비종교인 신사의 사회적 위치 또는 종교의 자유의 허용 범위를 변동시킬 수 있는 유일한 수단이었다. 지금까지 보아온 것처럼 당시엔 종교도 도덕도 다의성

을 가진 단어였으며, 어느 한쪽의 내용에 변화가 생기면 이에 연동하여 다른 한쪽의 의미도 변동할 가능성이 다분히 존재했다. "도덕적 세계질 서는 곧 종교의 도덕이기에 일반 도덕 이상의 궁극적인 의미는 결국 종교의 이상에 포섭되고 [……] 종교상의 종국적인 목적은 곧 도덕의 규범이 되며"[80]라는 아네자키의 논설이 말해주듯이 종교와 도덕은 연속적인 개념으로 파악되고 있었고, 공과 사의 경계선 그 자체도 유동적이었다. 전전의 사회에서는 그러한 경계가 끊임없이 재해석되고 있었는데, 무엇보다도 인간의 존재가 본질적으로 공동체적이면서 개별적인 것인 이상,[81] 어떤 행위를 도덕과 종교 가운데 하나로 결정하기란 대단히 곤란한 것이었다. 서양 계몽주의의 이원론적 사고를 비판하는 호세 카사노바ホセ・カサノヴァ의 다음과 같은 견해는 일본의 사례를 생각하는 데 중요한 시사를 제공해준다.

교회와 국가를 가르는 근대의 다양한 벽에는 여러 가지 균열이 존재하며 여기를 통해 양자가 상호 침투한다는 점. [……] 그리고 종교와 정치는 모든 종류의 공생 관계를 형성하고 있기 때문에 사람들이 지금 목격하고 있는 것이 종교적인 의장을 걸친 정치운동인지, 아니면 정치적 형태를 띤 종교운동인지를 확정하기가 쉽지 않다는 점을 지적한 것이다.[82]

이 점에서 신사 제사에 대해 "표리의 두 측면과 은현隱顯의 두 모습이 있는데, 이면의 감추어진 모습은 일본의 국민적 종교라는 일종의 종교이며 표면에 드러난 모습은 일본의 국민도덕 및 이와 밀접하게 관련된 국가의 의식과 전례"[83]라며 그 양가성을 간파한 가토 겐치의 지적은 정곡을 찌르는 것이라 할 수 있다.

전후에 GHQ가 행한 정교분리 정책은 이와 같은 종교 개념, 그리고 그 배후에 있는 신사 비종교론을 둘러싼 모호함에 제도적인 틀을 부여하여 고정화시키는 작업이었다. 확실히 정교분리의 원칙은 서양의 교권과 국권의 투쟁이라는 과거의 역사를 통해 고안된 교훈이며 ── 이슬람 사회의 예에서 알 수 있듯이 ──모든 사회에 완벽하게 적용될 수 있는 것은 아니었다.[84] 현재의 야스쿠니 문제도 이와 다르지 않은데, 지금까지 논해온 것처럼 비서양 사회로서의 일본의 특질에 대한 이해 위에서 서양에서 유래한 종교적 담론이 어떻게 분절되었는가를 고려해야만 종교와 국가의 관계, 혹은 제사의 본래적 형태를 적절히 설명할 수 있을 것이다.[85] 물론 이는 정교분리의 이념이 무효라고 주장하는 것은 아니다. 서양 이외의 세계에 사는 사람이라 하더라도 서양 근대화의 공간을 살아가지 않을 수 없으며, 그렇다면 정교분리 역시 하나의 선택지로서 유효함을 지닐 것이다. 그렇지만 정교분리의 원칙을 채용한 경우라해도 어디까지나 제도적 차원에서의 효력을 가질 뿐, 사회적 존재 형태로서의 종교 현상과 완전히 합치하는 경우는 있을 수 없다. 이는 비단 정교분리에만 적용되는 이야기가 아니다. 어떤 것이 제도이며 담론인 이상 언제나 그 외부나 내부에는 여백이 생겨나게 되며, 따라서 사회의 실태에 꼭 들어맞는 제도나 담론은 존재할 수 없는 것이다. 문제는 현실을 이해하고 바꾸어가는 데 있어서 그런 담론이나 제도가 어떠한 효과를 발휘할 수 있는가라는 점에 있다.[86]

여기서 시마조노가 궁중 제사를 통해 전후 사회의 공적 영역에도 종교가 침투해 있으며 종교의 자유가 위협받을 가능성이 있다고 지적한 점은 주목할 필요가 있다. 하지만 이러한 체제를 오직 종교적 시점에서만 바라보고 마치 국가신도가 예전부터 이어져온 것처럼 규정하면 오히려 현실 인식에 문제가 생긴다. 모든 것이 종교의 범주에 속한다고 단정해버리면 역사적 맥락 속에서 다양한 종교적 담론과 비종교적 담론이 분절되는 과정을 파악하기가 곤란해지기 때문이다.[87] 아사드는 "종교의 보편적 정의란 있을 수 없다"고 했는데 ─ 현대 연구자들의 용어법을 포함하여 ─ 모름지기 "정의 내리기 그 자체가 담론의 과정에서 생겨난 역사적 산물"[88]인 것이며, 연구자들 역시 자신의 용어를 탈역사화해서 사용할 수는 없는 노릇이다.[89] 내셔널 아이덴티티의 중핵을 이루는 천황제는 전전은 물론 전후에도 '종교/도덕' '종교/신도' '서양/토착' 등 다양한 이항 대립 속에서 중층적으로 그 성격이 결정되고 있으며, 국가신도나 종교의 범주만을 가지고 완벽히 파악하기란 도저히 불가능하다.

　"대일본제국은 만세일계萬世─系의 천황이 통치한다"고 규정한 대일본제국헌법 제1조는 '국체론'의 천황 절대성을 표현한 것이다. 그러나 다른 한편으로는 제4조("천황은 국가의 원수로서 통치권을 장악하고 헌법의 규정에 의거해서 이를 행한다")나 제55조("국무 각 대신은 천황을 보필하여 그 책임을 진다") 등에 규정된 바와 같이, 입헌군주로서의 천황은 헌법과 의회, 정부의 제약을 받는 존재이기도 하다. 후자만을 보는 한, 천황은 헌법의 '내부'에 갇힌 입헌군주였고 국가의 최고 기관으로서 자리매김되는 것이다. 〔……〕 하지만 전자의 천황은 분명히 헌법의 '외부'에 우뚝 선 절대자였다. 게다가 그 절대성은 왕권신수설에 입각한 절대주의와는 다르며, 오히려 '신으로서의 신성 제사왕'을 나타내는 것이다. 이 '모순'을 정합적인 해석 시스템으로 확립하고자 한 의장, 바로 그것이 '현인신'으로서의 천황이었다.[90]

강상중의 이 지적처럼 근대 천황제의 천황은 제사왕의 전통적인 신성함을 걸치고 있지만, 동시에 입헌군주로서 계몽주의적 서양 문명의 체현자이기도 했다. 종교나 세속을 가지고 일면적으로 파악할 수 없는 초법적인 것, 바로 여기에 천황제 권위의 중핵이 있다. 그렇다면 어떻게 천황제가 그러한 초법적인 것으로 등장할 수 있었으며, 어째서 지금도 여전히 그러한지를 살펴보아야 할 것이다.

초법적인 천황제

앞에서 논했듯이 패전 이전의 사회에서 신사신도에 관해 모든 국민이 신사 비종교론을 떠받들고 있던 것은 아니며, 종교 개념을 정의하는 방법에 따라서는 다양한 해석이 주장될 여지가 있었다. 국교제도 정교 분리도 아닌 모호한 법률적 규정이 내려져 있던 탓에, 이 여백을 둘러싸고 가지각각의 해석이 — 정부의 의향 역시 그중 하나로 — 공존 가능한 상태가 존재했던 것이다. 물론 15년전쟁의 총력전 체제로 이행하는 가운데 종교 개념과 신사론에 관한 담론의 다중성 또한 억압을 받게 되지만, 이와 같은 억압을 포함해서 전전의 사회에서는 상황에 따라 종교의 자유의 허용 범위가 가변적으로 늘거나 줄 수 있었다.

하지만 메이지 23년(1890) 우치무라 간조의 불경 사건* 혹은 메이지

---

* '우치무라 간조內村鑑三'는 일본의 유명한 기독교 사상가인데, 불경 사건이란 그가 제1고등 중학교의 교사로 근무하던 당시에 학교 강당에서 열린 교육칙어 봉독식에서 상체를 약 45도 정도 굽히는 최경례를 하지 않았다는 이유로 사회적 비난을 받고 교사를 그만두게 된 일을 말한다.

25년(1892) 구메 구니타케의 필화 사건*에서 드러나듯이,[91] 이에 관한 발언이 신사 제사를 넘어서 그 배경에 자리 잡고 있는 천황제의 권위를 건드리는 일이 생기면 ─ 종교의 자유가 느슨하게 허용되던 시기라 하더라도 ─ 반드시 탄압을 받았다. 우치무라와 구메가 천황제의 존재 자체를 부정한 것은 아니었으나, 그들의 언동에는 작금의 천황제의 권위에 대한 이의 제기가 내포되어 있었기에 사회적 제재와 규탄의 대상이 되어야만 했다. 더욱이 그러한 규탄이 정부기관에 의해 직접 행해진 것이 아니라 보수파 학자와 우익 단체가 이끌던 사회의 목소리였다는 점, 그러니까 법제도에 의존하는 형태가 아니라 사회 내부적인 자기 검열의 움직임이었다는 점에서 당시 사회의 천황제에 대한 깊은 숭경의 감정을 엿볼 수 있다. 그렇다면 천황제의 권위는 국가권력에 의해 폭력적으로 유지되었다기보다는, 도리어 국민들에게 비판의 대상으로 의식조차 되지 않는 초법적인 실존적 근거로서 존재했다고 보는 편이 타당하지 않을까? 예컨대 신사신도의 종교성을 간파했던 가토 겐치는 바로 그 지점에서 국민의 종교의 자유가 침해받을 위험성을 지적하지 않고, 오히려 신사신도에 국교의 지위를 입히고 이에 저촉되지 않는 범위 안으로 종교의 자유를 밀어 넣고자 한다.

헌법 제28조의 종교의 자유라는 구절은 무조건적으로 부여할 종교의 자유가 아니라 일정한 조건 아래에서만 허가될 종교의 자유를 의미한다.

---

* 일본 근대 역사학의 선구자이며 도쿄제국대학의 교수였던 '구메 구니타케久米邦武'는 1891년에 『사학잡지』에 발표한 논문 「신도는 제천의 고속神道ハ祭天ノ古俗」을 이듬해 다구치 우키치가 주재하던 잡지 『사해史海』에 옮겨 싣는다. 이 논문은 천황제에 대한 비판을 담고 있다기보다는 신도가 아시아 여러 지역에 보이는 제천신앙과 깊은 관련이 있다는 점을 주장한 것이었는데, 결국 이것이 사회적 비난의 대상이 되었고 제국대학에서도 사직하기에 이른다.

〔……〕신황神皇의 통치라는 신념을 기조로 삼는 일본의 국민적 종교인 국가적 신도는 헌법 28조가 제정되기 이전의 유구한 옛날부터 일본 국민의 정신에 존재했으며, 헌법의 각 장보다 한층 높은 위치에서 헌법 그 자체의 본질을 형성한다. 이러한 일본의 국민적 종교인 국가적 신도를 마음에 품고 이것과 모순되거나 당착에 빠지지 않는 한에서만 배를 타고 건너온 불교, 기독교 같은 종교에 대한 신앙을 허가한다는 것이 헌법 28조의 정신이라고 나는 생각한다.[92]

이렇게 신사신도를 국교로 보는 견해는—가토와 같은 신도계 학자뿐만 아니라—앞서 인용한 다이쇼 데모크라시를 대표하는 자유주의자 미노베 다쓰키치에게도 나타난다. 그들은—보수주의자건 자유주의자건—신사가 천황제와 결부되는 한, 이를 다른 종교와의 경합 관계를 초래하는 종교의 자유의 범위 안에 집어넣을 수는 없는 노릇이라고 한다. 신사신도에 대한 자유로운 해석도 천황제의 문제와 맞닿는 지점에 이르면 그 이상의 비판을 자발적으로 피해갔다. 가토와는 다른 정의를 내리는 종교 개념의 논자들 역시 이와 동일한 귀결점을 더듬어갔다. 신비적 체험을 설파하던 아네자키 또한 "모든 중심은 '아我'에 있으며 '아'는 곧 대우주를 비추는 초점이다"고 하면서도, "크고 작은 우주 상호의 활발한 융합과 교통의 〔……〕하나의 중심이 곧 국가 활동의 밑바탕에 있고, 각 개인과 소우주의 중심은 이 국가(혹은 민족)라는 대우주의 중심과 상호 융합하며 생존한다"고 하여 개인의 의식을 융합하는 대아大我를 국가에서 찾는다.[93] 야나기타가 천황가를 숭경하고 있었다는 점은 왕왕 지적되어온 바이며, 야나기타와 마찬가지로 실천적인 종교 개념을 채택했던 우노와 후루노는 이보다 더욱 멀리 나아가 대동아공영

권의 사상에 공감을 느끼고는 식민지 연구를 향해갔다.[94]

오늘날 국체라 하여 일본 정신이 강조되고 있는바, 일본인의 공사의 생활은 우리 조상들이 가지고 있던 깊은 신앙, 신기에 대한 깊은 감사의 마음을 근본으로 영위되어야만 한다. [……] 이는 동시에 일상의 개인적 생활에서 관청과 공공의 시정운동에 이르기까지 전면적으로 행해지지 않으면 안 된다. 그렇게 되어야 비로소 단순한 축제나 의식이 아닌 진정한 생활로서의 신불에 대한 봉사가 철저하게 이루어질 것이다.[95]

종교인류학에 종사하던 종교학자 대부분은 1930년대 말이 되면 국민의 일상생활의 저변에서 종교적 정열을 끌어내어 국체에 봉사한다는 논리, 즉 일상적 신체감각을 천황제에 흡수시키는 논리를 전개한다. 종교 개념에 대한 다양한 입장에도 불구하고 그들의 종교는 ──비록 몇 번인가 찾아왔던 내셔널리즘 고양의 파도 속에서 그들의 등장 형태는 제각각이었지만──내적인 신비체험을 거쳐, 아니면 신체의 차원을 통해 오직 일본에서 오래전부터 이어져온 문화적 전통으로 간주된 천황제로 회수될 뿐이었다. 여기서 천황제는 개별적 종교나 역사적 제약을 초월한 만세일계의 국체로서, 온갖 분절화를 거부하는 결정 불가능한 외부로서 상상된다. 마쓰우라 히사키松浦寿輝의 국체에 대한 아래의 설명을 보라.

눈부시도록 요란스러우며 과민한 시니피앙인 '국체'는 그것에 내포된 시니피에에 관해서는 매우 빈약한 정도가 아니라 거의 무에 가깝다고도 할 수 있다. 그것은 구체적인 의미 내용으로 구성되는 명시적 실체가 아니라 그것을 둘러싼 담론을 활성화시키는 계기나 구실에 불과한데, 그러한 담론의 떠들썩함이 오히려 '국체'라는 기호에 부여된 현실적 역할처럼 보인다. 〔……〕 그것이 변할지도 모른다는 위기감에 조바심을 느껴 그것은 변하지 않는다고 성급히 단정 짓는 것이 '국체'이며, 이때 그러면 그것은 대체 무엇이냐고 묻는 '문제화'는 금지된 불가능한 주제로서 억압된다. 그것은 무엇이냐는 물음을 금기로서 봉하는 것이 천황제이며, 나아가 '국체' 그 자체라고도 말할 수 있다.[96]

일찍이 야스마루 요시오가 논한 바처럼 근대에 천황제가 일본의 실존적 근거로서 상기된 것은, 대외적으로는 막부 말기의 개국 이래로 서양 세계에 포섭되어가는 와중에 이에 대항하기 위해 사회 내부에서 본래적 전통을 발견하려는 움직임이 일어나고, 국내적으로도 막번 체제의 대표인 쇼군을 대신할 역사적 권위가 필요해졌기 때문이었다.[97] 천황제가 일본이라는 국민국가를 근거 짓는 궁극의 권위가 되기 위해서는 ─기독교의 신자들에게 하느님이 그러하듯이 ─그저 역사적 상황의 내부에 분절되어 있는 하나의 문화적인 요소에 머물러서는 안 되며, 본질적으로 역사적 변화를 초월하여 끝없이 빛을 발하는 결정 불가능의 외부로서 상기되어야만 했다. 기독교의 절대적 유일신과 같은 초월적인 근원이 없는 일본 사회에서 ─기독교적 신의 관념과는 다르지만 ─만세일계의 현인신이라는 초월성은 국민국가를 정초하는 데 있어서 안성맞춤의 존재가 되었음에 틀림없다. 더욱이 천황이라는 존재는 강상중의 지적처럼 보편성을 주장하는 서양 헌법의 이념에 따른 입헌군주가 되는 동시에 문화적 특수성을 체현하는 제사왕이기도 했기 때문에, '서양/일본'의 이항 대립을 넘어서서 오히려 '종교/세속'의 이분법을 낳는 불가시한 근원으로서 텅 빈 시니피앙인 국체와 동일시되었으며, 국민의 합리적 비판이라는 도마 위에 결코 올릴 수 없는 문턱 바깥의 존재가 되었다. 바로 여기에 천황제의 초법적 성격의 비밀이 있는데, 최근의 황실에 관한 논란을 보면 전후에도 여전히 천황제가 사회의 내부로 충분히 분절되었다고는 보기 어려운 상태가 계속되고 있음을 알 수 있다.[98]

물론 이러한 결정 불가능성이 민중의 일상생활 속에서 명확히 자각되고 있던 것은 아니다. 야스마루는 자신의 삶을 뒤돌아보며 "보통 시골사람은 국가나 천황제를 거부하지도 않지만 그렇다고 해서 국가나 천황제를 필요 이상으로 깊이 생각하는 일도 결코 없었다"[99]고 한다. 하지만 어떤 "예외적 상황이랄까 위기적 상황"[100]이 사회에 찾아오면 사람들의 불안감을 흡수하는 만능의 존재로서 거대하게 부상할 가능성 역시 존재했다. 천황제의 결정 불가능성은 일상에서 명료한 형태로 의식되지 못하기에 도리어 의식의 외부에 높이 솟아오른 채 그때그때 사람들의 생활 속에 가변적으로 분절되었고, 다양한 사념을 투사하는 형태로 기능할 수 있었던 것은 아닐까?

이와 같은 천황제에 대항하여 이를 상대화할 가능성을 지녔던 것이 ─ 둘 모두 서양에서 유래한 ─ 프로테스탄티즘과 마르크스주의였다. 양자 모두 특정한 세계관에 절대적인 참가를 요구하는 신념 체계로서 신봉자들에게 천황제와 대치할 수 있는 실존적 근거를 제공할 수 있었다. 다만 결과적으로는 프로테스탄티즘이 논하는 일신교적 초월성이 비판적 원리로서 일본의 지식사회에 뿌리내리는 일은 없었고, 실제로 천황제의 존재를 부정하는 움직임을 보여주지도 못했다. 게다가 ─ 비록 국가가 원하는 형태는 아니었겠지만 ─ 대부분의 신자들은 자신의 신앙이 천황제와 조화될 수 없으리란 생각은 하지 않았다.[101] 그 후 프로테스탄티즘을 과학적 합리성에 근거하여 음미하고 이해하는 자유주의 신학이 등장하고, 한편으로는 에비나 단조海老名弹正 같은 천황제 내셔널리즘의 지지자가, 그리고 다른 한편으로는 무라이 도모요시村井知至 같은 기독교 사회주의자가 피안에 관여하는 기독교의 담론을 각각 적극적으로 세속 사회에 개입시키는 작업을 행해갔다. 1920년대에 들어서면 이렇게 세속화된 기독교를 지적 토양으로 삼아 마르크스주의 사상이 본격적으로 일본의 지식사회에 흘러들어온다. 종교를 허위의식이라 비판하는 마르크스주의는 기독교가 지닌 초월론적 비판의 원리를 세속화시켜 계승했고, 일본의 사회적 풍토에 적합한 형태로 지식인들에게 받아들여졌다. 그리고 자본주의의 모순이 결정적으로 드러나는 1930년대에는 코민테른이라는 서양적 권위에 입각하여 천황제와 대결하려는 자세를 명확히 내세웠다.

일본 사회에는 특정한 종교 교단을 믿는 사람이 적기 때문에 '종교/신사'의 이항 대립이 초래하는 종교의 자유 문제가 모든 국민이 공유하는 심각한 관심사가 되지 못했다.[102] 그렇지만 — 바로 일본공산당의 32년테제가 명시하고자 했던 — 천황으로 대표되는 국가권력의 인민 착취를 주제화하는 방법에 관해서는, 신자와 비신자를 떠나서 국민 일반에 적용되는 세속적 관심사로서 많은 지식인들의 공감을 불러일으켰다. 일본에서 마르크스주의 사상은 처음에는 자본주의경제 분석이나 이데올로기 투쟁으로서의 문학, 반종교운동으로 시작했지만, 1933년에 천황주의로의 대량 전향이 일어나자 전향하지 않은 마르크스주의자들 역시 국체의 역사적 연원, 즉 "국체 관념의 원점이라 할 수 있는 스메라미코토 체제의 계급적 성격과 그 기원의 폭로"[103]라는 문제와 마주하지 않을 수 없게 되었다. 근대 일본의 지식인들이 천황제의 존재를 정면에서 부정할 수 있는 학문적 담론을 처음으로 손에 넣었던 것이다. 그러나 여기서 얻은 천황제의 세속적 독해법은 만세일계를 노래하는 천황제의 역사적 유한성을 파헤치면서도, 국민의 진정한 정체성인 일본 민족의 역사적 기원을 그보다 훨씬 오래된 것으로 정의하는 점에서 천황제와 마찬가지로 역사적 본래성의 논리에 의거하고 있었다. 역사적 본래성을 쟁점으로 삼으면 삼을수록 비판의 의도와는 반대로 가장 오래된 문자 기록을 가진 천황제의 유서가 올바른 것으로 강조되었고, 마르크스주의자들의 논거는 천황제보다 역사적으로 뒤에 존재한다는 점만 드러날 뿐이었다.[104] 역사적 사고법에 숨어 있는 이러한 함정에 대해 사카이 나오키는 다음과 같이 논한다.

> 역사가 어떻게 성립하는가를 묻지 않고, 오로지 천황제의 계보에 대한 진술이 기술되는 대상을 정확하게 혹은 '진실되게' 모방하고 있는가 그렇지 않은가를 검토하는 쪽으로 방향을 잡은 이야기는, 말하자면 천황제라고 불리는 어떤 실체를 상정하고 실체를 상정하는 한에서 천황제를 산출하게 될 것이다.[105]

결국 마르크스주의는 천황제의 초법적인 성격을 세속의 내부에 집어넣는 작업에 실패하는데, 이는 시마조노가 지적하듯이 천황제가 세속적 회로만으로는 파악할 수 없는 종교적 회로 또한 겸비하고 있기 때문이었다.[106] 혹은 그 세속성조차 ── 국민도덕론의 해석에서 확인한 것처럼 ── '세속/종교'의 이분법을 초월해 있기에 기존 역사학의 담론으로는 오롯이 담아낼 수 없으며, 더욱이 역사학이나 종교학이라는 학문이 단지 불가시한 존재인 천황제가 분절된 '세속/종교'나 '도덕/종교'의 대립 항의 한쪽을 담당하는 담론에 불과하므로, 이러한 담론을 포섭하는 천황제 자체를 문제시하는 데 커다란 곤란을 느끼지 않을 수가 없다.

한 가지 덧붙이자면, 종교학이나 역사학의 일부에서 세속 권력에 대한 비판적 계기 내지는 세속의 역사적 제약으로부터의 일탈을 위해 종교의 영역에 결정 불가능한 '근원적 자유'— 예를 들면 "법의 속박을 받지 않고 경찰력의 개입도 용납하지 않으며, 조세의 강제 징수도 용서하지 않는 이러한 공간"[107] — 를 가탁하려는 초월적 소망이 강하게 나타나는 경우가 있는데, 신비적 체험과도 맞닿아 있는 비일상적 세계에 대한 동경이야말로 천황제와 그 대체물에 얽혀 들어가고 마는 온상을 제공하는 것이다. 결정 불가능성과 여백은 노골적으로 현실 세계에 등장하지 않으며 어디까지나 현실을 재해석하는 메타포로서 피안에서 상기될 뿐이다. 초법적인 지고성에 대해 자크 데리다는 다음과 같이 설명한다.

지고성은 불가능한 것이기에 결국 '상실'이 아니요, '상실'이다. 지고성의 글쓰기는 담론을 절대적 비非담론과 관계 상태에 둔다. [……] 의미 상실이 아니라 [……] '의미 상실과의 관계'다. 지고성의 글쓰기는 [……] 비非지식을 기술하지 않고—그것은 불가능한 일이다 — 다만 비지식의 효과들을 기술한다.[108]

이 장의 처음에 인용한 아사드의 말처럼, 오늘날 비서양 세계의 사람들은 서양 근대의 공간에 사로잡혀 있기에 여백과의 대면 역시 그 안에서 이루어질 수밖에 없다. 근원적 자유의 공간이라는 것도 역사적 제약에 구속된 공간의 내부가 아니면 떠올릴 수조차 없는 것이다. 그렇다면 이러한 천황제의 초법적 성격에 대해 오늘날 취할 수 있는 전술은 — 역사적 본래성이나 정교분리의 이념에 근거하여 비판을 반복하는 것이 아니라 — 천황제처럼 역사의 외부에 서 있는 것이 '세속/종교'나 '신도/종교'의 이분법적 회로를 통해서, 혹은 이를 넘어선 형태로 역사적 맥락의 내부에 등장해온 과정을 비역사주의적 발생론에 입각하여 대상화하는 작업이리라. 이를 위해서는 — 천황제의 초법적 성격을 사회의 내부에 집어넣으려면 — 종교학이나 역사학이라는 개개의 학문적 담론에 자족하지 말고 그 두 담론을 결합시키는 새로운 형식의 언표 행위를 고안할 필요가 있을 것이다. 역사의 외부에 투사된 천황제를 대상화하기 위해서는, 분절된 하나의 회로에 불과한 종교나 역사 범주의 어느 한쪽을 보편적 개념으로 조정하는 기존의 종교학과 역사학의 자폐적 성격을 우선 타파하지 않으면 안 된다. 그리고 무엇보다도 천황제의 초법적인 성격 역시 결코 초역사적인 것이 아니며, 근대 일본 사회가 경험한 서양 세계와의 접촉을 통해서 — 서양화라는 틀이 있었기 때문에 — 문턱 바깥이라는 의장을 걸친 채 등장할 수 있었던 역사적 산물일 뿐이라는 점을 잊어서는 안 된다.

두 척의 배
―과거와 마주하기, 그리고 표현이라는 행위

> 나는 내가 멋대로 만들어낸 사람들과 세계를 뒤에 내버려둔 채 가버릴 수는 없
> 었다. 〔……〕 나는 내가 한 일에 책임을 져야만 한다. 여기는 나의 세계다. 벽은 나
> 를 감싸는 벽이고, 강은 내 안을 흐르는 강이며, 연기는 나를 태우는 연기다.
> ― 무라카미 하루키, 『세계의 끝과 하드보일드 원더랜드』

　　우리는 과거로부터 자유로울 수 없다. 과거에서 들려오는 끝없는 물
음과 마주해야만 한다. 그렇지 않으면 과거에 빙의되고 마니까. 아니 마
주해도 빙의는 멈추지 않는다. 그러나 마주해야만 미래를 향해 걸어가
는 시간 속에 과거를 고쳐 넣을 수 있는 가능성도 생겨난다. 과거를 말
한다는 건 과거를 모두 들추어내는 것이 아니라 '바로 지금'을 살아가기
위해 과거를 말하는 행위다. 과거를 두려워하고 거기에 사로잡힌 채 있
는 것은 과거를 은폐하는 일이다. 과거의 은폐는 미래도 현재도 낳지 못
한다. 망각도 마음대로 되는 것이 아니다. 과거와 대면하는 가운데 망각
이 생겨나고, 과거에서 도망치는 가운데 빙의가 일어난다. 기억하는 행
위란 계속된 호소를 통해 ― 달라붙어 오는 과거의 소리에 기력을 잃고

쓰러지는 것이 아니라 —— 과거와 마주한 채 차이의 생성을 각오하면서 표상의 작업을 행하고, 그리고 그 표상의 작업을 통해 망각을 불러일으키는 것을 말한다. 이것이 에르네스트 르낭이 한 "기억하기 위해 망각한다"[1]는 말의 의미다. 그건 일단 결심하면 그걸로 끝나고 마는 것이 아니다. 계속해서 의미의 정의를 바꾸어가며 지금, 그리고 내일을 향해 가는 것이다. 이것이 애도 행위리라.

　타자는 자신이 직접 경험한 것은 아니라는 곤란한 책무와, 당사자가 될 수 없는 비非약분성을 가지고 나에게 다가선다. 그러나 과거에 사로잡혀 있지 않기 때문에, 과거에 홀려 있지 않기 때문에 거기에 붙잡힌 자들에게 앞으로 나아갈 용기를 나누어줄 수 있다.[2] 비약분성이란 나와 당신이 결코 서로를 이해할 수 없다거나, 타인에게 자신의 어떠한 과거도 이야기할 필요가 없음을 의미하는 것이 아니다. 평행선이 아닌 교차가 이루어지는 관계에서 자신을 비워줄 가능성이 생겨난다. 발터 벤야민이 번역의 다의성을 논하면서도 지우기 어려운 기원에 대한 지향성을 설파했던 것처럼, 우리는 도망치려 해도 결국은 같은 장소로 되돌아오고 만다. 다만 거기서 벌어지는 사건이 과거의 반복처럼 보일지라도, 인간이라는 존재가 그때그때의 역사적 제약에서 벗어날 수 없는 한 완전히 똑같은 일이 다시 반복되는 일은 없다. 대면하는 상대가 매번 다르니까. 똑같은 일의 반복을 두려워하는 것은 트라우마에 사로잡혀 있기 때문이다. 과거를 두려워하는 마음에 지금을 잃어버리고 만다. 똑같아 보이겠지만 다르다.[3] 내일 어떤 사람과 만나게 될지는 누구도 모른다. 나와 당신이 그랬듯이. 그리고 아마 우리는 어쩔 수 없는 역사적 일회성이 각인된 존재인데, 그렇기 때문에라도 나에게 있어서 그 누구보다 소중한 인간도 분명히 존재할 터이다. 물론 그것이 누구인지는 언제나 나의 기대를 저버리겠지만.

하이데거가 말한 것처럼 이해와 해석은 다르다. 이해란 과거로부터의 빙의, 무의식의 제약이다.[4] 그렇지만 해석은 거기서 새로운 타자를 만나게 해줌으로써 지평을 새롭게 융합시킨다. 과거에 붙잡혀 있으면서도 동시에 과거의 위치를 어긋나게 하는 것이다. 이것은 과거에서 해방된 시간 따위를 말하는 것이 아니다. 오히려 과거를 새롭게 자리매김하는 시간이며, 내일로 열려가는 시간이다. 지금이란 본래 과거와 현재가 동시에 흘러들어오는 시간인데, 벤야민은 이를 "지금 이때Jetztzeit"라 부른다.[5] 그리고 타인과의 차이가 생겨나면서, 그 어긋남을 끌어안으면서, 서로가 하나의 커다란 그릇의 일부를 이룬다.

어떤 사기그릇의 파편이 다시 합쳐져서 하나의 그릇이 되기 위해서는 가장 미세한 파편의 부분들이 하나하나 이어져야 하는 것처럼(비록 그 파편들이 서로 닮을 필요는 없지만), 번역도 이와 마찬가지로 원문의 의미를 닮아가는 대신에 애정을 가지고 또 그 세부에 이르기까지 원문의 표현 방식과 온축을 자기 고유의 언어 속에 동화시켜서, 원문과 번역의 양자가 마치 사기그릇의 파편이 사기그릇의 일부를 이루듯 보다 큰 언어의 파편으로 인식될 수 있도록 하지 않으면 안 된다.[6]

당연히 서로가 동일한 존재일 필요는 없다. 우리는 자기 자신과의 사이에 있어서조차 간극을 지닌다. 이처럼 다른 존재들을 끌어안는 불가시한 장소를 벤야민은 "순수언어"라 부른다.[7] 이는 서로 약분되지 않는 것들을 공존시키는 장소이며, 여기서는 상대방에 따라 공존의 방법, 거리의 유지법이 달라진다. 생활을 함께하는 상대가 있는 한편, 그 바깥에서 비평적 발언을 행하는 상대도 있다. 물론 그들 사이의 생각은 서로 다르고, 자신의 진정한 감정이 어떤 것인지는 나조차도 알 수 없다. 일상생활에 불가피하게 포함되는 이러한 결정 불가능의 상황 속에서 우리는 매번 결단이라는 행위에 직면할 수밖에 없다. 각자의 시간이 겹쳐지는 가운데 일상생활이 중첩되는 관계를 갖게 되는 경우가 있지만, 정말 한 순간의 작은 엇갈림으로 아무런 흔적도 남기지 않고 끝나는 관계도 있다. 하지만 이는 우리의 의지로 결정할 수 있는 문제가 아니다.

어쨌든 우리는 과거에 사로잡힌 채로 살 수밖에 없으며, 그러한 속박에서 스스로를 해방시키기 위해 자기 자신을 어디에 둘 것인가를 고민해야만 한다. 거기서 도망치지 않고 속박 자체를 새롭게 정의하면서 현재를 타인과 함께 구축하는 과정을 통해 살아갈 용기도 생겨난다. 과거를 어떻게 수용하느냐에 따라 이를 받아들이는 현재의 구조도 달라질 것이다. 과거가 괴로운 것일수록, 그 과거를—비록 타인에 불과하지만—함께 받아들일 각오를 가진 타자의 존재가 필요해진다. 그러나 표현 행위에 종사하는 사람이란 그처럼 내일을 향해 생활을 함께해주는 존재가 아니다. 표현자는 독자를 과거의 트라우마에서 해방시키기 위해—지금 여기라는 시간에 현존하지 않는—신체성이 없는 유령으로서 매개자의 역할을 담당한다. 유령은 신체를 가지지 않는데, 그로 인해 육체에 속박되지 않고 어디의 누구에게든 모습을 드러내는 존재가 될 수 있다. 예를 들면 지금 이 책을 읽고 있는 당신의 베개 옆에도.

그것은 과거의 해독제이며 독자 한 사람 한 사람이 내일을 향해 살아갈 채비를 갖추는 와중에 소임을 다한다. 표현자도 신체를 가지고 있기에 오직 유령적 존재로 머무를 수는 없으나, 본인의 소망과는 상관없이 표현자라는 존재 자체가 비재非在의 존재를 환기시킨다. 수용의 미학이 말해주듯이 이는 저자로부터 독립한 텍스트가 사람들에게 읽히고 전해져감을 의미한다. 각각의 독자는 표현자의 텍스트로부터 공감을 느끼거나 마음속의 어둠, 과거와 교섭하는 방법을 배우고, 지금부터 만나게 될 새로운 타자를 향해 발걸음을 옮기게 된다. 야마다 다이치의 영화 「이방인들과의 여름」의 원작소설에는 걱정 끝에 저 세계로부터 형편을 보러 온 부모에 대해 주인공이 이별을 전하는 장면이 있다.

> "그렇겠지"라고 어머니가 슬픈 목소리로 말했다. "계속 지금처럼 있을 수는 없다고 생각했어." "그래, 짧긴 했지만 이런 추억이 생겨서 우리도 얼마나 행복한지 몰라." "몸조심하거라." 말릴 틈도 없이 아버지의 어깨가 사라졌고, 어머니의 얼굴도 흐릿해져갔다.[8]

신체성을 결여한 표현 행위이기 때문에 표현자의 텍스트는 독자로 하여금 주어진 역사적 제약을 망각케 하는 착각을 불러일으킨다. 텍스트는 비판적 언표를 통해 역사적 장소와 거리를 두는 기능을 행하는데, 이는 역사적 제약을 넘어서는 초월적 의식을 환기시키기도 한다. 나를 둘러싼 상황이 고통스러우면 고통스러울수록 스스로의 신체를 잊고 싶은 마음이 생겨나게 된다. 담론 비판의 언표 행위는 발화자나 독자가 담론의 외부에 존재한다는 환각을 초래하는 경우가 많다. 그렇지만 나 또한 복잡한 인간관계 속에서 허우적거리는 보통의 인간에 불과하고, 상처를 주고받으면서도 타인과 마주하며 살아갈 각오를 가지고 현실의 공동성을 끊임없이 대상화하는 표현 활동을 멈추지 않는다면, 지금까지의 닫힌 초월적 의식과는 다른 어떤 것을 독자에게 제공할 수 있을지도 모른다. 이는 현실 속에 섞여 살아갈 수 있는 다부진 내러티브의 힘

으로서 ─그것이 학문이건 소설이건 ─ 타자와의 새로운 관계성을 열어젖히게 될 것이다.[9]

미셸 푸코가 말하는 주체란 담론과 규율의 지배를 받으면서도 이에 항쟁하는 다양한 힘들에 의해 생겨나는 것으로서, 그저 제어되기만 하는 박약한 것이 아니다. 주체란 삶에 대한 멈출 수 없는 욕구들의 경합으로 인해 움직이게 되며, 저항이나 반란도 그와 같은 멈추지 않는 충동들로 인해 생겨난다.[10] 차이화와 균질화의 사이에서 주체는 흔들린다. 푸코는 주체가 힘을 진리로서 원하기 때문에 외부로부터가 아닌 주체의 일상적인 차원에서 권력이 발생한다고 논한다. 국가권력조차도 외부에 존재하는 것이 아니라 개개인에 내재된 힘에 대한 의지로 인해 불가피하게 성립하는 것이다. 그렇기 때문에 권력은 일상적 차원에서의 저항에 의해 붕괴될 수 있다. 이처럼 다양한 힘이 갈마드는 장소로서 담론을 바라보면, 담론 비판을 넘어서 차이화와 힘의 경쟁으로 가득 찬 유령론이 전개될 가능성이 열린다. 자크 데리다는 플라톤의 코라chōra라는 개념을 통해 자신의 유령론을 다음과 같이 설명한다.

불시에 자신을 구축하며 그 지배적 형태에 스스로를 위치 짓는 것에 의해 〔……〕 텍스트는 스스로를 중성화=무력화하며 마비시키는 자기-파괴 내지는 은폐를 가져온다 ─ 불균질하게, 부분적으로, 잠정적으로. 이리하여 억제된 여러 힘들이 다양한 테제의 조합 속에서 일정한 착란을, 즉 잠재적 일관성의 부재와 불균질성을 유지하게 된다. 〔……〕 이 역사의 '모든 것'은 갈등을 품은 것, 불균질한 것으로서, 오직 상대적으로 안정화될 수 있는 다양한 헤게모니의 장소를 제공할 뿐이다. 따라서 이것은 결코 전체화되지 않는다.[11]

텍스트는 언제나 동일화를 거부하는 유령 같은 존재가 되며, 이것이 분절될 때는 그 잔여를 이질적인 여백으로 남기면서 동질화된 부분을 대리보충하는 위협이 된다. 무라카미 류村上龍는『고흐가 왜 귀를 잘랐는지 아는가』 등의 작품에서 자의식을 넘어선 성 충동에 사로잡혀 있는 신체적 감각을 그리는데, 이는 단순한 쾌락이 아니라 나의 왜소한 자의식을 근본적으로 전복하는 신체적 가능성으로 이해되어야 한다.[12]

존재—그때 나 자신은 이미 물체가 되어버렸던 것입니다. [……] 감정, 감각, 사고, 이성, 그런 것들이 뒤죽박죽으로 교차했고, 순서나 이치 등은 벌써 오래전에 내버려졌습니다. [……] 평소엔 조화를 이루는 정신과 육체가 완전히 분리되어버린 것 같았습니다. 육체라는 존재는 그저 이제 나의 내적 세계와 외부 세계를 간신히 이어주는 것으로만 느껴졌습니다. 나의 마음 — 혹은 나의 내적 세계 — 만이 허공에, 어둠 속에 휑하게 떠올랐고 나는 소리를 지르고 있었습니다. [……] 더해져가는, 그리고 피할 수 없는 강한 자극, 하지만 멈추고 싶지는 않았습니다. 소리를, 큰 소리를 내는 것에 의해서만, 내가 낸 소리를 스스로 듣는 것에 의해서만 바깥의 세계와 나의 세계의 연결이 유지될 수 있을 것만 같은 기분이 들었습니다. [……] 그때 나는 순수한 감각만이라는 기묘한 세계에 홀로 떠 있었던 것입니다.[13]

물론 이것은 단순한 쾌락으로 전락하여 개인의 의식에 상처를 내고 말 가능성 또한 늘 내포하고 있겠지만. 무라카미가 초기 작품『코인로커 베이비스』에서 묘사한 폭력성 또한 —성 충동과 마찬가지로—자의식을 넘어서는 힘으로서 인간이 근원적인 충동으로 가득 찬 생물임을 고발한다.[14] 무라카미의 작품들은 그러한 충동이 사회의 규율과 접촉할 때 수많은 일그러짐이 생겨난다는 점을 말해준다.

가수 오니쓰카 치히로鬼束ちひろ와 시이나 링고는 상대방을 믿고 있던 조금 전까지의 기분이 한 순간에 뒤집어지고, 내가 나를 배신하는데 이를 도저히 막을 수 없게 된 그 절박함과 고독을 애처롭게 노래한다. 당신이 말한 것처럼 사람의 마음은 변한다. 어떻게 할 수도 없이 흘러가버린다. 그러나 그녀들은 이것을 긍정하지 않는다. 그래도 기원으로 돌아갈 것을 노래한다. 영원으로 충만하지 않더라도 날것의 인간으로서 함께 살아갈 것을 욕망한다. 그녀들은 자신의 표현이 신체성을 결여한 이론이 되고 마는 것에 거역한다. 발버둥치고 상처 입는 것 자체가 그럼에도 누군가를 찾으며 살아가는 증거라고 내밀 듯이.

> I am god's child 이 부패한 세계로 떨어졌어
> How do I live on such a field 이런 걸 위해 태어난 게 아냐
> 종말 따위에 손을 뻗지 마
> 당신이라면 구할 수 있을 거야 나를 정적에서
> ─오니쓰카 치히로, 「월광月光」

무라카미 하루키의 작품도 이와 마찬가지로 매우 의미심장하다. 『국경의 남쪽, 태양의 서쪽』을 보면 주인공 '나' 앞에 예전에 좋아하던 연인이 다시 나타나는 장면이 있다. 그러나 지나간 세월은 그들을 이미 서로 다른 장소로 갈라놓았고, 연인의 과거가 드러난 후 두 사람은 그저 침묵할 뿐이었다. 국경의 남쪽은 현실의 장소인데 태양의 서쪽에는 현

실이 없다. 두 사람이 원하는 장소는 서로 다르다.[15] 주인공이 현전할 수 없는 것을 현실화시키기 위해 갖은 애를 쓰는 반면, 연인은 어찌할 수 없을 만큼 무거운 자신의 과거를 짊어진 채 주인공과의 재회를 단지 비일상적인 것들 틈에서 생겨난 하나의 찰나로만 여긴다. 여기에는 현전할 수 없는 것이 어떻게 등장하느냐의 문제가 있다. 누가 옳은가의 문제가 아니다. 데리다의 표현을 빌리자면 결정 불가능성 속에서 내기를 거는 것이다. 결정 불가능성이라는 단어는 이러한 시간을 어떻게 살아갈 것인지의 결의를 통해 이해되어야만 한다. 존 D. 카푸토John D. Caputo는 데리다의 말을 인용하여 다음과 같이 설명한다.

아포리아의 한가운데에 머물면서 앞으로 나아가는 것. (……) 이것이 바로 '불가능한 것의 경험'이며, 불가능성의 아포리아를 뚫고 나가 이를 통과하는 것이다. 여기서 처음으로 진정한 '책임'이 태어난다.[16]

무라카미의 대표작 『노르웨이의 숲』에는 과거에 붙들려 있는 여주인공과 아무리 노력해보아도 그녀의 마음을 열지 못하는 주인공의 엇갈림이 그려진다.[17] 한 사람은 과거의 트라우마에 삼켜져가고, 다른 한 사람은 나를 보아주지 않는 눈앞의 상대방에게 열심히 말을 건다. 여기서 주인공은 그녀의 내적인 대화를 방관하는 제삼자, 말하자면 신체성을 결여한 이론으로서만 존재한다. 두 사람의 대화가 성립하지 못하는 장면에서 무라카미의 이야기는 시작한다. 그것이 주제로서 성립하는 곳에 어둠의 깊이가 있다.

그는 꿰뚫어 볼 수 없는 어둠이었네. (……) 어떤 환영을 향해, 어떤 환상을 향해 그가 속삭이듯 외쳤네—두 번 외쳤는데, 그것은 숨결같이 약하디약한 외침이었지. "끔찍하다! 끔찍해!"[18]

무라카미 하루키의 작품은 이러한 개개의 약분 불가능성을 극복하는 시도를 통해 성립한 것이라 할 수 있다. 가령 『세계의 끝과 하드보일드 원더랜드』에서 마음을 닫고 있던 주인공은 삶에 수반하는 희로애락을 받아들이고 타인과 공존하는 현실의 일상 세계로 돌아갈 결의를 한다. 물론 이는 개인이 해결할 수 없는 문제를 공동성으로 보완하려는 단순한 것이 아니다. 정확히 말하면 무라카미는 현실 속에서 자신의 닫혀 있는 마음의 세계와 마주하고 새로이 출발할 것을 결심하는 것이다.[19] 이것은 벤야민이 논한 삶의 당혹감, 삶의 괴로움을 연대로 하는 동질화되지 않는 공동성의 모색으로 이어져간다.

소설가는 자신을 남으로부터 고립시켰다. 소설의 산실은 고독한 개인, 즉 자신의 가장 중요한 관심사를 더 이상 표현할 수 없고 또 자기 자신이 남으로부터 조언을 받지 못했기 때문에 남에게도 아무런 조언을 해줄 수 없는 고독한 개인이다. 소설을 쓴다는 것은, 약분 불가능한 성질의 것을 인간적 삶의 묘사 속에서 극단적으로 끌고 가는 것을 의미한다. 소설은 삶의 풍부함과 또 이러한 풍부한 삶의 묘사를 통해서 삶의 이루 말할 수 없는 당혹감을 여실히 보여주고 있는 것이다.[20]

돌아갈 곳이 붕괴되고 근원적인 자신의 불안과 마주하는 이야기를 현대적인 문제의식에 입각하여 적어가야 한다. 사르트르의 『구토』처럼. 주어진 이름이 있지만 그 이름이 결여된 사람의 이야기를. 그러한 어긋남 속에서 이야기는 끝나지 않은 채 중단된다. 카프카의 어디에 있어도 꺼림칙함을 느끼는 이야기처럼. 해결될 기미가 보이지 않는 갈등을 계속 써가는 것이야말로 표현자의 책무다. 그와 같은 표현과 마주하는 곳에서, 더 이상 종교학이나 역사학 등 기존의 학문 형식은 아무런 도움이 되지 못할 것이다. 아마 소설도 그럴 것이다. 나의 내적 욕구에 충실한 표현의 형태를 각자가 발견해가야만 한다. 차이와 동일성의 사이에 매달려 발버둥치는 자에게만 보이는 것이 있다. 절대적인 장소도 해답도 없다. 그저 돌파하는 것이다.

　　너와 나는 그러니까 두 척의 배
　　어두운 바다를 건너간다 한 척 한 척의 배
　　서로의 모습은 파도로 멀어지지만
　　같은 노래를 부르며 가는 두 척의 배

　　내가 덧없이 파도에 부서지는 날에는
　　어디선가 너의 배가 희미하게 삐걱대겠지
　　그것만으로도 나는 바다를 건널 수 있어
　　배를 붙들어 맨 밧줄이 끊어지고 파도에 삼켜져도
　　─ 나카지마 미유키中島みゆき, 「두 척의 배二雙の舟」

미주

1부 가까운 곳으로의 회귀

역사와 종교를 다시 이야기하기 위해

1) 磯前順一, 『土偶と仮面―縄文社会の宗教構造』, 校倉書房, 1994; 『記紀神話のメタヒストリー』, 吉川弘文館, 1998; 『近代日本の宗教言説とその系譜―宗教·国家·神道』, 岩波書店, 2003; 磯前順一·小倉慈司 編, 『近世朝廷と垂加神道』, ぺりかん社, 2005.

2) ベネディクト·アンダーソン, 『増補 想像の共同体―ナショナリズムの起源と流行』, 1983/1991(白石さや 他 訳, NTT出版, 1997) [한국어판: 베네딕트 앤더슨, 『상상의 공동체: 민족주의의 기원과 전파에 대한 성찰』, 윤형숙 옮김, 나남출판, 2003]; エリック·ホブズボウム/テレンス·レンジャー 編, 『創られた伝統』, 1983(前川啓治 他 訳, 紀伊國屋書店, 1992) [한국어판: 에릭 홉스봄 외, 『만들어진 전통』, 박지향·장문석 옮김, 휴머니스트, 2004].

3) 桂島宣弘, 「民衆宗教の宗教化·神道化過程」, 『日本史研究』, 제500호, 2004.

4) アーネスト·ゲルナー, 『民族とナショナリズム』, 1983(加藤節監 訳, 岩波書店, 2000) [한국어판: 어니스트 겔너, 『민족과 민족주의』, 최한우 옮김, 한반도국제대학원대학교, 2009].

5) ベネディクト·アンダーソン, 『増補 想像の共同体』, pp. 24~25(일부 개역) [한국어판: 베네딕트 앤더슨, 『상상의 공동체』, p. 25].

6) 같은 책, p. 25 [베네딕트 앤더슨, 『상상의 공동체』, pp. 25~26].

7) Russell McCutcheon(ed.), *The Insider/Outsider Problem in the Study of Religion: a Reader*, London/New York: Cassell, 1999; 磯前順一, 「宗教研究とポストコロニアルな状況」; 磯前順一/タラル·アサド 編, 『宗教を語りなおす―近代的カテゴリーの再考』, みすず書房, 2006.

8) ミシェル·フーコー, 『言葉と物』, 1966(渡辺一民 他 訳, 新潮社, 1974) [한국어판: 미셸 푸코, 『말과 사물』 개역판, 이규현 옮김, 민음사, 2012]; 『知の考古学』, 1969(中村雄二郎 訳, 河出書房新社, 1970/1980) [한국어판: 『지식의 고고학』, 이정우 옮김, 민음사, 2000]; エドワード·サイード, 『オリエンタリズム』, 1978(今沢紀子 訳, 平凡社, 1986) [한국어판: 에드워드 사이드, 『오리엔탈리즘』 개정증보판, 박홍규 옮김, 교보문고, 2007].

9) 西谷修, 「エルネスト・ルナン『国民とは何か』」, 大澤真幸 編, 『ナショナリズム論の名著50』, 平凡社, 2002, pp. 30~31〔한국어판: 오사와 마시치 엮음, 『내셔널리즘론의 명저 50』, 김영작 외 옮김, 일조각, 2010〕.

10) Homi Bhabha, "DissemiNation: Time, narrative and the margins of the modern nation," in *The Location of Culture*, London/New York: Routledge, 1994, pp. 148 이하.〔한국어판: 호미 바바, 「국민의 산포: 시간과 서사, 그리고 근대국가의 한계 영역」, 『문화의 위치』, 나병철 옮김, 소명출판, 2002, pp. 277 이하〕.

11) Paul Hegarty, *Georges Bataille: Core Cultural theorist*, London/Thousand Oaks/New Delhi: Sage Publications, 2000, pp. 28~29.

12) ヴァルター・ベンヤミン, 「歴史の概念について」, 1940(浅井健二郎・久保哲司 訳, 『ベンヤミン・コレクション1』, ちくま学芸文庫, 1995, p. 659)〔한국어판: 발터 벤야민, 「역사철학테제」, 『발터 벤야민의 문예이론』, 반성완 옮김, 민음사, 1983;「역사의 개념에 대하여」, 『역사의 개념에 대하여/폭력비판을 위하여/초현실주의 외』, 최성만 옮김, 길, 2008〕.

13) ミシェル・フーコー, 『性の歴史I―知への意志』, 1978(渡辺守章 訳, 新潮社, 1986)〔한국어판: 미셸 푸코, 『성의 역사 1: 지식의 의지』 제3판, 이규현 옮김, 민음사, 2010〕. 푸코에 대한 이와 같은 필자의 이해는 들뢰즈의 『푸코フーコー』(1986; 宇野邦一, 河出書房新社, 1987〔한국어판: 『푸코』, 권영숙·조형근 옮김, 새길아카데미, 2012〕)에서 빚진 바가 크다.

14) Homi Bhabha, *The Location of Culture*, pp. 70~75.

15) エドワード・サイード, 「『オリエンタリズム』新版序文」, 中野真紀子 訳, 『みすず』, 제511호, 2003.

16) 柄谷行人, 『日本近代文学の起源』, 1980(講談社文芸文庫, 1988)〔한국어판: 가라타니 고진, 『일본근대문학의 기원』, 박유하 옮김, 도서출판b, 2010〕.

17) 柄谷行人, 『探求I』, 1968(講談社学術文庫,1992)〔한국어판: 가라타니 고진, 『탐구 1』, 송태욱 옮김, 새물결, 1998〕.

18) 柄谷行人 編, 『近代日本の批評I・III』, 1990・1992(講談社文芸文庫, 1998)〔한국어판: 가라타니 고진 외, 『현대 일본의 비평 1868~1989』, 송태욱 옮김, 소명출판, 2002; 가라타니 고진 외, 『근대 일본의 비평 1868~1989』, 송태욱 옮김, 소명출판, 2002〕.

19) 柄谷行人, 「第三部 世界宗教をめぐって」, 『探求II』, 1989(講談社学術文庫, 1994)〔한국어판: 가라타니 고진, 「세계 종교에 대하여」, 『탐구 2』, 권기돈 옮김, 새물결, 1998〕.

20) 柄谷行人, 「第一部 固有名をめぐって」, 『探求II』〔한국어판: 가라타니 고진, 「고유명에 대하여」, 『탐구 2』〕.

21) 柄谷行人, 『探求I』, pp. 46~47, 156~61.

22) Patrick Hutton, *History as an Art of Memory*, Hanover/London: University of Vermont, 1993, chap. 6, 7.

23) 島薗進, 「書評『近代日本の宗教言説とその系譜』」, 『日本史研究』, 제499호, 2004.

24) 시마조노의 종교 구조론에 대해서는 「一九世紀日本の宗教構造の変容」, 『岩波講座 近代日本の文化史2』, 岩波書店, 2001;「神道と国家神道・試論―成立への問いと歴史的展望」, 『明治聖徳記念学会紀要』, 復刊四三号, 2006.

25) 西川長夫, 『増補 国境の越え方―国民国家論序説』, 平凡社ライブラリー, 1992/2001〔한국어판: 니시카와 나가오, 『국경을 넘는 방법: 문화·문명·국민국가』, 한경구 옮김, 일조각,

2006].

26) Jacque Derrida, *Spectres of Marx: the State of the Debt, the Work of Mourning, and the New International*, Peggy Kamuf(trans.), New York/London: Routledge, 1994, chap. 1〔한국어판: 자크 데리다,『마르크스의 유령들』, 진태원 옮김, 이제이북스, 2007〕; ハリー・ハルトゥーニアン,『近代による超克―戦間期日本の歴史・文化・共同体』, 梅森直之 訳, 岩波書店, 2007.

27) 이 부분은 2003년 런던대학과 튀빙겐대학에서 행한 나의 근대 일본의 종교 개념에 관한 발표 "The Formation of State Shintô in Relation to the Western Concept of Religion"에 대한 브라이언 버킹, 클라우스 안토니, 구보타 히로시 등의 지적을 옮긴 것이다.

28) タカシ・フジタニ,『天皇のページェント』, 1996(米山リサ 訳, NHKブックス, 1994)〔한국어판: 다카시 후지타니,『화려한 군주: 근대일본의 권력과 국가의례』, 한석정 옮김, 이산, 2003〕.

29) 酒井直樹,『死産される日本語・日本人』, 新曜社, 1996, p. 181〔한국어판: 사카이 나오키,『사산되는 일본어・일본인: 일본의 역사-지정적 배치』, 이득재 옮김, 문화과학사, 2003〕.

30) Homi Bhabha, *The Location of Culture*, p. 148.

31) ミシェル・フーコー,『知の考古学』, pp. 44~45, 120~33.

32) ジャック・デリダ,「限定経済学から一般経済学へ―留保なきヘーゲル主義」,『エクリチュールと差異』, 1967(三好郁朗 訳, 法政大学出版局, 1983, 下巻, pp. 196~200)〔한국어판: 자크 데리다,『글쓰기와 차이』, 남수임 옮김, 동문선, 2001〕.

33) ジル・ドゥルーズ,『フーコー』, p. 188(일부 개역).

34) Homi Bhabha, "Looking back, moving forward: notes on vernacular cosmopolitanism," in *The Location of Culture*, p. xv; ジル・ドゥルーズ,『フーコー』, 一部 改訳, pp. 151~53.

문화의 틈새에서

1) 지역 연구로서의 일본 연구의 역사를 조망한 글로서는 비록 하버드학파의 입장에 따른 것이기는 하지만, ジョン・ダワー,「日本を測る―英語圏における日本研究の歴史叙述」(『思想』, 제855~856호, 1995)과,「特集 アメリカの日本研究：現在・未来」(『季刊日本思想史』, 제61호, 2002)에 수록된 논문이 좋은 도움이 된다.

2) Masao Miyoshi & H. D. Harootunian(eds.), *Learning Places: The Afterlives of Area Studies*, Durham: Duke University Press, 2002. 그리고 이에 대한 하버드대학의 연구자의 반박으로는 Andrew Gordon, "Review essay: Rethinking studies, once more" (*Journal of Japanese Studies*, 30: 2, 2004)를 참조.

3) 여기에 인용한 글들은 모두 초역이다. 원문의 서지사항을 적어둔다. Helen Hadacre(ed.), *The Postwar Development of Japanese Studies in the United States*, Leiden: Brill, 1998; Masao Miyoshi & H. D. Harootunian(eds.), *Postmodernism and Japan*, Durham/London: Duke University Press, 1989. 그리고 이 두 진영의 필자들이 함께 편찬한 것으로서 Stephen Vlastos(ed.), *Mirror of Modernity: Invented Tradition of Modern Japan*, Berkeley/Los Angeles/London: University of California Press, 1998이 있다.

4) 酒井直樹,「西洋の脱臼と人文科学の地位」,『トレイシーズ』, 제1호, 2000.

5) 지금까지 일본의 일본 연구로서 정돈된 형태로 번역되어 미국에 소개된 것은 마루야마 마사오丸山眞男, 이로카와 다이키치色川大吉, 가라타니 고진 등 근대주의와 그 비판으로서의 민중사, 포스트모더니즘의 조류였으며, 일본의 전후 역사학을 지탱해온 마르크스주의의 작품은 소개된 적이 거의 없다.

6) 村上春樹, 『やがて哀しき外国語』, 1994(講談社文庫, 1997, pp. 284~85) 〔한국어판: 무라카미 하루키, 『이윽고 슬픈 외국어』 개정판, 김진욱 옮김, 문학사상사, 2013, pp. 295~96〕.

7) 江藤淳, 『アメリカと私』, 1965(講談社文庫, 1972, p. 272).

8) 村上春樹, 『やがて哀しき外国語』, p. 282 〔한국어판: 무라카미 하루키, 『이윽고 슬픈 외국어』, p. 293〕.

9) 江藤淳, 『アメリカと私』, pp. 94~95.

10) 村上春樹, 『やがて哀しき外国語』, p. 278 〔한국어판: 무라카미 하루키, 『이윽고 슬픈 외국어』, p. 289〕.

11) ジュリア・クリステヴァ, 『外国人―我らの内なるもの』, 1988, 池田和子 訳, 法政大学出版局, pp. 222~23.

12) Homi Bhabha, *The Location of Culture*, p. 112 〔한국어판: 호미 바바, 『문화의 위치』, 나병철 옮김, 소명출판, 2002, pp. 225~26〕.

13) 村上春樹, 『やがて哀しき外国語』, p. 279 〔한국어판: 무라카미 하루키, 『이윽고 슬픈 외국어』, p. 289〕.

14) 酒井直樹, 『日本思想という問題―翻訳と主体』, 岩波書店, 1997, p. 14 〔한국어판: 사카이 나오키, 『번역과 주체: '일본'과 문화적 국민주의』, 후지이 다케시 옮김, 이산, 2005, pp. 53~54〕.

15) Homi Bhabha, *The Location of Culture*, p. 170 〔한국어판: 호미 바바, 『문화의 위치』, p. 331〕.

16) 村上春樹, 『やがて哀しき外国語』, pp. 281~83 〔한국어판: 무라카미 하루키, 『이윽고 슬픈 외국어』, pp. 292~93〕.

17) 夏目漱石, 『こころ』, 1914(『漱石全集9』, 1994, p. 291) 〔한국어판: 나쓰메 소세키, 『마음』, 오유리 옮김, 문예출판사, 2002, p. 331〕.

18) 夏目漱石, 『明暗』, 1916(『漱石全集11』, 1994, p. 526) 〔한국어판: 나쓰메 소세키, 『명암』, 김정훈 옮김, 범우사, 2005, p. 410〕.

19) 일본 근대의 사례로 キャロル・グラック, 「戦後史学のメタヒストリー」, 『岩波講座日本通史 別巻1』, 岩波書店, 1995; 西川長夫, 「戦後歴史学と国民国家論」, 歴史学研究会 編, 『戦後歴史学再考―「国民史」を超えて』, 青木書店, 2000; 磯前順一, 『近代日本の宗教言説とその系譜』, 岩波書店, 2003.

20) 酒井直樹, 『過去の声――八世紀日本の言説における言語の地位』, 1991(酒井直樹監 訳, 以文社, 2002); ジェームス・ケテラー, 『邪教/殉教の明治―廃仏毀釈と近代仏教』, 1990(岡田正彦 訳, ぺりかん社, 2006); ハリー・ハルトゥーニアン, 『近代による超克―戦間期日本の歴史・文化・共同体』, 2000(梅森直之 訳, 岩波書店, 2007).

21) Takashi Fujitani, Geoffery White & Lisa Yoneyama(eds.), *Perilous Memories: The Asia-Pacific War(s)*, Durham/London: Duke University Press, 2001, 『흔적トレイシーズ』

에 대해서는 다음 웹사이트를 참조. http://traces.arts.cornell.edu/tracesInNews.htm.

22) 이러한 공동 연구의 단초는 마리우스 잰슨Marius B. Jansen이 편집한『일본의 근대화 문제日本における近代化の問題』(영어판, 1965: 일본어판은 이와나미서점 발간)에서 찾을 수 있으며, 이어서 데쓰오 나지타テツオ・ナジタ, 마에다 아이前田愛, 가미시마 지로神島二郎가 편집한『전후 일본의 정신사: 그 재검토戰後日本の精神史─その再檢討』(1988)가 있다. 전자는 근대화론, 후자는 담론 비판의 입장을 취하는 점에서 대조를 이룬다. 오늘날까지 이르는 이러한 미일 공동 연구의 형태를 미일 연구자의 정체성, 일본이라는 표상, 발표의 목적 등 그것이 특정되는 다양한 차이에 근거하여 분석한다면 매우 흥미로운 결과를 얻을 수 있을 것이다.

23) 村上春樹,『世界の終わりとハードボイルド・ワンダーランド』, 1985(新潮文庫, 1988, 下卷, pp. 332~33)〔한국어판: 무라카미 하루키,『세계의 끝과 하드보일드 원더랜드 2』, 김진욱 옮김, 문학사상사, 1996〕.

24) 夏目漱石,『こころ』, p. 88〔한국어판: 나쓰메 소세키,『마음』, p. 100〕.

2부 내면과 여백

일상이라는 리얼리티

1) 石母田正,『中世的世界の形成』, 1946(岩波文庫, 1985); 戸田芳実, 「石母田正『中世的世界の形成』」, 歴史科学協議会 編,『歴史の名著《日本人論》』, 校倉書房, 1970; 成田龍一,「石母田正『中世的世界の形成』に寄せて」,『歴史学のスタイル─史学史とその周辺』, 校倉書房, 2001.

2) 「特集 古代史研究の現在─石母田正『日本の古代国家』発刊三〇年を契機として」,『歴史学研究』, 제782호, 2003.

3) 石母田正,「序 歴史と民族の発見─上原専禄先生に」,『歴史と民族の発見』, 東京大学出版会, 1952, p. 17.

4) 石母田正,「歴史学における民族の問題」, 1950/1951(『歴史と民族の発見』, pp. 101, 137).

5) 石母田正,「歴史と人間についての往復書簡」, 1952(『続 歴史と民族の発見』, 東京大学出版会, 1953, p. 234);「抵抗の伝統と発展」, 1952(같은 책, p. 103).

6) 石母田正,「あとがき」(같은 책, p. 416).

7) 藤間生大,「解説─一五〇年の歳月を経て」, 石母田正,『歴史と民族の発見』, 平凡社ライブラリー, 2003, p. 458.

8) 石母田正,「歴史学における民族の問題」. 스탈린의 논문을 비롯한 정치적 문제에 대해서는 田中克彦,『「スターリン言語学」精読』, 岩波現代文庫, 2000.

9) 歴史学研究会 編,『歴史における民族の問題─歴史学研究会1951年度大会報告』, 岩波書店, 1952;『民族の文化について─歴史学研究会1952年度大会報告』, 岩波書店, 1953; 藤間生大,「世界史の方法論としての民族理論」,『近代東アジア世界の形成』, 春秋社, 1977; 磯前順一,「歴史的言説の空間─石母田英雄時代論」,『記紀神話のメタヒストリー』, 吉川弘文館, 1998.

10) 渡部義通,『日本歴史教程 第一・二冊』, 白揚社, 1936・1937; 野呂栄太郎 他 編,『日本資本主義発達史講座』, 岩波書店, 1932~33.

11) 石母田正, 「弱さをいかに克服するか」, 1953(『石母田著作集14』, 岩波書店, 1989, p. 307); 「歴史科学と唯物論」, 1956(『石母田著作集13』, 岩波書店, 1989, p. 71).

12) 西川長夫, 『増補 国境の越え方—国民国家論序説』, 平凡社ライブラリー, 1992/2001; 酒井直樹, 『死産される日本語・日本人—「日本」の歴史-地政的配置』, 新曜社, 1996〔한국어판: 사카이 나오키, 『사산되는 일본어·일본인: 일본의 역사-지정학적 배치』, 이득재 옮김, 문화과학사, 2003〕; 上野千鶴子, 『ナショナリズムとジェンダー』, 青土社, 1998〔한국어판: 우에노 치즈코, 『내셔널리즘과 젠더』, 이선이 옮김, 박종철출판사, 1999〕.

13) 吉本隆明, 「日本のナショナリズム」, 1964(『吉本隆明全著作集13』, 勁草書房, 1969); 思想の科学研究会 編, 『共同研究転向 改訂増補』, 平凡社, 1959〜62/1978.

14) 酒井直樹, 『日本思想という問題』, 岩波書店, 1997, p. 251〔한국어판: 사카이 나오키, 『번역과 주체: '일본'과 문화적 국민주의』, 후지이 타케시 옮김, 이산, 2005〕.

15) 石母田正, 「序 歴史と民族の発見」, pp. 4, 16.

16) 石母田正, 「母についての手紙」, 1951(『歴史と民族の発見』, pp. 366〜67).

17) 같은 글, pp. 352〜68.

18) 같은 글, p. 360.

19) 石母田正, 「抵抗の伝統と発見」, p. 103; 「序 歴史と民族の発見」, p. 4.

20) 石母田正, 「母についての手紙」, p. 356.

21) 石母田正, 「序 歴史と民族の発見」, p. 12.

22) 같은 글, p. 4.

23) 石母田正, 「歴史的精神について」, 1949(『歴史と民族の発見』, p. 87).

24) 渡部義通, 「アジア的生産様式」, 『思想と学問の自伝』, 河出書房新社, 1974; 守屋典郎, 『日本マルクス主義理論の形成と発展』, 青木書店, 1967.

25) 吉本隆明, 「芸術的抵抗と挫折」, 1959(『吉本隆明全著作集4』, 勁草書房, 1969, p. 170).

26) 石母田正, 「あとがき」, 『続 歴史と民族の発見』, pp. 412〜13.

27) 石母田正, 「歴史学における民族の問題」, pp. 104, 109; 「幸徳秋水と中国」, 1952(『続 歴史と民族の発見』, pp. 341, 350).

28) 藤間生大, 『日本武尊』, 創元社, 1953.

29) 石母田正, 「危機における歴史学の課題」, 1951(『歴史と民族の発見』, pp. 42, 46).

30) 吉本隆明, 「芸術的抵抗と挫折」, p. 170.

31) 石母田正, 「大衆は学ぼうとしている」, 1951(『歴史と民族の発見』, p. 297); 「序 歴史と民族の発見」, p. 12; 「危機における歴史学の課題」, pp. 41〜42; 「歴史と人間についての往復書簡」, pp. 207, 230.

32) 渡部義通, 『思想と学問の自伝』, pp. 124〜25.

33) 小林秀雄, 「アシルと亀の子II」, 1930(『小林秀雄全集I』, 新潮社, 2002, p. 44).

34) 石母田正, 「危機における歴史学の課題」, pp. 44〜45.

35) エドワード・サイード, 『知識人とは何か』, 1994(大橋洋一 訳, 平凡社, 1995, pp. 16〜35)〔한국어판: 에드워드 사이드, 『지식인의 표상: 지식인이란 누구인가?』, 최유준 옮김, 마티, 2012, pp. 15〜26〕.

36) 太宰治, 『人間失格』, 1948(『太宰治全集9』, 筑摩書房, 1990, p. 334)〔한국어판: 다자이 오사

무, 『인간 실격』, 김춘미 옮김, 민음사, 2004, p. 50].

37) 思想の科学研究会 編, 『共同研究転向 上』, pp. 278~79.

38) 市村弘正, 『敗北の二十世紀』, 世織書房, 1998, p. 112.

내면을 둘러싼 항쟁

1) 柄谷行人, 『日本近代文学の起源』, 1980(講談社文芸文庫, 1988, p. 86) 〔한국어판: 가라타니 고진, 『일본근대문학의 기원』, p. 78].

2) 柄谷行人, 「告白という制度」, 『日本近代文学の起源』 〔한국어판: 가라타니 고진, 「고백이라는 제도」, 『일본근대문학의 기원』].

3) 磯前順一, 「近世神道から近代神道学へ―東大神道研究室旧蔵書を手掛かりに」, 『近代日本の宗教言説とその系譜―宗教·国家·神道』, 岩波書店, 2003; 「近代的知の分割線―神道学と宗教学の浮上」, 『日本女子大学総合研究所紀要』, 6호, 2003.

4) 田口卯吉, 『日本開花小史』, 1877(岩波文庫, 1934/1964); 姉崎正治, 『宗教学概論』, 1900(『姉崎正治著作集6』, 国書刊行会, 1982).

5) 磯前順一, 「近代における「宗教」概念の形成過程―開国から宗教学の登場まで」, 『近代日本の宗教言説とその系譜』, pp. 146~51.

6) 米倉充, 『近代文学とキリスト教 明治·大正篇』, 創元社, 1983; 鵜沼裕子, 『近代日本のキリスト教思想家たち』, 日本キリスト教団出版局, 1988; Jun'ichi Isomae, "Deconstructing 'Japanese Religion'," in *Japanese Journal of Religions Studies* 32/2, 2005, pp. 239~40.

7) 原勝郎, 「東西の宗教改革」, 1911(『日本中世史の研究』, 同文館, 1929).

8) 磯前順一, 「姉崎正治における国家と宗教―西洋体験とナショナリズム」, 『近代日本の宗教言説とその系譜』, pp. 55~62.

9) ジャック·デリダ 他, 『他者の耳―デリダ「ニーチェの耳伝」·自伝·翻訳』, 1982(浜名優美 他 訳, 産業図書, 1988, pp. 198~99).

10) 예를 들면, 田山花袋, 『蒲団』, 1907(『蒲団·一兵卒』, 岩波文庫, 2002) 〔한국어판: 다야마 가타이, 「이불」, 『일본 대표작가 대표작품선: 고백의 풍경과 예언의 문학』, 박현석 옮김, 문예춘추, 2007].

11) 柳田国男, 『遠野物語』, 1910(『柳田国男全集2』, 筑摩書房, 1997) 〔한국어판: 야나기다 구니오, 『도노 모노가타리』, 김용의 옮김, 전남대학교출판부, 2009); 柄谷行人, 「風景の発見」, 『日本近代文学の起源』 〔한국어판: 「풍경의 발견」, 『일본근대문학의 기원』].

12) 高山樗牛, 「美的生活を論ず」, 1901(『樗牛全集4』, 博文館, 1904/1927); 野村幸一郎, 「明治の社会ダーウィニズムと美的生活論争」, 『国語国文』, 제67권 7호, 1998.

13) 松山巌, 『乱歩と東京―1920都市の貌』, 1984(ちくま学芸文庫, 1994); 小田晋 他 編, 『『変態心理』と中村古峡―大正文化への新視角』, 不二出版, 2002.

14) 江戸川乱歩, 「盲獣」, 1931(『江戸川乱歩全集6』, 講談社, 1979, p. 48).

15) 津田左右吉, 『神代史の研究』, 『古事記及日本書紀の研究』, 岩波書店, 1924; 家永三郎, 『津田左右吉の思想史的研究』, 岩波書店, 1972.

16) 宮川渉, 『近代日本の哲学 増補版』, 勁草書房, 1961/1962, 제2장; 船山信一, 『大正哲学史研究』, 1965(『船山信一著作集7』, こぶし書房, 1999, 本編II).

17) ベネデト・クロオチェ, 『歴史の理論と歴史』, 1915(羽仁五郎 訳, 岩波文庫, 1926) 〔한국어판: 베네데토 크로체, 『역사의 이론과 역사』, 이상신 옮김, 삼영사, 1981〕; 平泉澄, 「書評 クロオチェ『歴史の理論と歴史』」, 『史学雑誌』, 제37권 12호, 1926; 犬丸義一, 「解説」, 『羽仁五郎著作集1・2』, 青木書店, 1967; 苅部直, 「歴史家の夢―平泉澄をめぐって」, 『年報・近代日本研究』, 18호, 1996. 크로체에 관해서는 羽仁五郎, 『クロオチェ』, 現代評論社, 1939; M. E. Moss, *Benedetto Croce Reconsidered: Truth and Error in Theories of Art, Literature and History*, Hanover: University Press of New England, 1987.

18) 芥川龍之介, 「或旧友へ送る手記」, 1927(『芥川龍之介16』, 岩波書店, 1997, p. 3).

19) 宮本顕治, 「敗北の文学」, 『改造』, 1929년 8월호; 小林秀雄, 「様々なる意匠」, 『改造』, 1929년 9월호; 平野謙, 『昭和文学史』, 筑摩書房, 1963, 제1장 〔히라노 겐, 『일본 쇼와 문학사』, 고재석・김환기 옮김, 동국대학교출판부, 2001〕.

20) 宮川渉, 『近代日本の哲学』, 제4장; 小林陽一, 「マルキシズムとナショナリズム」, 『岩波講座 現代日本の文化史5』, 岩波書店, 2002.

21) 藤田省三 他, 「反体制の思想運動―民主主義科学者協会」, 『戦後日本の思想』, 勁草書房, 1966.

22) 姉崎正治, 「宗教の立場より見たる現時の思想問題」, 日本宗教懇話会 編, 『御大典記念 宗教大会紀要』, 1928, p. 323.

23) 宮川渉, 『近代日本の哲学 増補版』, 제4장 1절; 鎌田慧, 『大杉栄 自由への疾走』, 1997(岩波現代文庫, 2003).

24) 외부성과 외부의 구별에 대해서는, 柄谷行人 編, 『近代日本の批評II 明治・大正編』, 1992(講談社学芸文庫, 1998, p. 277); 『探求II』, 1989, 제3부(講談社学芸文庫, 1994).

25) 小林多喜二, 『蟹工船』, 1929(『蟹工船 1928・3・15』, 岩波文庫, 2003) 〔한국어판: 고바야시 다키지, 『게잡이 공선』, 『고바야시 다키지 선집 1』 수록, 황봉모・박진수 옮김, 이론과실천, 2012〕.

26) 佐野学, 『マルクス主義と無神論』, 叢文閣, 1927.

27) 日本宗教懇話会 編, 『御大典記念 宗教大会紀要』, p. 445.

28) 中外日報東京支局 編, 『マルキシズムと宗教』, 大鳳閣書房, 1930.

29) 미키와 핫토리를 시작으로 하는 종교와 마르크스주의를 둘러싼 논쟁에 관해서는, 本田唯一, 「反宗教運動」, 『日本宗教史講座4』, 三一書房, 1951; 木村四郎, 「戦前日本のマルクス主義無神論運動」, 山本晴義 編, 『現代日本の宗教』, 新泉社, 1985; 赤澤史朗, 『近代日本の思想動員と宗教統制』, 校倉書房, 1985, 제4장; 津田雅夫, 『文化と宗教―近代日本思想史序論』, 法律文化社, 1997, 2, 3장.

30) 反宗教闘争同盟準備会, 『反宗教闘争の旗の下に』, 共生閣, 1931.

31) 小林秀雄, 「私小説論」, 1935(『小林秀雄全集3』, 新潮社, 2001, p. 130)〔한국어판: 고바야시 히데오, 「사소설론」, 『고바야시 히데오 평론집』, 유은경 옮김, 소화, 2003, p. 103〕.

32) 小林秀雄, 「アシルと亀の子II」, 1930(『小林秀雄全集1』, 新潮社, 2002, p. 42).

33) 三木清, 「文芸と宗教とプロレタリア運動」, 1930(『三木清全集20』, 岩波文庫, 1986, p. 90).

34) 小林秀雄, 「アシルと亀の子II」, p. 44.

35) 三木清, 「唯物論とその現実形態」, 1929(『三木清全集3』, 岩波書店, 1966, p. 355).

36) 佐木秋夫, 『宗教学説』, 三笠書房, 1937, 제1부 4장.

37) 宇野円空, 『宗教学』, 岩波書店, 1931; 古野清人, 『宗教社会学―学説・研究』, 河出書房, 1938. 우노와 후루노의 학설에 대해서는 古野清人, 『宗教人類学五十年』, 耕土社, 1980; 大矢野文明, 「宇野円空の人と学問」, 田丸徳善, 『日本の宗教学説』, 東京大学宗教学研究室, 1982; 田丸徳善, 「日本における宗教学説の展開」, 『仏教文化論攷―坪井俊映博士頌寿記念』, 仏教大学, 1984.

38) 小林秀雄, 「「紋章」と「風雨強かるべし」とをよむ」, 1934(『小林秀雄全集3』, p. 97).

39) 宇野円空, 『転換期の宗教』, 有光社, 1938, p. 96.

40) 당시의 분위기에 대해서는 三木清, 「宗教復興の検討」, 1934; 「類似宗教と仏教」, 1936; 「類似宗教の蔓延」, 1939(『三木清全集13』); 秋沢修二・永田広志, 「『宗教復興』現象とその本質」, 『現代宗教批判講話』, 白揚社, 1935.

41) 中山慶一, 『教派神道の発生過程』, 森山書店, 1932; 鶴藤幾太, 『教派神道の研究』, 大興社, 1939.

42) 渡部義通, 「日本古代社会の世界史的系列―アジア的生産様式論争」, 1948(『歴史科学大系1』, 校倉書房, 1972); 塩沢君夫, 『アジア的生産様式論』, 御茶の水書房, 1970, 제1장; 社会労働研究所, 『日本資本主義論争史』, 伊藤書店, 1947; 守屋典郎, 『日本マルクス主義理論の形成と発展』, 青木書店, 1967; 小島恒久, 『日本資本主義論争史』, ありえす, 1976; Germaine Hoston, *Marxism and the Crisis of Development in Prewar Japan*, Princeton: Princeton University Press, 1986, chap. 3~6.

43) 野呂栄太郎 他 編, 『日本資本主義発達史講座』, 岩波書店, 1932~33.

44) 佐野学, 『農村問題』, 巌松堂書店, 1923; 猪俣津南雄, 『踏査報告 窮乏の農村』, 1934(岩波文庫, 1982); Ann Waswo, "The transformation of rural society, 1900~1950," in Peter Duns(ed.), *The Cambridge History of Japan*, vol. 6, New York/Cambridge: Cambridge University Press, 1988; Kerry Smith, *A Time of Crisis: Japan, the Great Depression, and Rural Revitalization*, Cambridge/London: The Harvard University Asian Center, 2001.

45) 渡部義通 他, 『日本歴史教程 第1・2冊』, 白揚社, 1936・1937.

46) 渡部義通, 『思想と学問の自伝』, 河出書房新社, 1974, 125, p. 131.

47) 이들의 일본어 번역은 マルクス, 『マルクス全集―附エンゲルス全集第5・6巻 資本論』, 高畠素之 訳, 大鐙閣, 1923; エンゲルス, 『家族・私有財産及び国家の起源』, 内藤吉之助訳, 有斐閣, 1922 등이 있었다.

48) 鶴見太郎, 『柳田国男とその弟子たち―民俗学を学ぶマルクス主義者たち』, 人文書院, 1998.

49) 後藤総一郎 監修, 『柳田国男伝』, 三一書房, 1988, 10장.

50) 坂野潤治, 『昭和史の決定的瞬間』, ちくま新書, 2004; ゴードン・バーガー, 『大正翼賛会―国民動員をめぐる相剋』, 1977(坂野潤治 訳, 山川出版社, 2000, 제2~3장).

51) 姉崎正治, 「日本宗教史概観」, 『宗教と教育』, 博文館, 1912, pp. 341~42. 이 책은 그의 집에 보관되어 있는 영문 책자 *The Religious History of Japan, an Outline*을 번역한 증보판이다.

52) 土肥昭夫, 「三教会同―政治, 教育, 宗教との関連において」, 『キリスト教社会問題研究』, 11, 14~15호, 1967; 藤井健志, 「戦前の日本における宗教教団の協力」, 中央学術研究所 編, 『宗教間の協調と葛藤』, 佼成出版社, 1989; 李元範, 「日露戦後の宗教政策と天理教―「三教会同」政

策をめぐって」, 『宗教研究』, 제66권 3호, 1992; 山口輝臣, 「明治末年の宗教と教育—三教会同をめぐって」, 『東京大学史紀要』, 14호, 1996.

53) 秋沢修二, 『無神論』, 三笠書房, 1936, p. 3.

54) 秋沢修二, 「組織活動における二, 三の問題」, 『戦闘的無神論者』, 1932년 5월호.

55) 秋沢修二·永田広志, 『現代宗教批判講話』, p. 119.

56) 같은 책, p. 172.

57) 永田広志, 『日本唯物論史』, 白揚社, 1936; 船山信一, 『明治哲学史研究』, 1959/1965; 『大正哲学史研究』, 1965; 『昭和の唯物論哲学』, 1968(『船山信一著作集6·7·9』, こぶし書房, 1999).

58) 日本宗教史研究会, 『日本宗教史研究』, 1933, 隆章閣, 서문, p. 1. 참고로 기고자로는 다케우치 리조竹内理三, 다마무로 다이조室諦成, 나카무라 기치지中村吉治, 가와사키 쓰네유키川崎庸之, 이토 다사부로伊東多三郎 등이 있다.

59) 같은 책, 서문, p. 1.

60) 佐木秋夫, 『宗教学説』, 三笠書房, 1937, pp. 64~65.

61) 竹内理三, 『日本上代寺院経済史の研究』, 1934(『竹内理三著作集2』, 角川書店, 1999). 그리고 교토대학에서 나온 연구로는 中村直勝, 『荘園の研究』, 1923(『中村直勝著作集4』, 淡交社, 1978).

62) 佐木秋夫, 『日蓮』, 白揚社, 1938(「再版にあたって」, 『荒旅に立つ—日蓮』, 月曜書房, 1948, pp. 2, 3).

63) 村上重良, 『国家神道』, 岩波新書, 1970; 『近代民衆宗教史の研究』, 法蔵館, 1958.

64) 阪本是丸, 『国家神道形成過程の研究』, 岩波書店, 1994; 赤澤史朗, 『近代日本の思想動員と宗教統制』.

65) 安丸良夫, 『近代天皇像の形成』, 岩波書店, 1992, pp. 193~96 〔한국어판: 야스마루 요시오, 『근대 천황상의 형성』, 박진우 옮김, 논형, 2008〕; 赤澤史朗, 「国家神道をめぐる覚書」, 『近代日本の宗教言説とその系譜』.

66) 林達夫, 「宗教について」, 1941(『林達夫著作集3』, 平凡社, 1971, pp. 291~92).

67) ジャック·デリダ 他, 『他者の耳』, p. 100.

68) 渡部義通, 『思想と学問の自伝』, p. 303.

69) 三木清, 『親鸞』, 유고(『三木清全集18』, 岩波書店, 1968, p. 424).

70) 같은 책, p. 431.

71) 같은 책, p. 458.

72) 服部之総, 『親鸞ノート』, 福村出版, 1967, p. 68.

73) 家永三郎, 『日本思想史に於ける否定の論理の発達』, 1940(新泉社, 1973).

74) 酒井直樹, 「「日本人」であること—多民族国家における国民的主体の構築の問題と田辺元の「種の論理」」, 『思想』, 882호, 1997, p. 19.

75) 이는 예를 들면 니시다의 역사 파악에서 단적으로 드러난다. 西田幾多郎, 「歴史」, 1931(『西田幾多郎全集12』, 岩波書店, 1966).

76) 石母田正, 『中世的世界の形成』, 1946(岩波文庫, 1985, pp. 215, 351).

77) 같은 책, pp. 344, 353, 355.

78) 같은 책, p. 217.

79) 같은 책, p. 283.

80) 같은 책, p. 388.

81) 같은 책, p. 412.

82) 같은 책, p. 359.

83) 같은 책, p. 417.

84) 石母田正, 「古代貴族の英雄時代―古事記の一考察」, 1948(『石母田正著作集10』, 岩波書店, 1989); 藤間生大, 「世界史の方法論としての民族理論」, 『近代東アジア世界の形成』, 春秋社, 1977; 磯前順一, 「歴史的言説の空間―石母田英雄時代論」, 『記紀神話のメタヒストリー』, 吉川弘文館, 1998.

85) 「総特集 思想史の柳田国男―柳田国男生誕百年記念」, 『伝統と現代』, 34호, 1975; ひろたまさき, 「パンドラの箱―民衆思想史研究の課題」, 酒井直樹 編, 『歴史の描き方I』, 東京大学出版会, 2006; 島薗進, 「民衆宗教か新宗教か」, 『江戸の思想』, 1호, 1995.

86) 野間宏, 「崩壊感覚」, 1948(『崩壊感覚・夜の脱柵』, 旺文社文庫, 1973, p. 123).

3부 죽은 자와 산 자

죽음과 노스탤지어

1) 柳田国男, 『先祖の話』, 1946(『柳田国男全集15』, 筑摩書房, 1998, p. 149).

2) ジャック・デリダ 他, 『他者の耳―デリダ「ニーチェの耳伝」・自伝・翻訳』, 1982(浜名優美・庄田常勝 訳, 産業図書, 1988, p. 100).

3) 村上春樹, 『ノルウェイの森』, 1987(講談社文庫, 1991, 하권, p. 225) 〔한국어판: 무라카미 하루키, 『노르웨이의 숲』, 양억관 옮김, 민음사, 2013, pp. 451~52〕.

4) 柳田国男, 『先祖の話』, p. 119.

5) 『先祖の話』에 관한 연구사에 대해서는 岩田重則, 『戦死者霊魂のゆくえ―戦争と民俗』, 吉川弘文館, 2003.

6) 林淳, 「固有信仰論」, 脇本平也 編, 『日本人とは何か』, 新曜社, 1989, p. 22.

7) 柳田国男, 『先祖の話』, pp. 118~19.

8) 발화가 지닌 효력의 양가성에 대해서는 Homi Bhabha, "DissemiNation: Time, narrative and the margins of the modern nation," in *The Location of Culture*, London/New York: Routledge, 1994 〔호미 바바, 「국민의 산문: 시간과 서사, 그리고 근대국가의 한계 영역」, 『문화의 위치』, 나병철 옮김, 소명출판, 2002〕.

9) 柳田国男, 『山の人生』, 1926(『柳田国男全集3』, 筑摩書房, 1997, p. 507).

10) 柳田国男, 『故郷七十年』, 1959(『柳田国男全集21』, 筑摩書房, 1997, p. 37).

11) 같은 책, p. 180.

12) 柳田国男, 『炭焼日記』, 1958(『柳田国男全集20』, 筑摩書房, 1999, p. 609).

13) 坂口安吾, 「予告殺人事件」, 1945(『坂口安吾全集3』, 筑摩書房, 1999, p. 506).

14) 발화의 수행적 차원을 트라우마를 통해 파악하는 방법은 다음 글에서 많은 시사를 얻었다. Ellen Schattschneider, *Immortal Wishes: Labor and Transcendence on a Japanese*

Sacred Mountain, Durham/London: Duke University Press, 2003.

15) 柳田国男, 『先祖の話』, pp. 142~43.

16) 같은 책, p. 121.

17) 같은 책, pp. 12, 26.

18) 같은 책, p. 12.

19) 같은 책, p. 149.

20) 같은 책, p. 9.

21) 三島由紀夫, 「柳田国男「遠野物語」―名著再発見」1970(『三島由紀夫全集決定版36』, 新潮社, 2003, p. 194).

22) ジークムント・フロイト, 「無気味なもの」, 1919(高橋義孝 訳, 『フロイト著作集3』, 人文書院, 1969, p. 328)〔지그문트 프로이트, 「두려운 낯설음」, 『예술, 문학, 정신분석』, 정장진 옮김, 열린책들, 2004, pp. 405~406〕.

23) 柳田国男, 『遠野物語』, 1910(『柳田国男全集2』, 筑摩書房, 1997, p. 9).

24) 吉本隆明, 『共同幻想論』, 1968(『吉本隆明全著作集11』, 勁草書房, 1972, pp. 57~58).

25) 井口時男, 『柳田国男と近代文学』, 講談社, 1996, p. 101.

26) 야나기타 구니오를 노스텔지어의 관점에서 이해하는 시도는 해리 하루투니언의 다음 글에서 많은 시사를 얻었다. 「国民の物語/亡霊の出現―近代日本における国民的主体の形成」, 『日本の歴史 第25巻』, 講談社, 1991. 그리고 노스텔지어라는 개념 자체는 미르체아 엘리아데에게 의거하고 있으나, 여기서는 인간의 마음속에 존재하는 타재他在에 대한 향수로 가득한 지향성으로 사용하고 있으며, 따라서 엘리아데처럼 그 회귀에 대한 욕구가 실제로 채워지는지 어떤지에 대해서는 묻지 않는다. ミルチャ・エリアーデ, 『宗教学概論』, 1968(久米博 訳, 『エリアーデ著作集3』, せりか書房, 1985)〔한국어판: 미르체아 엘리아데, 『종교사 개론』, 이재실 옮김, 까치, 1993〕; 増澤知子, 『失われたオリジナル―機械的複製時代の神話と儀礼』, 『夢の時を求めて―宗教の起源の探究』, 1993(中村圭志 訳, 玉川大学出版部, 1999).

27) 多和田葉子, 『容疑者の夜行列車』, 青土社, 2002, p. 163.

28) 赤坂憲雄, 『柳田国男の読み方―もうひとつの民俗学は可能か』, ちくま新書, 1994; 後藤総一郎 監修, 『柳田国男伝』, 三一書房, 1998, p. 10.

29) 柳田国男, 『先祖の話』, p. 96.

30) 같은 곳.

31) 酒井直樹, 『死産される日本語・日本人―「日本」の歴史―地政的配置』, 新曜社, 1996, p. 144〔한국어판: 사카이 나오키, 『사산되는 일본어・일본인: 일본의 역사―지정학적 배치』, 이득재 옮김, 문화과학사, 2003〕.

32) 村上春樹, 『世界の終わりとハードボイルド・ワンダーランド』1985(新潮文庫, 1988, 下巻, pp. 332~33)〔한국어판: 무라카미 하루키, 『세계의 끝과 하드보일드 원더랜드 2』, 김진욱 옮김, 문학사상사, 1996, p. 352〕.

33) 井口前掲, 『柳田国男と近代文学』, p. 104.

34) 坂口安吾, 「デカダン文学論」, 1946(『坂口安吾全集4』, 筑摩書房, 1998, p. 216)〔한국어판: 사카구치 안고, 「데카당 문학론」, 『사카구치 안고 산문집』, 최정아 옮김, 지식을만드는지식, 2009, pp. 113~14〕.

35) 芥川龍之介, 「或旧友へ送る手記」, 1927(『芥川龍之介全集16』, 岩波書店, 1997, p. 3).

36) 芥川龍之介, 「羅生門」, 1917(『芥川龍之介全集1』, 岩波書店, 1995, pp. 152~53) 〔한국어판: 아쿠타가와 류노스케, 「라쇼몽」, 『라쇼몽』, 김영식 옮김, 문예출판사, 2008, p. 15〕.

37) 岡庭昇, 『末期の眼—日本文学における死の発見』, 批評社, 1981, p. 47.

38) 芥川龍之介, 「羅生門」, p. 154〔한국어판: 아쿠타가와 류노스케, 「라쇼몽」, p. 16〕.

사령 제사의 정치학

1) タラル・アサド, 『世俗の形成—キリスト教, イスラム, 近代』, 2003(中村圭志 訳, みすず書房, 2006); 安丸良夫, 「現代日本における「宗教」と「暴力」」, 磯前順一/タラル・アサド 編, 『宗教を語りなおす—近代的カテゴリーの再考』, みすず書房, 2006.

2) 靖国神社 編, 『靖国神社誌』, 1911, 88장 뒤.

3) 같은 책, 175장 뒤.

4) 津城寛文, 『鎮魂行法論—近代神道世界の霊魂論と身体論』, 春秋社, 1990; 鎌田東二, 『神界のフィールドワーク—霊学と民俗学の生成』, 青弓社, 1987.

5) 靖国神社 編, 『靖国神社誌』, 18장 뒤.

6) 같은 책, 4장 뒤.

7) 折口信夫, 「招魂の御儀を拝して」, 1943(『折口信夫全集28』, 中央公論社, 1968, pp. 397~99).

8) 감정의 환기라는 측면에서 야스쿠니신사를 바라보는 관점은 다음 문헌에서 배운 바가 크다. ハリー・ハルトゥーニアン, 「記憶, 喪, 国民道徳—靖国神社と戦後日本における国家と宗教の再統合」, 1999(星野靖二 訳, 磯前順一 他 編, 『宗教を語りなおす』).

9) 小此木啓吾, 『対象喪失—悲しむということ』, 中公新書, 1979, pp. 45, 59.

10) 「母一人子一人の愛児を御国に捧げた—誉れの母の感涙座談会」, 『主婦之友』, 제23권 6호, 1939, p. 105.

11) 高橋哲哉, 『靖国問題』, ちくま新書, 2005, p. 54 〔한국어판: 다카하시 데쓰야, 『결코 피할 수 없는 야스쿠니 문제』, 현대송 옮김, 역사비평사, 2005, pp. 53~54〕.

12) 靖国神社社務所, 『やすくに大百科—私たちの靖国神社』, 1992/2003; 靖国神社, 『遊就館図録』, 2003.

13) 田中伸尚, 『靖国の戦後史』, 岩波新書, 2002, p. 240.

14) キャシー・カルース, 『トラウマへの探求—証言の不可能性と可能性』, 1995(下河辺美知子 他 訳, 作品社, 2000, p. 17).

15) 복수의 담론과 의례가 교차하는 공간으로서 신사를 파악하는 시점은 다음 문헌에서 많은 시사를 얻었다. Yoshiko Imaizumi, "Spatialisation and ritualisation on November 3rd at Meiji Jingu(1920)," in *CSJR Newsletter* 10, 2004.

16) 이와 같은 제사와 서술의 이해는 아래 문헌을 따른 것이다. タラル・アサド, 『宗教の系譜—キリスト教とイスラムにおける権力の根拠と訓練』, 1993(中村圭志 訳, 岩波書店, 2004, 2~4장); ムクンド・スブラマニアン, 「情動と憑依された肉体—津軽と下北半島の民間信仰について」, 磯前順一 他 編, 『宗教を語りなおす』.

17) 柳田国男, 『先祖の話』, 1946(『柳田国男全集15』, 筑摩書房, 1998, p. 149).

18) 岩田重則, 『戦死者霊魂のゆくえ—戦争と民俗』, 吉川弘文館, 2003.

19) 柳田国男, 『先祖の話』, p. 119.

20) 靖国神社社務所, 『第五九回 みたままつり』, 2005; 小堀桂一郎, 『靖国神社と日本人』, 1998, PHP新書, 5장.

21) 酒井直樹, 『日本思想という問題—翻訳と主体』, 岩波書店, 1997, p. 261 〔한국어판: 사카이 나오키, 『번역과 주체: '일본'과 문화적 국민주의』, 후지이 다케시 옮김, 이산, 2005, p. 304〕.

22) 같은 책, p. 269 〔한국어판: 사카이 나오키, 『번역과 주체』, p. 311〕.

23) Jaques Derrida, "Forgiveness," in On Cosmopolitanism and Forgiveness, M. Dooley & M. Hughes(trans.), London/New York: Routledge, 2001; G. C. スピヴァク, 「脱構築の仕事へのとりかかり方」, 『ポストコロニアル理性批判—消え去りゆく現在の歴史のために』, 1999(上村忠男 他 訳, 月曜社, 2003) 〔한국어판: 가야트리 스피박, 『포스트식민 이성 비판』, 태혜숙·박미선 옮김, 갈무리, 2005〕; 内田樹, 『他者と死者—ラカンによるレヴィナス』, 海鳴社, 2004.

24) 三島由紀夫, 「柳田国男「遠野物語」—名著再発見」, 1970(『三島由紀夫全集決定版36』, 新潮社, 2003, p. 194).

25) ジークムント・フロイト, 「無気味なもの」, 1919(高橋義孝 訳, 『フロイト著作集3』, 人文書院, 1969, p. 328) 〔한국어판: 지그문트 프로이트, 「두려운 낯설음」, 『예술, 문학, 정신분석』, 정장진 옮김, 열린책들, pp. 405~406〕.

26) 三島由紀夫, 「英霊の声」, 1966(『三島由紀夫全集決定版20』, 新潮社, 2002, pp. 477~78).

27) 靖国神社 編, 『靖国神社誌』, 18장 뒤.

28) 斎藤英喜, 『アマテラスの深みへ—古代神話を読み直す』, 新曜社, 1996.

29) 日本戦没学生記念会 編, 『[新版] 第二集 きけわだつみのこえ』, 岩波文庫, 2003, pp. 372~75.

30) 岡真理, 『記憶/物語』, 岩波書店, 2000, p. 43 〔한국어판: 오카 마리, 『기억·서사』, 김병구 옮김, 소명출판, 2004, p. 96〕.

31) 目取真俊, 「水滴」, 1997(『水滴』, 2000, 文春文庫, pp. 33~34) 〔한국어판: 메도루마 슌, 「물방울」, 『물방울』, 유은경 옮김, 문학동네, 2012, pp. 31~32〕.

32) 같은 책, pp. 44, 45 〔한국어판: 메도루마 슌, 「물방울」, 『물방울』, pp. 41, 42〕.

33) 같은 책, p. 44 〔한국어판: 메도루마 슌, 「물방울」, 『물방울』, p. 41〕.

34) 같은 책, pp. 22~23 〔한국어판: 메도루마 슌, 「물방울」, 『물방울』, p. 22〕.

35) 立川健二·山田広昭, 『現代言語論』, 新曜社, 1990, p. 143.

36) 三島由紀夫, 「英霊の声」, pp. 480~81.

37) ベネディクト・アンダーソン, 『増補 想像の共同体—ナショナリズムの起源と流行』, 1983/1991(白石さや 他 訳, NTT出版, 1997, p. 32) 〔한국어판: 베네딕트 앤더슨, 『상상의 공동체: 민족주의의 기원과 전파에 대한 성찰』, 윤형숙 옮김, 나남출판, p. 30〕.

38) エレン・シャッツシュナイダー, 「複製技術時代における奉納品」, 高橋原 訳, 『現代思想』, 제33권 9호, 2005.

39) 野田正彰, 『戦争と罪責』, 岩波書店, 1998, p. 356 〔한국어판: 노다 마사아키, 『전쟁과 인간: 군국주의 일본의 정신분석』, 서혜영 옮김, 길, 2000, pp. 391~92〕.

40) 内田樹, 『他者と死者』, pp. 220~21.

41) 野田正彰, 『戦争と罪責』, p. 134.

42) 村上春樹, 『ノルウェイの森』, 1987(講談社文庫, 1991, p. 227) 〔한국어판: 무라카미 하루키,

『노르웨이의 숲』, 양억관 옮김, 민음사, 2013, pp. 453~54].

43) 内田樹, 『他者と死者』, p. 236.

4부 텅 빈 제국

초법적인 것의 그림자

1) '종교/세속'과 '정교분리'—즉 '정치/종교' 혹은 '국가/교회'—는 동의어가 아니다. '정교분리'는 어디까지나 '종교/세속'이 분절된 하나의 형태에 불과하다. '종교/세속'에 대해서는 Timothy Fitzgerald, "Introduction," in Timothy Fitzgerald(ed.), *Religion and the Secular: Historical and Colonial Formation*, London: Equinox Publishing, 2007.

2) 高橋哲哉, 『靖国問題』, ちくま新書, 2005. 〔한국어판: 다카하시 데쓰야, 『결코 피할 수 없는 야스쿠니 문제』, 현대송 옮김, 역사비평사, 2005〕

3) 大塚和夫, 『イスラーム主義とは何か』, 岩波書店, 2004, p. 183 등.

4) タラル・アサド, 「近代の権力と宗教的諸伝統の再編成」, 1996(中村圭志 訳, 『みすず』, 519호, 2004, pp. 10~12).

5) 大塚和夫, 『イスラーム主義とは何か』, pp. 177~78.

6) 磯前順一/タラル・アサド 編, 『宗教を語りなおす—近代的カテゴリーの再考』, みすず書房, 2006; David Chidester, *Savage Systems: Colonialism and Comparative Religion in Southern Africa*, Charlottesville/London: University Press of Virginia, 1996 〔한국어판: 데이비드 치데스터, 『새비지 시스템: 식민주의와 비교종교』, 심선영 옮김, 경세원, 2008〕; Gauri Viswanathan, *Outside the Fold: Conversion, Modernity, and Belief*, Princeton: Princeton University Press, 1988; Peter van der Veer & Hartmut Lehmann, *Nation and Religion: Perspectives on Europe and Asia*, Princeton: Princeton University Press, 1999.

7) タラル・アサド, 『世俗の形成—キリスト教, イスラム, 近代』, 2003(中村圭志 訳, みすず書房, 2006, pp. 6~7).

8) 井上毅, 「宗教の自由につき意見書」, 1884(安丸良夫・宮地正人 編, 『日本近代思想大系 宗教と国家』, 岩波書店, 1988, p. 71). 이노우에의 정교론에 대해서는 中島三千男, 「明治国家と宗教—井上毅の宗教観・宗教政策の分析」, 『歴史学研究』, 413호, 1974; 斉藤智朗, 『井上毅と宗教—明治国家形成と世俗主義』, 弘文堂, 2006.

9) 佐藤幸治, 「現代国家と宗教団体」, 佐藤・木下毅 編, 『現代国家と宗教団体』, 岩波書店, 1992, pp. 16~17, 28 외.

10) 大石眞, 『憲法と宗教制度』, 有斐閣, 1996, pp. 6~7; 中島三千男, 「明治国家と宗教」.

11) 中島三千男, 「第日本帝国憲法第二八条「信仰自由」規定成立の前史—政府官僚層の憲法草案を中心に」, 『日本史研究』, 168호, 1976; 山口輝臣, 『明治国家と宗教』, 東京大学出版会, 1999, 제1부 2·6장; 瀧井一博, 『文明史のなかの明治憲法』, 講談社, 2003.

12) 安丸良夫, 「例外状況のコスモロジー」, 『一揆・監獄・コスモロジー』, 朝日新聞社, 1999, p. 219.

13) 島薗進, 「戦後の国家神道と宗教集団としての神社」, 圭室文雄 編, 『日本人の宗教と庶民信仰』, 吉

川弘文館, 2006, p. 502.

14) 島薗進, 「国家神道と近代日本の宗教構造」, 『宗教研究』, 제75권 2호, 2001, pp. 324, 326, 332; 阪本是丸, 『国家神道形成過程の研究』, 岩波書店, 1994; 葦津珍彦, 『国家神道とは何だったのか』, 神社新報社, 1987; 村上重良, 『国家神道』, 岩波書店, 1970.

15) 安丸良夫, 「近代転換期における宗教と国家」, 安丸良夫・宮地正人 編, 『日本近代思想大系 宗教と国家』; 赤澤史朗, 『近代日本の思想動員と宗教統制』, 校倉書房, 1985. 국가신도에 관한 연구사에 대해서는 赤澤史朗, 「国家神道をめぐる覚書」, 『近代日本の宗教言説ろその系譜』, 岩波書店, 2003; 山口輝臣, 『明治国家と宗教』.

16) 島薗進, 「戦後の国家神道と宗教集団としての神社」, p. 484.

17) 平野武, 『政教分離裁判と国家神道』, 法律文化社, 1995, pp. 163~64.

18) 다만 阪本是丸, 『国家神道形成過程の研究』, p. 306에 의하면, 메이지 41년(1908) 3월 2일에 열린 제24회 제국의회 중의원에서 '신직 양성부 국고 보조에 관한 건의안 의원회' 오다 간이치小田貫一 위원장이 행한 발언 중에 '신도의 종교'로 구별된 신사신도로서 '국가신도'라는 단어가 보인다.

19) 加藤玄智, 「世界宗教史上に於ける神道の位置」, 1929~1931(島薗進・高橋原・前川理子 編, 『加藤玄智集9』, クレス出版, 2004); 新田均, 「加藤玄智の「国家的神道」論」, 『近代政教関係の基礎的研究』, 大明堂, 1997.

20) 山口輝臣, 『明治国家と宗教』; 新田均, 『近代政教関係の基礎的研究』.

21) 阪本是丸, 『国家神道形成過程の研究』, p. 20.

22) 新田均, 「加藤玄智の「国家的神道」論」.

23) ウィリアム・ウッダード, 『天皇と神道―GHQの宗教政策』, 1972(阿部美哉訳, サイマル出版, 1988, p. 70).

24) 金森徳次郎, 『帝国憲法要綱』, 巌松堂, 1934, p. 153. 전전의 정교분리에 관한 전반적인 논의에 대해서는 大石眞, 『憲法と宗教制度』, 有斐閣, 1996, pp. 7~8.

25) 大石眞, 『憲法と宗教制度』, p. 236. 한편 국가신도에 관해 일본사와 신도학에서는 종교의 자유와 정교분리를 등호로 연결하는 연구가 적지 않다. 이것 자체가 전후 정교분리의 이념을 국민적 합의의 공간으로 여기는 오해에서 생겨난 것이다.

26) 伊藤博文, 『憲法義解』, 1889(岩波文庫, 1940, p. 59). 이는 1945년 10월에 신기원이 GHQ에 제출하기 위해 작성한 설명문에서도 확인할 수 있다. 神社新報社 編, 『神道指令と戦後の神道』, 神社新報社, 1971, p. 17.

27) 국가신도의 시기 구분에 대해서는 赤澤史朗, 「国家神道をめぐる覚書」; 中島三千男, 「「明治憲法体制」の確立と国家のイデオロギー政策―国家神道体制の確立過程」, 『日本史研究』, 176호, 1977.

28) 島地黙雷, 「三条教則批判建白書」, (安丸良夫・宮地正人 編, 『日本近代思想大系 宗教と国家』, pp. 235~36). 시마지의 정교론에 대해서는 藤井健志, 「真俗二諦論における神道観の変化―島地黙雷の政教論のもたらしたもの」, 『日本型政教関係の誕生』, 第一書房, 1987을 참조했다.

29) 大西直樹・千葉真, 「序論」, 『歴史のなかの政教分離―英米におけるその起源と展開』, 彩流社, 2006, pp. 10~11.

30) 美濃部達吉, 「神社の性質と信教の自由」, 『中外日報』, 1930년 5월 20~21일.

31) 大石眞,『憲法と宗教制度』, p. 5; 小泉洋一,『政教分離と宗教的自由—フランスのライシテ』, 法律文化社, 1998, pp. 84~89.

32) 岸本英夫, 「嵐の中の神社神道」,『戦後宗教回想録』, 新宗教新聞社, 1963, p. 207; 中野毅, 「アメリカの対日宗教政策の形成」, 井門富士夫 編,『占領と日本宗教』, 未来社, 1993.

33) 일본의 역사 연구에서는 정교분리가 서양과 같은 교회와 국가의 분리가 아니라, 종교와 정치의 두 영역이 분리된 것으로 확대 해석되는 경향이 있는 점에 주의하길 바란다. 이 점에 관해서는 Hiroshi Kubota, "Reconsidering the notion of 'The Separation of State and Religion' and its 'Western' and 'Japanese' contexts," *Presented of Association for Asian Studies*, 2004. 참고로 신도지령에서의 정교분리란 종교 단체(교회)로서 인정받은 신사신도와 국가의 분리를 뜻하는 것이었다.

34) ウィリアム・ウッダード,『天皇と神道』, pp. 7~9.

35) 기시모토의 역할 및 그의 신사관에 대해서는『岸本英夫著作集5』, 渓声社, 1976; 神社新報社,『神道指令と戦後の神道』, 神社新報社, 1971, p. 188. 이처럼 전후의 종교학이 신도학에 가져온 영향에 대해서는 石井研士, 「戦後における神道の宗教学的研究—研究史序説」, 脇本平也・田丸徳善 編,『アジアの宗教と精神文化』, 新曜社, 1997.

36) ロバート・ベラー, 「アメリカの市民宗教」, 1967(河合秀和 訳,『社会変革と宗教倫理』, 未来社, 1973); リチャード・ニーバ,『アメリカ型キリスト教の社会的起源』, 1929(柴田史子 訳, ヨルダン社, 1984); 森孝一,『宗教からよむ「アメリカ」』, 講談社, 1996.

37) 하지만 신도계에게는 과격한 정교분리 정책으로 여겨졌을 가능성도 충분히 있었다고 생각된다. 渋川謙一, 「占領政策と神道界の対応」, 井門富士夫 編,『占領と日本宗教; 神社新報社 編,『神道指令と戦後の神道』, p. 188 외.

38) ジョン・ダワー,『敗北を抱きしめて—第二次大戦後の日本人』, 1999(三浦陽一 他 訳, 岩波書店, 2001, 제9장)〔한국어판: 존 다우어,『패배를 껴안고: 제2차 세계대전 후의 일본과 일본인』, 최은석 옮김, 민음사, 2009〕; タカシ・フジタニ, 「ライシャワー元米国大使の傀儡天皇制構想」,『世界』, 672호, 2000; 中野毅, 「アメリカの対日宗教政策の形成」.

39) ウィリアム・ウッダード,『天皇と神道』, pp. 291, 314~15. 이를 1948년에 활자화된 GHQ의 보고서에서도 확인할 수 있다. 総司令部民間情報教育部宗教文化資料課,『日本の宗教』, 文部省宗教研究会 訳, 大東出版社, 1948, p. 138.

40) 赤澤史朗,『近代日本の思想動員と宗教統制』, 제2·3장.

41) 여기서 사용하는 초법이라는 단어는 자크 데리다가 논하는 법의 질서에 회수되지 않고 그 정통성을 상대화하는 힘의 존재를 가리킨다. 다만 데리다의 경우에는 현전 불가능한 정의正義를 환기시키기 위한 것이지만, 여기서는 이를 정의에 한정하지 않고 법을 초월한 결정 불가능한 것이라는 넓은 의미로 사용한다. ジャック・デリダ,『法の力』, 1994(堅田研一 訳, 法政大学出版局, 1999)〔한국어판: 자크 데리다,『법의 힘』, 진태원 옮김, 문학과지성사, 2004〕. 초법이라는 단어 자체는 仲正昌樹,『〈法〉と〈法外なるもの〉—ベンヤミン, アーレント, デリダをつなぐポスト・モダンの正義論へ』, 御茶の水書房, 2001에서 시사를 얻었다.

42) 井上恵行,『改訂 宗教法人法の基礎的研究』, 第一書房, 1969/1972, p. 72.

43) 破闇子, 「祭教分離論」, 1890(安丸良夫・宮地正人 編,『日本近代思想大系 宗教と国家』, p. 274).

44) 신사 비종교론에 관해서는 佐々木聖使, 「神道非宗教論より神社非宗教論へ—神宮·教導職の分離をめぐって」, 『日本大学精神文化研究所·教育制度研究所紀要』, 16호, 1985.

45) 「神官教導職分離につき意見書」, 1883(安丸良夫·宮地正人 編, 『日本近代思想大系 宗教と国家』, p. 67).

46) 破闇子, 「祭教分離論」, p. 274.

47) 「宗教制度調査会第二回総会議事録」, 『宗教制度調査委員会 大正十五年上』, pp. 5~7.

48) 같은 글, p. 5.

49) 야스마루 요시오와 사카모토 고레마루는 무라카미 시게요시의 국가신도론이 전전의 국가신도에 대해 1930년대의 모습을 가지고 메이지 초기까지 소급하여 일관되며 불변하는 것처럼 묘사하는 점을 비판한다. 安丸良夫, 『近代天皇像の形成』, 岩波書店, 1992, pp. 193~96〔한국어판: 야스마루 요시오, 『근대 천황상의 형성』, 박진우 옮김, 논형, 2008〕; 阪本是丸, 『国家神道形成過程の研究』, 서설.

50) 磯前順一, 「近代における「宗教」概念の形成過程—開国から宗教学の登場まで」, 『近代日本の宗教言説とその系譜』.

51) 山口輝臣, 『明治国家と宗教』, 제1부 1장.

52) Brian C. Wilson, "From the lexical to the polythetic," T. A. Idinopulos & B. C. Wilson(eds.), *What is Religion?: Origins, Definitions, & Explanations*, Leiden/Boston/Köln: Brill, 1998, p. 143.

53) 磯前順一, 『近代日本の宗教言説とその系譜』; 山口輝臣, 『明治国家と宗教』, 제1부 1장, 제2부 1장.

54) 磯前順一, 「姉崎正治における国家と宗教—西洋体験とナショナリズム」, 『近代日本の宗教言説とその系譜』.

55) 姉崎正治, 『宗教学概論』, 1900, p. 1(『姉崎正治著作集6』, 国書刊行会, 1982).

56) 세속화에 관해서는 ホセ·カサノヴァ, 『近代世界の公共宗教』, 1994(津城寛文 訳, 玉川大学出版部, 1997, p. 268 등); 大塚和夫, 「イスラーム世界と世俗化をめぐる一試論」, 『宗教研究』, 제78권 341호, 2004.

57) 姉崎正治, 「清見潟の一夏」, 1903(『明治文学全集40』, 筑摩書房, 1970, p. 248).

58) 체험주의에 관해서는 鶴岡賀雄, 「「神秘主義の本質」への問いに向けて」, 『東京大学宗教学年報』, 18호, 2000; 「近代日本における「神秘主義」概念の受容と展開(1)—明治三十年代を中心に」, 研究者代表·島薗進, 『平成一〇~一二年度科学研究費補助金(基盤研究B(1))研究成果報告書 近代的「宗教」概念と宗教学の形成と展開』, 2001; 島薗進, 「宗教思想と言葉—神話·体験から宗教的物語へ」, 『現代宗教学2』, 東京大学出版会, 1992.

59) 姉崎正治, 「中奥の民間信仰」, 『哲学雑誌』, 제12권 130호, 1897.

60) 島薗進·高橋原·前川理子, 「解説」, 『加藤玄智集9』, クレス出版, 2004.

61) 加藤玄智, 『神道精義』, 1938(『加藤玄智集6』, 2004, pp. 294~95).

62) 같은 책, p. 295.

63) 柳田国男, 「神道私見」, 1918(『柳田国男全集25』, 筑摩書房, 2000, pp. 247, 250); 林淳, 「固有信仰の学史的意義について」, 脇本平也·田丸徳善 編, 『アジアの宗教と精神文化』, 新曜社, 1997; 赤澤史朗, 『近代日本の思想動員と宗教統制』, pp. 64~66.

64) 川田稔, 「柳田国男とデュルケーム」, 『「意味」の地平へ――レヴィ゠ストロース, 柳田国男, デュルケーム』, 未来社, 1990. 또한 종교인류학이 야나기타에게 끼친 영향에 대해서는 伊藤幹治, 『柳田国男と文化ナショナリズム』, 岩波書店, 2002, pp. 55~74.

65) 宇野円空, 『宗教学』, 岩波書店, 1931; 古野清人, 『宗教人類学五十年』, 耕土社, 1980. 또한 아네자키, 가토 등 1900년대에 등장한 제1세대에서 우노나 후루노 등 1930년대에 대두한 세대로의 이행에 대해서는, 佐々木夫, 『宗教学説』, 三笠書房, 1937, 제1부 4장; Jun'ichi Isomae, "Religious studies in Japan, with reference to Christianity and State Shinto," in *The Council of the societies for the Study of Religious Bulletin* 34/4, 2006.

66) Eric Sharp, *Comparative Religion: A History*, Towerbridge: Duckworth, 1975/1986, chap. 3〔한국어판: 에릭 샤프, 『종교학: 그 연구의 역사』, 윤이흠·윤원철 옮김, 한울, 1990〕.

67) タラル・アサド, 『宗教の系譜――キリスト教とイスラムにおける権力の根拠と訓練』, 1993(中村圭志 訳, 岩波書店, 2004, pp. 68, 87).

68) タラル・アサド, 「近代の権力と宗教的諸伝統の再編成」, p. 25.

69) '실천'적 종교 개념을 고려해야 할 필요성에 관해서는 島薗進, 「書評 磯前順一『近代日本の宗教言説とその系譜』」, 『日本史研究』, 499호, 2004; 林淳, 「書評 磯前順一『近代日本の宗教言説とその系譜』」, 『宗教研究』, 340호, 2004.

70) 종교 개념의 서양에서의 다의성에 관해서는 Hiroshi Kubota, "Reconsidering the notion of 'The Separation of State and Religion' and its 'Western' and 'Japanese' contexts"; Timothy Fitzgerald, "Encompassing religion, privatised religions, and the invention of modern politics," Fitzgerald(ed.), *Religion and the Secular: Historical and Colonial Formation*.

71) 島地黙雷, 「三条教則批判建白書」, p. 237.

72) 赤澤史朗, 『近代日本の思想動員と宗教統制』, 제3장; 井上恵行, 『改訂 宗教法人法の基礎的研究』, 제4장.

73) 島薗進, 「日本における「宗教」概念の形成――井上哲次郎のキリスト教批判をめぐって」, 山折哲雄·長田俊樹 編, 『日本人はキリスト教をどのように受容したか』, 国際日本文化研究センター, 1998, p. 63. 그 외에도 島薗進, 「「宗教」概念のゆらぎ」, 『NIRA政策研究』, 제13권 4호, 2000.

74) 궁중 제사에 관해서는 佐伯有義, 「皇室祭祀令」, 『祭祀令注釈』, 会通社, 1934.

75) 森鴎外, 「かのように」, 1912(『鴎外全集10』, 岩波書店, 1972).

76) ピーター・バーガー, 『聖なる天蓋――神聖世界の社会学』, 1967(薗田稔 訳, 新曜社, 1979); ピーター・バーガー/トーマス・ルックマン, 『日常世界の構成――アイデンティティと社会の弁証法』, 1966(山口節郎 訳, 新曜社, 1977)〔한국어판: 피터 버거·토마스 루크만, 『실재의 사회적 구성: 지식사회학 논고』, 하홍규 옮김, 문학과지성사, 2014〕.

77) 河野省三, 『国民道徳と神道』, 大倉精神文化研究所, 1933.

78) 溝口雄三, 『公私』, 三省堂, 1996; 赤澤史朗, 「国家神道をめぐる覚書」.

79) 神祇院, 『神社本義』, 1944.

80) 姉崎正治, 『宗教学概論』, pp. 191~92.

81) 杉田敦, 『境界性の政治学』, 岩波書店, 2005; レイモンド・ゴイス, 『公と私の系譜学』, 2001(山岡

龍一訳, 岩波書店, 2004).

82) ホセ·カサノヴァ, 『近代世界の公共宗教』, pp. 56〜57.

83) 加藤玄智, 「原始神道における神観の特性に就いて」, 1908(『加藤玄智集9』, p. 287).

84) 이슬람에 있어서 국가와 법과 종교의 관계에 대해서는 小杉泰, 『現代中東とイスラーム政治』, 昭和堂, 1994.

85) 赤澤史朗, 『靖国神社』, 岩波書店, 2005; 磯前順一, 「사령 제사의 정치학: 위령과 초혼의 야스쿠니」, 본서 수록; 池上良正, 「靖国信仰の個人性」, 『文化』 24호, 2006.

86) 담론과 여백에 관해서는 磯前順一, 「역사와 종교를 다시 이야기하기 위해: 담론, 네이션, 여백」, 본서 수록.

87) 시마조노는 자신의 종교 개념에 대해 "'우주관=이데올로기' 복합체를 '종교 개념'이라 부르는 것은 [······] 우주관을 가진 담론과 실천을 넓은 의미에서 '종교'라 불러도 좋기 때문이며, 그 '종교'가 단순한 형태로 존재하는 것이 아니라 다양한 요소와 가지각색의 관계성을 가진 채 병존·혼합하는 '구조'로 이루어져 있기 때문이다"라고 설명한다(島薗進, 「一九世紀日本の宗教構造の変容」, 『岩波講座 近代日本の文化史2』, 岩波書店, 2001, p. 48). 이 장에서 설명한 넓은 의미의 종교 개념에 상응하는 설명이지만, 이 경우 종교적이지 않은 우주관까지 모두 종교의 범주에 포함되어버리며 비종교적인 담론으로 분절된 것들의 역사적 위상을 정확히 파악하기가 곤란해진다. 토마스 루크만의 『보이지 않는 종교』와 상통하는 견해라 할 수 있는데, 이에 대해서는 이미 1970년대에 사키 아키오佐木秋夫가 "종교 개념의 부당한 월경과 확장은 혼란을 야기한다. 이것도 종교, 저것도 종교가 되어서는 안 된다"고 비판한 적이 있다(「シンポジウム 宗教概念の再考」, 『宗教研究』, 제51권 4호, 1978, p. 77).

88) タラル·アサド, 『宗教の系譜』, p. 34.

89) 시마조노의 이러한 점에 대한 비판으로서는 磯前順一, 「역사와 종교를 다시 이야기하기 위해」, 본서 수록; 林淳, 「島薗進の近代宗教史研究に寄せて」, 『南山宗教文化研究所研究紀要』, 12호, 2002.

90) 姜尚中, 『ナショナリズム』, 岩波書店, 2001, pp. 58〜59 [한국어판: 강상중, 『내셔널리즘』, 임성모 옮김, 이산, 2004, pp. 84〜85].

91) 小沢三郎, 『内村鑑三不敬事件』, 新教出版社, 1961; 鹿野政直·今井修, 「日本近代思想史のなかの久米事件」, 大久保利謙 編, 『久米邦武の研究』, 吉川弘文館, 1991.

92) 加藤玄智, 「世界宗教史上に於ける神道の位置」, pp. 300〜301.

93) 姉崎正治, 「国家の運命と理想(愛国者と預言者)」, 『宗教研究』, 제1권 3호, 1904, p. 29.

94) 林淳, 「戦前日本における宗教学と民族学」, 『宗教研究』, 제79권 4호, 2006.

95) 宇野円空, 『転換期の宗教』, 有光社, 1938, p. 96.

96) 松浦寿輝, 「国体論」, 『メディア―表象のポリティクス』, 東京大学出版会, 2000.

97) 安丸良夫, 『近代天皇像の形成』.

98) 磯前順一, 「宗教と国家 風刺画問題天皇だったら」, 『読売新聞夕刊』, 2006년 3월 23일.

99) 安丸良夫, 『近代天皇像の形成』, p. 305 [한국어판: 야스마루 요시오, 『근대 천황상의 형성』, 박진우 옮김, 논형, 2008, p. 299].

100) 安丸良夫, 「例外状況のコスモロジー」, p. 216.

101) 武田清子, 『人間観の相克』, 弘文堂, 1959.

102) 山口輝臣, 『明治国家と宗教』, p. 337.

103) 渡部義通, 『思想と学問の自伝』, 河出書房新社, 1974, p. 131.

104) 磯前順一, 「내면을 둘러싼 항쟁: 근대 일본의 역사·문학·종교」, 본서 수록: 「歴史的言説の空間―石母田英雄時代論」, 『記紀神話のメタヒストリー』, 吉川弘文館, 1998.

105) 酒井直樹, 「歴史という語りの政治的機能」, 『死産される日本語·日本人―「日本」の歴史-地政的配置』新曜社, 1996, pp. 128~29 [한국어판: 사카이 나오키, 「역사라는 이야기의 정치적 기능: 천황제와 근대」, 『사산되는 일본어·일본인: 일본의 역사-지정적 배치』, 이득재 옮김, 문화과학사, 2003, p. 140].

106) 마르크스주의 역사학의 이와 같은 문제점은 마르크스주의자 자신들에 의해 이미 지적된 바 있다. 犬丸義一, 「マルクス主義の天皇制認識の歩み」, 遠山茂樹 編, 『近代天皇制の展開―近代天皇制の探求II』, 岩波書店, 1987, pp. 272~80; 安丸良夫, 「天皇制批判の展開―講座派·丸山学派·戦後歴史学」, 『現代日本思想論―歴史意識とイデオロギー』, 岩波書店, 2004, pp. 105~106 [한국어판: 야스마루 요시오, 「천황제 비판의 전개: 강좌파·'마루야마 학파' 전후 역사학」, 『현대일본사상론: 역사의식과 이데올로기』, 박진우 옮김, 논형, 2006].

107) 中沢新一, 『僕の叔父さん 網野善彦』, 集英社, 2004, pp. 95~97.

108) ジャック·デリダ, 「限定経済学から一般経済学へ―留保なきヘーゲル主義」, 『エクリチュールと差異』1967(三好郁朗 訳, 下巻, 法政大学出版局, 1983, p. 196, 일부 개역) [한국어판: 자크 데리다, 「제한 경제학에서 일반 경제학으로」, 『글쓰기와 차이』, 남수인 옮김, 동문선, 2001, pp. 426~27].

에필로그: 두 척의 배

1) エルネスト·ルナン, 「国民とは何か」, 1882(鶴飼哲 訳, ルナン 他, 『国民とは何か』, インスクリプト, 1997, p. 48) [한국어판: 에르네스트 르낭, 『민족이란 무엇인가』, 신행선 옮김, 책세상, 2002]. 르낭에 대한 해석으로서는 ベネディクト·アンダーソン, 『増補 想像の共同体―ナショナリズムの起源と流行』, 1983/1991(白石さや 他 訳, NTT出版, 1997, pp. 326~35); Homi Bhabha, "DissemiNation: Time, narrative and the margins of the modern nation," in *The Location of Culture*, London/New York: Routledge, 1994, pp. 160~61.

2) 岡真理, 「Becoming a Witness―出来事の分有と「共感」のポリティクス」, 『彼女の「正しい」名前とは何か―第三世界フェミニズムの思想』, 青土社, 2000.

3) ジル·ドゥルーズ, 『差異と反復』, 1968(財津理 訳, 河出書房新社, 1992) [한국어판: 질 들뢰즈, 『차이와 반복』, 김상환 옮김, 책세상, 2004].

4) マルティン·ハイデガー, 『存在と時間』, 1927, 제32절 (原佑 訳, 『世界の名著74』, 中央公論社, 1980) [한국어판: 마르틴 하이데거, 『존재와 시간』, 이기상 옮김, 까치글방, 1998].

5) ヴァルター·ベンヤミン, 「歴史の概念について」, 1940(浅井健二郎·久保哲司 訳, 『ベンヤミン·コレクション1』, ちくま学芸文庫, 1995, p. 659) [한국어판: 발터 벤야민, 「역사철학테제」, 『발터 벤야민의 문예이론』, 반성완 옮김, 민음사, 1983, p. 353]. 벤야민의 '지금 이때'라는 시간관념에 대해서는, 今村仁司, 『ベンヤミン「歴史哲学テーゼ」精読』, 岩波現代文庫, 2000, pp. 143~44.

6) ヴァルター·ベンヤミン, 「翻訳者の使命」, 1923(内村博信 訳, 『ベンヤミン·コレクション2』, ちくま

学芸文庫, 1996, pp. 404~405, 一部改 訳)〔한국어판: 발터 벤야민,「번역가의 과제」,『발터 벤야민의 문예이론』, p. 329]. 여기서 인용한 구절을 둘러싼 해석으로는 ポール・ド・マン,『理論への抵抗』, 1986(大河内昌・富山太佳夫 訳, 国文社, 1992, p. 185)〔한국어판: 폴 드 만,『이론에 대한 저항』, 황성필 옮김, 동문선, 2008].

7) ヴァルター・ベンヤミン,「翻訳者の使命」, p. 407〔한국어판: 발터 벤야민,「번역가의 과제」,『발터 벤야민의 문예이론』, p. 330]. 순수언어에 대해서는 ジャック・デリダ 他,『他者の耳—デリダ「ニーチェの耳伝」・自伝・翻訳』, 1982(浜名優美他 訳, 産業図書, 1988, pp. 211~12).

8) 山田太一,『異人たちとの夏』, 1987(新潮文庫, 1991, pp. 170~73, 일부 생략).

9) Homi Bhabha, "The right to narrate," 2000. http://www.uchicago.edu/docs/millennium/bhabha/bhabha_a.html.

10) ミシェル・フーコー,「真理と権力」, 1976(北山晴一 訳,『ミシェル・フーコー思考集成Ⅵ』, 筑摩書房, 2000):『性の歴史1 知への意志』, 1976(渡辺守章 訳, 1986).

11) ジャック・デリダ,『コーラ』, 1993(守中高明 訳, 未来社, 2004, p. 78).

12) 村上龍,『エクスタシー』, 1993(集英社文庫, 1995)〔한국어판: 무라카미 류,『고호가 왜 귀를 잘랐는지 아는가』, 권남희 옮김, 예문, 2004].

13) 村上龍,『村上龍全エッセイ 1982~1986』, 講談社文庫, 1991, pp. 78~80.

14) 村上龍,『コインロッカー・ベイビーズ』, 1980(講談社文庫, 1984)〔한국어판: 무라카미 류,『코인로커 베이비스』, 양억관 옮김, 북스토리, 2004].

15) 村上春樹,『国境の南, 太陽の西』, 1992(講談社文庫, 1995)〔한국어판: 무라카미 하루키,『국경의 남쪽, 태양의 서쪽』, 임홍빈 옮김, 문학사상사, 2006].

16) ジャック・デリダ/ジョン・カプート 編,『デリダとの対話—脱構築入門』, 1997(法政大学出版局, 2004, p. 181).

17) 村上春樹,『ノルウェーの森』, 1987(講談社文庫, 1991)〔한국어판: 무라카미 하루키,『노르웨이의 숲』, 양억관 옮김, 민음사, 2013].

18) ジョセフ・コンラッド,『闇の奥』, 1899(中野好夫 訳, 岩波文庫, 1958, pp. 143~44)〔한국어판: 조지프 콘래드,『어둠의 심연』, 이석구 옮김, 을유문화사, 2008, pp. 150~51].

19) 村上春樹,『世界の終わりとハードボイルド・ワンダーランド』, 1985(新潮文庫, 1988).

20) ヴァルター・ベンヤミン,「物語作者」, 1936(三宅晶子 訳,『ベンヤミン・コレクション2』, pp. 316~17, 일부 개역)〔발터 벤야민,「얘기꾼과 소설가」,『발터 벤야민의 문예이론』, 1983].

일본에는 눈물 소믈리에라 불리는 사람이 있습니다. 사람들의 감정을 고양시켜서 눈물이 흐르도록 해주는 것이 그의 일입니다. 주로 일정한 장소에 사람들을 모아 슬픈 시를 낭송하거나 슬픈 음악, 슬픈 영상을 적절한 조명, 분위기와 함께 알맞은 타이밍에 내보냅니다. 어떤 상황에서 어떤 장치를 사용하는 것이 슬픔을 극대화할 수 있는가를 분석하고 응용하기 위해 그는 1년에 1천 편 이상의 영상을 직접 본다고 합니다. 그리고 사람들은 돈을 내고 그 계획된 효과를 향유합니다. 지젝은 장례식장에서 나를 대신해서 울어주거나 텔레비전의 코미디 프로그램에 늘 등장하는 녹음된 웃음소리의 효과를 지적한 적이 있습니다만, 이제 나를 달래기 위해 돈을 내고 스스로 울어주어야만 하는 시대가

온 건지도 모릅니다.

눈물 소믈리에는 눈물에 이르기까지의 여러 번잡한 과정을 모두 생략한 채 오직 눈물이라는 원초적 감정과 카타르시스만을 노립니다. 그는 사람들 각각의 눈물샘 ─ 가족의 정, 가슴 아픈 연애, 애완견, 귀여운 아기, 스포츠의 인간 승리 등등 ─ 을 진단하고 이를 자극하는데, 이러한 효과는 매우 탁월해서 대부분의 사람들은 10분 이내에 대성통곡에 이른다고 합니다. 게다가 눈물은 다이어트에도 도움이 된다고 하네요. 울고 싶은 사람이 많은 현대사회에서는 내면의 괴로움조차 자본주의의 직접적인 대상으로 포획되는 걸까요? 현대인들이 가진 내면의 괴로움은 계획된 눈물을 위해 돈을 내게 할 정도로 깊고도 심각합니다. 한국에는 아직 눈물 소믈리에 같은 노골적인 직업은 없는 것으로 압니다만, 텔레비전 프로그램이나 인문학 서적에 이르기까지 갖가지 산업의 분야에서 힐링이나 치유가 유행하는 현상을 보면 한국인들이 받고 있는 마음의 피로와 상처는 일본인들의 그것과 대동소이해 보입니다.

하지만 불행하게도 내면의 괴로움은 아무리 눈물을 흘려본들 위로받지 못할 겁니다. 내면의 깊은 곳에서 우리가 만나는 것은 치유의 대상으로서의 아픔이 아니라 ─ 본문에 인용된 표현을 빌리자면 ─ 눈물조차 흘릴 수 없는 슬픔이기 때문입니다. 거기에는 회복을 기다리는 진정한 자아가 아니라, 불가시하며 도무지 정체를 종잡을 수 없는 어떤 꺼림칙하고 무시무시한 물자체가 여백과 과잉, 초과와 결여의 형태로 자리잡고 있는 것은 아닐까요?

이 책 『상실과 노스탤지어』는 이와 같은 내면의 부정합을 통해 근대 일본의 역사를 바라본 작품입니다. 저자는 내면이 본래적인 결손과 중층결정성으로 구성되어 있다고 논합니다. 그리고 이 내면에 달라붙어 있는 공포와 불가사의함에서 벗어나기 위해 외부적 절대성이나 내부적 전통에 기대어온 근대 일본의 지식사회를 폭로하고, 이를 내 안의 타자로 받아들일 것을 호소합니다. 이러한 타자는 본문 중에 죽은 자나 외국인, 혹은 당신과 나로 표현됩니다. 따라서 나의 목소리란 동시에 당신의 목소리인 것이며, 나라는 존재는 이렇게 수많은 당신들로 이루어진 혼성적인 존재가 됩니다. 여기서 우리는 트라우마로 가득 찬 분열증적 세계와 조우합니다. 이러한 세계를 내 안에 받아들이기란 결코 쉬운 일이 아닙니다. 하지만 이곳은 동시에 새로운 주체와 타자, 그리고 윤리적 요청의 심급이 피어나는 장소이기도 합니다.

우선은 이와 같은 주체와 타자, 윤리적 요청에 이르기까지 저자인 이소마에 준이치가 걸어온 삶과 학문의 궤적을 잠시 뒤돌아보도록 하겠습니다. 이소마에는 1961년 이바라키茨城 현의 한 작은 마을에서 생선가게의 외아들로 태어났습니다. 기성의 공산당이나 사회당에 대해 '신좌익'을 자임하던 일본의 학생운동이 절정과 최후를 맞이하던 1960년대와 70년대에 청소년 시절을 보낸 이소마에는, 주로 근처의 절에서 좌선을 하거나 융 심리학을 읽으며 시간을 보냈습니다. 시즈오카대학의 문학부에서 역사학을 전공한 후, 사찰이나 지방의 코뮌 공동체 등을 기웃거리던 이소마에는 이내 실망을 느끼고 버블경제의 호황기 속에서 생계를 위해 중학교 교사로 취직합니다. 이처럼 이 책에도 종종 등장하는 'in between,' 즉 이도 저도 아니며 어중간하게 끼인 상태에서 방황하던 젊은 날의 이소마에는 그 후 도쿄대학 대학원에 입학하여 종교학자의 길을 택합니다.*

---

* 더 자세한 이소마에의 약력은 '수유너머' 웹진에 게재되어 있는 인터뷰 기사(http://www.

그가 대학원에서 연구자로서 자신을 연성하고 있을 당시의 일본 사회에는, 이른바 포스트모더니즘과 포스트구조주의로 대표되는 '뉴아카'(뉴아카데미즘의 약칭입니다만 아카에는 적색이라는 의미도 포함되어 있습니다)와 '현대사상'의 열풍이 몰아닥치고 있었습니다. 그들에 관해 구체적으로 언급한 예가 많지 않기에 단언하기는 어렵습니다만, 젊은 시절의 이소마에는 아마도 신좌익의 사상적 기반을 제공했던 요시모토 다카아키나, 뉴아카의 기수였던 아사다 아키라浅田彰, 나카자와 신이치中沢新一 등 당대에 유행한 사상을 적용하는 것만으로는 해결할 수 없었던 고민을 지니고 있었던 것으로 보입니다. 그것은 내면의 문제였습니다. 이소마에에게 내면이란 그저 환상으로 치부되거나, 탈주의 즐거움처럼 빠져나가면 그만인 것이 아니었습니다. 어디에서도 편안함을 느끼지 못하는 내면의 꺼림칙한 기분은 어떤 사상이나 담론으로도 건져 올리지 못합니다. 이소마에가 보기에 신좌익이나 뉴아카 등으로 대변되는 일본의 사상계는 담론의 구속과 그 효과를 외부에서 내려다볼 수 있으리라는 착각에 빠져 있었습니다. 이소마에는 항상 트라우마가 되어 되돌아오는 내 안의 여백과 결여야말로 담론의 중핵을 차지하는 요소라고 주장합니다. 그래서 이소마에는 가령 니시카와 나가오나 사카이 나오키처럼 모든 것을 환상으로 되돌리거나 어중간한 상태를 유아적으로 즐기기보다 도리어 바로 그곳에서 담론의 구조와 폭력의 기제를 해명하는 작업, 혹은 야스마루 요시오처럼 일상생활의 신체적 실천과 거기서 축적되는 에너지를 통한 혁명적 도약에 관심을 가졌습니다.

---

transs.pe.kr/xe/index.php?mid=webzine_peoples&listStyle=gallery&document_srl=543947)를 참조하시길 바랍니다.

이러한 관심과 연구자세의 축적은 일본 종교학계에 커다란 반향을 가져온 『근대 일본의 종교 담론과 그 계보』로 결실을 맺습니다. 이소마에는 이 책에서 '종교 개념'이라는 분석틀을 통하여 종교를 일종의 담론으로 파악하고 그것이 가져온 영향을 구체적으로 검토합니다. 이소마에의 대표작이라 할 수 있는 이 책은 일상적으로 행해지던 신체적 실천이 서구 종교 개념의 수입과 함께 교의를 중심으로 한 믿음의 영역으로 편성되고, 이를 통해 세속과 공공성이 분리되어가는 모습을 날카롭게 적출합니다. 여기에 내면과 여백에 대한 억압과 폭력이 수반된다는 점은 새삼 설명할 필요가 없겠지요.

　　이러한 분석의 배후에는 1995년의 옴진리교 지하철 사린가스 테러 사건, 그리고 역사학에 대한 인식의 변화가 있었습니다. 옴진리교의 무차별 테러는 종교와 사회, 전후의 일본 사회에 대한 근본적인 재검토를 요구하는 일종의 사건이었음에도 불구하고 일본의 종교학자들은 자신들의 방법론과 초월적 주체성을 포기하려들지 않았습니다. 옴진리교의 광신도들과 정신병적인 그들의 폭력성이 문제라고 여겼을 뿐, 종교 혹은 종교학 그 자체에 의심을 품는 경우는 거의 없었던 것입니다. 이소마에의 『근대 일본의 종교 담론과 그 계보』는 이와 같이 담론 내부에서 자족하는 일본 종교학계의 자폐성과 허구성을 묻고, 그 구조를 파헤치려는 의도를 지니고 있었습니다. 또한 뉴아카 이후로 인식의 주체가 대상에 직접 다다를 수 있다는 실증주의적 기반은 비록 해체의 과정을 맞이하고 있었습니다만, 인식하는 주체인 나를 외부에 상정하는 오래된 전제는 여전히 강고하게 남아 있었습니다. 이러한 주체성의 문제를 이소마에는 '종교 개념'을 통해 되묻고자 했던 것입니다. 즉 『근대 일본의 종교 담론과 그 계보』는 전후 일본 사회의 담론과 주체성의 문제를 전면적으로 비판하고자 했던 획기적인 작업이라 할 수 있습니다.

이후 이소마에는 더 나아가 내면의 문제를 드러낼 수 있는 문체라는 것에 깊은 흥미를 가지게 됩니다. 자신의 작업 역시 학술적 담론과 그 훈련을 통한 문체로 이루어져 있으며, 그러한 의미에서는 진정한 내면의 목소리가 새겨진 글이라고는 보기 힘들기 때문입니다. 그렇다고 그저 마음가는 대로 단어들을 쏟아낸다면 이는 타자에게 도달할 길 없는 자기 위안으로 끝나고 말 겁니다. 『상실과 노스텔지어』는 문체에 관한 고민 속에 행해진 저자의 첫번째 실험으로 볼 수 있습니다. 그리고 이는 여백과 결여를 제거하고 순수한 내면을 손에 넣고자 하는 주체의 절대화에 대한 신체적 저항의 시도이기도 합니다.

이 책에서 저자의 펜 끝은 내면의 여백과 담론이라는 타자의 명령 아래 고통받는 사람들로 넘쳐나는 현대사회의 슬픈 모습을 향합니다. 그렇지만 오늘날의 지식과 학술제도는 내면의 상처를 제대로 파악하지 못하고 있으며, 이를 분석한다는 자들이 때로는 매우 거만한 전위의 탈을 뒤집어쓰고 나타납니다. 이런 상황에서 또다시 지식인이라는 가면에 기대어 글을 쓴다는 것은 윤리적으로도 매우 심각한 문제를 초래할 것입니다. 이 책은 이러한 현상에 대한 저자의 자아비판이며, 번민과 고심의 — 결과 없는 — 결과물입니다. 융의 심리학에서 라캉의 정신분석학으로 저자의 관심이 옮겨가는 것도 이 시기와 겹친다는 점을 지적해두겠습니다.

이를 위해서 저자는 문학, 역사학, 종교학, 민속학, 그리고 자문화와 타문화, 과거와 현재, 윤리와 정치, 수필과 논문의 형식을 넘나들고자 분주히 노력합니다. 학술제도와 그 훈육을 통한 기법의 경계들을 무화시키면서 내면의 문제를 다루려는 것입니다. 역사학적 분석이 이루어지는 한가운데에 문학작품이 인용되고, 여기에 다시 마르크스주의적 초월성의 경향이 천황제와 함께 겹쳐집니다. 미시마 유키오, 야나기타 구니오, 이시모다 쇼, 오리구치 시노부, 에토 준, 다야마 가타이, 아쿠타가와 류노스케, 무라카미 하루키, 나쓰메 소세키, 와타나베 요시미치 등 각자의 분야에서 근대 일본을 대표하는 지식인들의 다양한 지적 고투와 좌절, 그리고 야스쿠니 신사와 특공대, 사소설, 마르크스주의, 담론 비판, 외국 생활, 미국의 일본 점령, 네이션, 종교 개념, 조상숭배, 정교분리, 천황제 등의 사태는 이를 위한 각각의 알레고리로서 작용합니다.

근대 일본의 역사를 내면과의 투쟁으로서 새롭게 바라보는 이 책의 이러한 형식은, 하나의 전체적인 이해와 내용을 독자에게 전달하는 것을 스스로 방해하는 결과를 낳습니다. 꼼꼼하게 달린 주석들 틈에서 지쳐 있을 때, 저자가 갑자기 마치 망령처럼 등장해서 독자들에게 말을 건네는 부분들을 읽으셨는지요? 학술서적의 곳곳에 삽입되어 있는 이 내면의 말 걸기는 마치 저자와 독자가 직접 대화를 나누고 있는 듯한 착란을 유발합니다. 이 책을 집필할 당시의 저자는 데리다나 바바 등의 이론에 많은 영향을 받고 있었는데, 이처럼 독자를 텍스트의 피동적 존재에서 능동적 존재로 소환하는 방식은 텍스트를 산포시키려는 직접적인 시도일 겁니다. 느닷없는 저자의 등장은 독자들을 책의 구성 속에 집어넣고, 각자가 자신의 위치에서 텍스트를 이해할 것을 요구합니다. 여기서 하나의 책은 독자들의 수만큼 다양한 형태로 산포됩니다.

첫 페이지부터 여기 옮긴이 후기까지 일관된 주제를 좇으며 순차적으로 읽어나가는, 전체적 통일성의 내부로 수렴되고 마는 그와 같은 수동적인 독서를 그만두고, 각자가 자유롭게 입구와 출구를 설정해가며 그 누구도 아닌 나의 내면의 문제로서 텍스트를 읽을 때 다양한 의미와 주제를 향해 상실과 노스텔지어가 열려갈 것입니다.

물론 각자가 자신만의 출구에서 만나게 될 내면은——한국 서점의 베스트셀러 코너를 가득 채우고 있는 책들처럼——자기계발이나 내면 성찰과는 전혀 관련이 없는 물자체로 이루어져 있으며, 다른 사람에게 내보이고 서로 이해하기도 불가능한 트라우마와 공포를 가져다줄 것입니다. 우리는 여기에서 분열되고 갈라진 부정형의 회한이 꿈틀거리는 내면의 양태, 그리고 이를 극복하기 위해 타자를 완전히 이해하고 소유하려는 욕망과 맞닥뜨리게 됩니다. 그렇지만 저자는 바로 이러한 내면의 물자체를 둘러싼 화해 불가능성과 약분 불가능성이 오히려 우리의 주체성과 윤리적 연대를 정초하는 근본적 계기가 될 수 있다는 점을 끊임없이 상기시킵니다. 우리가 여기서 눈을 돌리지 않는 용기를 가질 수 있는 한에서 말입니다. 바로 지금 이 순간, 다음 기회를 기다리지 않고 한 가닥의 미약한 희망에 모든 것을 내거는 윤리적 행위만이 우리를 주체로 만들어줄 것입니다.

저자가 거듭 강조하듯이 이 내면이라는 물자체는 어딘가 멀리 떨어진 곳에 존재하는 것이 아니라 우리의 삶 도처에 잠복하며 갑자기 우리를 덮쳐옵니다. 이 책을 덮으신 후 우리가 생활 속에서 늘 접하는 자동차의 백미러를 다시 한 번 주의 깊게 보아주시기 바랍니다. 사물은 (항상) 거울에 보이는 것보다 가까이 있습니다.

게으른 성격 탓에 출판사 분들께 많은 폐를 끼치고 말았습니다. 특히 최대연 씨를 비롯한 편집부 식구들께 심심한 감사의 말씀을 드립니다. 저의 서투른 한글 문장을 그나마 읽을 수 있도록 꼼꼼하게 교열해주신 그분들의 도움이 없었다면 이 책은 몇 년이 더 지나도 완성되지 못했을 겁니다. 말할 필요도 없겠지만 이 책은 저와 그분들의 공동 작업입니다. 물론 이는 이 책에 보이는 번역상의 오류나 잘못에 대한 책임까지 공동으로 지겠다는 뜻은 아닙니다. 번역에 관련된 모든 책임은 전적으로 옮긴이의 몫입니다.

책의 번역을 문학과지성사에 추천해주신 김철 선생님께도 깊은 감사를 드립니다. 김철 선생님 덕분에 일본에서, 특히 종교학의 분야에서 커다란 반향을 일으키고 있는 이소마에의 저작이 한국에 소개될 수 있었으며, 저 개인적으로도 번역의 괴로움과 즐거움을 배울 수 있는 유익한 시간이 되었습니다.

번역자로서 바라는 점이 한 가지 있다면 『상실과 노스탤지어』 이후에 전개된 저자의 여러 작업들이 이번 번역을 계기로 한국에도 소개되는 것입니다. 특히 이 책에 보이는 일본과 미국의 관계에 대한 탈식민주의 비평의 시점은 한국 연구자들과의 교류를 통해 식민지 조선과 제국 일본의 문제로 확대되어갑니다. 윤해동과 함께 엮은 『종교와 식민지 근대』(책과함께, 2013)에는 '종교 개념'을 제국사의 시점에서 바라보고 식민지적 주체성과 그 내면의 문제를 다루려는 확장의 시도가 잘 나타나 있습니다. 이와 같은 확장이 윤해동, 김철, 임지현, 장석만, 박규태 등과의 교류를 거쳐 이루어졌다는 점은 이 책의 주제와 관련하여 매우 흥미로운 주제를 던져줄 것입니다. 이소마에와 학문적 공감을 주고받은 연구자들이 일본 종교사의 박규태 정도를 제외하면 한국사나 한국문학, 한국 종교사, 서양사 연구자들이기 때문입니다. 여기에는 본문에도 언급된 에토 준과 같은 교류 — 지역 연구로서의 일본학과 한국학의 교류 — 가 아닌, 무라카미 하루키가 느낀 불가해를 전제로 한 감정의 공유가 있는 것은 아닐까요?

　내면이란 언제나 여백과 과잉을 내포하기에 도저히 다스릴 수가 없는 것이며, 나아가 이러한 안정화의 시도는 초법적 존재의 상정과 균질한 공동체의 상상을 통해 타자에 대한 폭력으로 쉽사리 전화될 수 있다는 저자의 날선 비판은 —— 서로 완결된 주체로서 나와 당신의 평등한 민주주의 사회라는 다문화주의의 함정에 빠지지 않으면서 —— 오늘날 한국의 모습을 돌아보는 데 더없는 유용함을 제공해줄 것이라 믿습니다. 이 책이 한일관계의 굴절된 인식을 넘어서서 한국 사회의 현상을 성찰하는 데 조그마한 도움이라도 줄 수 있기를 바라는 마음 간절합니다.

찾아보기(인명)

찾아보기(작품)

찾아보기(용어)